民航专业融媒体系列教材

# 民航服务心理学

李 力 编著

U0369360

清华大学出版社
北京

## 内 容 简 介

本书根据教育部教学改革要求，结合专业建设与岗位需求进行编写。全书共分为 5 大模块，共 12 个民航服务心理学实践项目。编著者从民航服务岗位所需具备的心理胜任能力出发，从认知拓展、情绪管理、韧性培育三个维度为民航服务人员的心理成长赋能；在心理胜任力发展的基础上，编著者从既往的民航服务心理学学科体系中，提炼并整合了能够应用于民航服务岗位的心理学应用技能，并创设了大量生动的民航服务情境供学习者实践。本书旨在培养读者在民航服务岗位中必备的心理能力，具体包括倾听、观察与理解非语言信息、同感共情等。本书内容由民航服务生产和生活中的实例引入，通过心理现象思索、心理知识建构、心理互动交流、心理技能实践等活动逐渐加深体验、感悟来达成民航服务心理学的深度学习。本书注重民航服务人员在真 实情境中对服务心理学的技能应用，理论以够用为度，创设了较多具有可操作性的心理技能应用情境，易于安排教学互动。

本书体系新颖，内容丰富，实用性突出，创新引入民航服务人员的心理胜任力培育，适用对象包括但不限于空中乘务员、空中安全保卫员、机场地面服务人员等。本书可作为高职高专院校民航运输类、民航乘务类、民用航空机场服务类等专业的教材，也可作为应用型本科、成人教育、中职院校和培训班的教材，以及民航服务企业或其他民航相关服务岗位的服务心理学参考工具书。

**图书在版编目（CIP）数据**

民航服务心理学 / 李力编著 . -- 北京：清华大学
出版社，2024.9. --（民航专业融媒体系列教材）.
ISBN 978-7-302-67441-2

Ⅰ. F560.9

中国国家版本馆CIP数据核字第2024JH8436号

责任编辑：杜　晓
封面设计：曹　来
责任校对：刘　静
责任印制：杨　艳

出版发行：清华大学出版社
　　　　　网　　　址：https://www.tup.com.cn, https://www.wqxuetang.com
　　　　　地　　　址：北京清华大学学研大厦A座　　　　　　邮　　编：100084
　　　　　社 总 机：010-83470000　　　　　　　　　　　　邮　　购：010-62786544
　　　　　投稿与读者服务：010-62776969, c-service@tup.tsinghua.edu.cn
　　　　　质量反馈：010-62772015, zhiliang@tup.tsinghua.edu.cn
　　　　　课件下载：https://www.tup.com.cn, 010-83470410
印 装 者：三河市科茂嘉荣印务有限公司
经　　销：全国新华书店
开　　本：185mm×260mm　　　印　　张：12　　　字　　数：275千字
版　　次：2024年9月第1版　　　　　　　　　　印　　次：2024年9月第1次印刷
定　　价：49.00元

产品编号：103399-01

# 前言

**Preface**

　　民航服务工作是目前民航强国建设中展现中国精神风貌，体现我国高水准服务的职业活动之一，对民航服务人员的心理能力有着较高的要求。民航服务人员的心理能力是民航优质服务的基石，这些心理能力指向多个维度：对民航旅客心理需求的理解与回应；对言外之意的领悟和站在不同立场的观点采择；对于客我交往活动中社会情绪的调适……在人工智能不断发展的现代，也许民航的诸多领域会逐渐被人工智能所取代，但真正有温度、有品质的民航服务，肯定是基于民航服务人员对于人性的洞察与具备灵活性的心理应对。民航服务心理学是应用心理学的一个分支学科，是揭示民用航空运输过程中，民航服务人员与旅客心理活动规律和机制的学科。本学科旨在通过多种心理技能的习得改善民航服务人员的心理品质，使其更积极、健康、坚韧，能够有效使用内部及外部资源，对压力情境保持坚韧平和的态度，并拥有开放和灵活的心理品质。通过对民航旅客心理客观规律的了解与认识，能够将服务工作与心理应对有机结合起来，充分发挥应用心理科学的实用性特点，将温暖与善意内化于心、外化于行，不断提升民航服务品质。

　　编著者编写本书的初衷是希望学习心理学可以更好地帮助每一位学习者去认知自我、发展自我，用生动具体的语言去"描述"自身的心理状态和情绪，通过对他人的观察与共情更好地"预测"其行为并给予积极的反馈和互动，通过"理解"自身、"理解"他人的心理从而能够根据真切的需求去提供人性化的服务，与这个世界产生坚实的连接。同时，编著者也希望通过本书的学习，可以使学习者更好地参与自己的生活、投入自己的工作，从而更具备胜任感与效能感。

　　本书每一实践项目均采用任务引领的方式，以期学习者能够积极运用心理学知识技能去分析、理解、解决民航工作中所面对的真实问题，以期教师能够通过做中学的具体情境将民航课程教学从知识本位转型为职业能力本位。本书全篇共12个学习项目，项目下的每个学习任务所对应的发展的心理胜任力与实践应用的心理技术详见下页表。阅读并使用本书的高校教师或者培训组织者可以根据具体课程目标与所需实践的工作任务进行采择。

　　本书由上海民航职业技术学院李力编著。本书在编著过程中得到了山东航空乘务培训部心理教研组的大力支持，在此特向山东航空培训部副总经理徐红丽与心理教研组全体成员表示衷心感谢。

民航服务人员心理应用技术速查表

| 模块 | 学习项目 | 学习任务 | 发展的心理胜任力 | 心理应用技术 | 页码 |
|---|---|---|---|---|---|
| 模块 1 | 项目 1 发展心智模式 | 任务 1.1 探索自我 任务 1.2 发展成长型心智模式 | • 自我觉知 • 自我体验 • 明确自身目标与需要 | 我的素描像 | P8 |
| | | | | 依恋资源整理清单 | P8 |
| | | | | "我的资源"列表 | P9 |
| | | | | 三个维度的"我" | P9 |
| | | | | 服务工作优势资源 | P10 |
| | 项目 2 发展灵活性 | 任务 2.1 拓展释义 任务 2.2 资源取向思维 | • 思考和评估不同解决问题的办法及结果 • 规划和协调资源 • 积极赋义 • 用"好的意图""正向结果"解释事件与行为 | 心智化评估清单 | P14 |
| | | | | 拓展解释技术 | P24 |
| | | | | 改释技术（资源取向） | P26 |
| | | | | 改释技术（意义换框） | P27 |
| | | | | 改释技术（引入长期视角） | P28 |
| | | | | 改释技术（内容改释） | P29 |
| 模块 2 | 项目 3 理解情绪 | 任务 3.1 觉察情绪感受 任务 3.2 理解情绪需求 | • 情绪命名 • 情绪觉察 • 理解自己并考虑他人感受 • 控制冲动 | 情绪词汇卡片 | P37~38 |
| | | | | 情绪轮盘制作 | P39~41 |
| | | | | 情绪识别练习单 | P45 |
| | | | | 情绪梳理工作表 | P46 |
| | | | | 愤怒情绪理解工作表 | P48~49 |
| | 项目 4 调适情绪 | 任务 4.1 改善情绪状态 任务 4.2 掌握正念技术 | • 压力管理 • 情绪调节 • 将注意力聚焦在当下 • 满意、认同、愉悦并因此能积极有效应对 | TIPP 情绪管理技术 | P57 |
| | | | | STOP 情绪调节技术 | P58 |
| | | | | 5-4-3-2-1 情绪着陆技术 | P58 附音频（可供练习） |
| | | | | 情绪传送带技术 | P58 |
| | | | | 漂流小船技术 | P58 |
| | | | | 正念的"观察"技能 | P60 |
| | | | | 正念的"不评判"技能 | P61 |
| | | | | "7-11 呼吸"练习 | P63 |
| | | | | 身体扫描练习 | P64 附音频（可供练习） |

续表

| 模块 | 学习项目 | 学习任务 | 发展的心理胜任力 | 心理应用技术 | 页码 |
|---|---|---|---|---|---|
| 模块3 | 项目5<br>培育心理韧性 | 任务5.1<br>认知心理韧性<br>任务5.2<br>从认知维度调整韧性 | • 处理焦虑<br>• 自我激励<br>• 挫折耐受 | 心理韧性量表CD-RISC | P70 |
| | | | | 积极的自我对话 | P72~73 |
| | | | | 焦虑"拆弹"技术 | P74 |
| | 项目6<br>发展心理资本 | 任务6.1<br>培育积极情感<br>任务6.2<br>整合抗逆资源 | • 积极情绪<br>• 心理复原力提升<br>• 付出与接受关怀<br>• 帮助他人恢复心理韧性 | 生活满意度问卷 | P79 |
| | | | | 三个感恩时刻 | P80 |
| | | | | 感恩日记 | P81 |
| | | | | 自我关怀的实践 | P84~86 |
| | | | | 挫折耐受的正念练习 | P86 |
| | | | | 帮助他人恢复心理韧性练习 | P86~88 |
| 模块4 | 项目7<br>理解言语之外 | 任务7.1<br>理解非语言沟通<br>任务7.2<br>观察面部表情<br>任务7.3<br>观察身体姿势 | • 理解不同表情和动作下的心理过程<br>• 通过观察非语言信息分析意图<br>• 对他人非语言所传递的信息有所觉察并给予恰当回应 | 民航服务人员的非语言表现（自查表） | P91 |
| | | | | 服务情境中的眼神管理练习 | P94 |
| | | | | 面部表情识别与理解漫画 | P96~99 |
| | | | | 服务情境中的表情管理练习 | P100 |
| | | | | 用身体活动理解空间关系距离 | P103 |
| | 项目8<br>使用非语言传情达意 | 任务8.1<br>表达专注与友善<br>任务8.2<br>调整柔和的语气 | • 表情管理<br>• 肢体动作管理<br>• 语音语调管理<br>• 应用非语言传达积极态度 | 用非语言表达专注与友善练习 | P107 |
| | | | | 调整柔和的语气练习 | P108 |
| | | | | 调整副语言进行民航广播 | P111 |
| 模块5 | 项目9<br>在民航服务中应用倾听 | 任务9.1<br>调整倾听的态度<br>任务9.2<br>在服务中应用倾听 | • 专业地倾听<br>• 理解他人话语的含义和隐含的情绪<br>• 态度调整<br>• 观点采择 | 倾听能力测试 | P121~122 |
| | | | | 民航服务中的倾听练习 | P125 |
| | | | | 在服务中应用反应式倾听 | P130~131 |
| | | | | 倾听中的复述技巧练习 | P130 |
| | 项目10<br>在民航服务中应用同感共情 | 任务10.1<br>理解同感共情<br>任务10.2<br>应用同感共情 | • 理解他人感受、情感、动机<br>• 体察他人的心理现实<br>• 从沟通对象的角度去理解与感受并采取适宜的交流方式 | 在同感共情中表达专注练习 | P140 |
| | | | | 多重释义练习 | P141~142 |
| | | | | 同感共情的具体交流实践 | P142~144 |
| | | | | 在民航服务中应用同感共情 | P145~150 |
| | | | | 同理心地图探究 | P151~152 |

续表

| 模块 | 学习项目 | 学习任务 | 发展的心理胜任力 | 心理应用技术 | 页码 |
|------|---------|---------|----------------|------------|------|
| 模块 5 | 项目 11 应用心理学技能服务特殊旅客 | 任务 11.1 服务无成人陪伴儿童旅客 任务 11.2 服务孕妇旅客 任务 11.3 服务老年旅客 | • 辨别旅客情绪、动机和需要并作出恰当反应 • 关心与照顾他人 | 分析归纳儿童旅客的需要并使用儿童视角 | P159~160 |
| | | | | 倾听孕妇旅客的需求 | P164~165 |
| | | | | 在老年旅客服务中运用同感共情 | P170 |
| | 项目 12 应对民航服务中的特殊情境 | 任务 12.1 不正常航班下的心理应对 任务 12.2 不正常航班下的沟通协调 | • 应用心理学思维进行沟通 • 精神压力调控 • 预防、管理并解决人际冲突 | 蝴蝶拍技术 | P175 |
| | | | | 构建"安全岛"技术 | P176 |
| | | | | 航班延误下的非语言调整 | P180 |
| | | | | 冲突情境中的"劝导"练习 | P182 |

# 目 录

Contents

# 模块 1
# 民航服务人员的认知拓展

## 模块介绍

　　本模块旨在通过心理学理论引导民航服务人员对自我概念、心智化水平等作出一定的探索与感悟，通过分析自身的心理需要与心理资源提升其自我认知的能力，为后续实践民航服务工作所需的重要技能——对自我心理状态的觉知和体察打下一定的基础，并促使其拓展看待事物的不同视角，发展成长型的心智模式。理解自己是理解他人的重要基础，也是"体会""感悟"等心理能力的源泉。在自我认知梳理之后，后续学习任务将从介绍印象形成与社会心理效应等现象入手，引导民航服务人员的认知从自身转向外界，并从心理学的视角理解和思索其所处的服务情境。在认知拓展的实践上，本项目重点在于培养民航服务人员的认知灵活性，以改善单一的、僵化的应对方式，通过学习资源取向、改释等心理技术，从而发展更多元化、更具备灵活性的服务应对能力。

# 项目 1　发展心智模式

**项目目标**

1. 了解心智成长的基本内容。
2. 探索自身的心理需要与心理资源。
3. 运用心理学理论认知自我、简单分析自我。

## 任务 1.1　探索自我

民航服务实际上就是以民用航空为背景框架的人与人之间的交往，这一过程从根本上来说是人与人心理的沟通与交流。多位学者在对民航服务心理学的研究中曾提出，了解人心理的本质，把握心理规律，对于提升民航服务质量，培育民航服务人员的心理素养具有极其重要的意义。

在实际民航服务中，有的服务人员亲切、温柔，能够及时体恤他人的意愿，提供服务于切实之需；也有的服务人员稍显刻板、僵化，只能按照既定的服务流程走程序，容易忽略他人的实际需求；更有甚者，在不正常航班运行等压力情境面前容易出现不知所措、情绪崩溃等过激现象。

是什么导致了服务与服务之间的差异？从民航服务心理学的视角来看，服务品质的基石就是民航服务人员心理能力的水平，相比于物理环境影响的解释，民航服务人员是否能从心理状态的角度去理解他人的行为，是否具备了"从外部看自己，从内部看他人"的心智化技能，是否发展了足够有效的心理表征，都为民航服务人员理解他人、服务他人、顺利传递关怀，建立人与人之间的友好与合作奠定了基础。

**心理现象思索**

即将开展民航服务心理学课程的学习之前，请大家先问自己一些和心理学以及为他人服务息息相关的问题：

我的个人价值感如何？在成长过程中我有被关怀、被理解、被重视、被善待的经历吗？我愿意怎样去关怀他人、理解他人、尊敬他人、向他人传达我的善意和温柔？

　　我对自我接纳吗？我是否接纳我的情绪？无论它带给我的是幸福的体验还是痛苦的体验，我都愿意接纳它，看到它，试图理解它背后的需求与期待？就如同我将在我的工作场合，在与那么多形形色色的旅客交往的过程中，接纳他们的情绪，即使一开始看似汹涌，我仍旧体察这些情绪背后的需求，有勇气接受并积极沟通协调。

　　我有担负责任和抉择的能力吗？我能否对自己负责，作出承诺，建立关系，维系关系？我能否在工作中作出负责任的决策，有方式、有方法地协同他人朝着一个目标任务前进？

　　我的生产力主要体现在哪里？在民航服务工作中我所擅长的领域是什么？我的工作动力，我愿意为他人服务、为社会服务的动力从哪里来？

　　本课程开始，我们将学会探索自己，发现自己的优势和资源。当我们以欣赏的眼光来善待自己、激励自己，并使用这些充满力量的内在部分来帮助自己成长，成为一个更完整的人，我们一定能够做好本职工作，发展我们在民航服务领域的胜任能力。

### 1.1.1　心理知识建构

**1. 认知"自我"**

自我又称自我意识或自我概念，是个体对其存在状态的认知，包括对自己的生理状态、心理状态、人际关系及社会角色的认知。

镜我是由他人的判断所反映的自我概念。米德认为，我们所隶属的社会群体是我们观察自己的一面镜子。个体的自我概念在很大程度上取决于个体认为他人是如何"看"自己的。罗杰斯认为，自我概念比真实自我对个体的行为及人格有更为重要的作用，因为它是个体自我知觉的体系与认识自己的方式。

自我主要有五个层面，即物质自我、心理自我、社会自我、理想自我和反思自我。

1）物质自我

物质自我是对自己的身体外貌、言谈举止、家庭环境和家庭成员以及所有物的认识与评价。

2）心理自我

心理自我是个体的态度、信念、价值观念及人格特征的总和，是个体如何看待自己心理世界的层面。

3）社会自我

社会自我是处于社会关系、社会身份与社会资格中的自我，是对自己所承担的角色、权利、义务、责任等，以及自己在社会群体中的地位、价值等的认识与评价。

4）理想自我

理想自我是个体期待自己成为怎样的人，即在其理想中，"我"该是怎样的。理想自我与现实自我的差距往往是个体行动的重要原因。

5）反思自我

反思自我是个体如何评价他人和社会对自己的看法，这是自我概念反馈的层面。

### 2. 认知"自我调控系统"

自我调控系统是人格的内控系统或自控系统，具有自我认知、自我体验和自我控制三个子系统，其作用是对人格的各种成分进行调控，保证人格的完整、统一、和谐。自我调控系统的内核是自我意识，是个体对自己的认识和态度，是人格的重要组成部分，是使人格部分整合和统一起来的核心力量。

自我认知是对自己的洞察和理解，包括自我观察和自我评价。自我观察是指对自己的感知、思想和意向等方面的觉察；自我评价是指对自己的想法、期望、行为及人格特征的判断与评估。

自我体验是自我意识的情感成分，在自我认识的基础上产生，反映个体对自己所持的态度，是随自我认知而产生的内心体验。它包括自我感受、自爱、自尊、自信、成就感、自我效能感等层次。其中，自尊是自我体验中最主要的方面。

自我控制是自我意识在行为上的表现，是实现自我意识调节的最后环节。自我控制包括自我监控、自我激励、自我教育等成分。

### 3. 认知"需要"

人生活在社会上，要维持和发展自己的生命，需要一定的客观条件来保证。例如，人饿了要吃饭，冷了要御寒，累了要休息。在社会中生活还得有谋生的手段，要与人建立良好的人际关系等。人对所缺少的东西产生欲望和要求，这种欲望和要求就是人的需要。

从需要产生的角度对需要加以分类，可以把需要分为自然需要和社会需要。自然需要是由生理的不平衡引起的需要，又称为生理需要或生物需要，如饮食、休息、繁衍等的需要。社会需要是反映社会要求而产生的需要，如求知、成就、交往等的需要。社会需要是人所特有的，是通过学习得来的，所以又叫获得性需要。

人的需要产生以后总希望得到满足，要满足人的需要，就要进行某种行为、活动，去获得满足需要的对象。所以，当一个人意识到自己的需要时，就会去寻找满足需要的对象，这时活动的动机便产生了。

### 4. 认知"动机"

动机是在需要的基础上产生的。动机是激发个体朝着一定目标活动，并维持这种活动的一种内在的心理动力。简单来说，行为活动都有它背后的原因，动机就是行为活动的原因。

由个体内在需要引起的动机叫内在动机，在外部环境影响下产生的动机叫外在动机。比如，由于认识到学习的重要意义而努力学习的动机是内在动机；为获得奖励而学习的动机是外在动机。内在动机和外在动机在推动个体行为、活动中都会发挥作用。但是，外在动机只有在不损害内在动机的情况下才是积极的。

### 5. 需要层次理论

以马斯洛和罗杰斯为代表的人本主义心理学提出，人类有一种天生的倾向，即通过自己有意识地作出决定来改进和主宰自己的生活。在此理念的基础上，马斯洛提出了需要层次理论（need-hierarchy theory），他认为人最迫切的需要才是激励行动的主要原因和动力，且需要从外部得来的满足（基本）逐渐向内在得到的满足（成长）转化。

马斯洛认为，可把人的需要分为五个层次，即生理需要、安全需要、归属与爱的需要、尊重需要和自我实现的需要。需要的这五个层次是由低到高逐级形成并得以满足的。具体来说，生理需要是指人对食物、空气、水、繁衍和休息的需要，是维持个体生存和种系发展的需要，在一切需要中它是最基本的。

安全的需要是指人对安全、秩序、稳定以及免除恐惧和焦虑的需要。这种需要得不到满足，人就会感到威胁和恐惧。它表现为人都希望自己有丰厚的收入，有一份稳定的工作，希望生活在安全、有秩序、可以预测和熟悉的环境中，安心做自己熟悉的工作等。

归属与爱的需要是指人要求与他人建立情感联系以及归属于某一群体，并在群体中享有地位的需要。爱和归属的需要包括给予他人的爱和接受他人的爱。

尊重的需要是指希望有稳定的地位，得到他人的高度评价，受到他人尊重并尊重他人的需要。这种需要得到满足，会使人体验到自己的力量和价值，增强自己的信心。这种需要得不到满足，会使人易产生自卑心理并失去信心。

自我实现的需要是指人希望最大限度地发挥自己的潜能，不断地完善自己，完成与自己能力相称的一切事情，实现自己理想的需要，这是人类最高层次的需要。但是，每个人自我实现的需要的内容有明显的差异，人达到自我实现的途径和方式也各不相同。"需要层次理论"的内涵如图 1-1 所示。

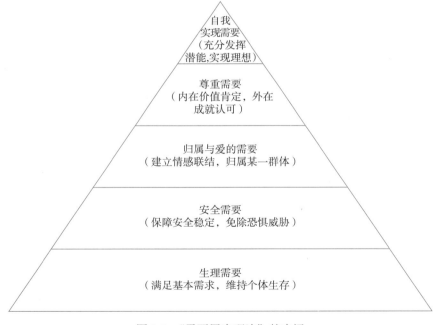

图 1-1　"需要层次理论"的内涵

### 6. 弗洛伊德的人格理论

精神分析的创始人弗洛伊德将人格结构分为"本我""自我""超我"三个部分。

"本我"是由本能驱动的，它由人最原始的基本欲望构成，遵循"享乐原则"。本我具有很强的原始驱力，弗洛伊德称其为力比多。

"自我"是从本我中逐渐分化出来的，负责处理现实世界的事情，调节着"本我"与"超我"，遵循"现实原则"，自我是人格的执行者。

"超我"是人格结构中的管制者，遵循"道德原则"，主要有三个作用：一是抑制本我的冲动；二是对自我进行监控；三是追求完善的境界。弗洛伊德认为，超我是父亲形象与文化规范的内化。

### 7. 依恋理论

约翰·鲍尔比（John Bowlby）在将精神分析的客体关系理论与发展心理学的观察法和试验研究结合起来之后，提出了著名的"依恋"（attachment）理论——个体有与具备特殊意义的他人形成牢固的情感纽带的倾向，这个情感纽带具备跨越时空的能力，能为个体提供心理意义上的安全与安慰。即，在满足吃喝等需要的过程中，我们不仅是在维系生存和生命，也是在建立人际联结和人际关系。作为人类，我们不仅需要他人提供物质满足，也需要获得情感和精神满足。在情感养育的过程中，我们学会信赖他人，并开始形成对自我、重要他人以及人际关系的稳定认知，这种人际互动的经验所形成的有关自我和他人的信念，以及培养出的期待、欲望与情感等心理内涵，会组织成个体的"内部工作模型"，它会影响行为方式，也是心理健康的基石。

研究依恋的心理学家玛丽·安斯沃斯（Mary Ainsworth）通过大量观察与实验证实，沟通不仅限于口语，非语言的沟通也很重要。依恋的研究者们通过"陌生情境实验"将依恋模式分为安全型、回避型、焦虑-矛盾型与混乱型。发展出安全依恋的个体可以有效使用初级依恋策略：即直接地、清楚地表达自己的需要；然而，当初级依恋策略无效时，个体会启动次级依恋策略，即一种更激烈、更容易吸引照料者的表达方式，比如哭喊、吵闹、出现症状等，以吸引照料者的关注和回应。在安全依恋中，主要照顾者能解读非语言线索，并作出相应的回应。这样情感调谐的沟通表达出：我能体会你的感受，也能回应你的需求。这样的情感回应不仅能够有效安抚情绪，也示范了良好的应对策略，能够帮助个体进行心智化成长。

### 8. 埃里克森的人格发展阶段论

心理学家埃里克森将个体自我意识的发展分为八个阶段，每个阶段，人都会面临一个具体的心理发展任务。顺利完成逐个发展阶段的个体，可以获得健康的人格与该阶段对应的重要心理品质，这些心理品质是解决后续其他社会人际问题的关键力量。如果在某个阶段这个发展任务没有彻底地完成，就可能会引发一系列心理危机，各阶段心理发展任务详见表 1-1 埃里克森"人格发展八阶段"的具体内容。个体的心理发展进程各不相同，个体也有可能通过后期的发展去整合缺失的部分。

表 1-1　埃里克森"人格发展八阶段"的具体内容

| 年龄 | 0～1.5 岁 | 1.5～3 岁 | 3～6 岁 | 6～12 岁 | 12～18 岁 | 18～30 岁 | 30～60 岁 | 60 岁之后 |
|------|-----------|-----------|---------|----------|-----------|-----------|-----------|-----------|
| 心理危机 | 信任对怀疑 | 自主对羞愧 | 主动对内疚 | 勤奋对自卑 | 角色同一对角色混乱 | 亲密对孤独 | 繁殖对停滞 | 完美对绝望 |
| 获得心理品质 | 希望的品质 | 意志的品质 | 目标的品质 | 能力的品质 | 诚实的品质 | 爱的品质 | 关心的品质 | 智慧的品质 |

续表

| 年龄 | 0～1.5 岁 | 1.5～3 岁 | 3～6 岁 | 6～12 岁 | 12～18 岁 | 18～30 岁 | 30～60 岁 | 60 岁之后 |
|---|---|---|---|---|---|---|---|---|
| 重要事件 | 喂养、与重要他人互动 | 吃饭、穿衣、如厕训练 | 独立活动 | 入学 | 同伴交往 | 爱情婚姻 | 养育子女 | 反省与接受生活 |
| 发展顺利的表现 | 婴儿与照料者建立初步的信任，获得安全感 | 开始出现符合社会要求的自主性行为 | 对周围世界更加主动好奇，更具自信和责任感 | 学习知识，发展能力，学会为人处世，形成效能感 | 在社会角色、性别角色等方面获得同一性，方向明确 | 乐于与他人交往，感到和他人相处具有亲密感 | 关爱家庭，支持下一代发展，富有社会责任感和创造力 | 自我接纳与满足感达到顶点，安享晚年 |
| 心理危机未得到彻底解决的表现 | 认为外在世界是不可靠的，在不熟悉的环境中会产生焦虑 | 缺乏信心，容易产生羞愧 | 形成退缩、压抑、被动的人格，易产生内疚感 | 产生自卑感和失败感，缺乏基本能力 | 难以始终保持自我一致性，容易对未来迷茫失去信心 | 无法建立稳定的人际关系，疏离社会而感到孤独寂寞 | 过于自我，满足私利，易产生颓废感，生活消极懈怠 | 固着于陈年往事，在绝望中度过余生 |

### 1.1.2　心与心的交流

　　马斯洛提出，人最迫切的需要才是激发人行动的主要原因和动力，且需要从外部得来的满足（基本）逐渐向内在得到的满足（成长）转化。人在某个时期，都有一种需要占主导地位。每个人的观念不同，在同一层级的需求也不尽相同。有时需求层次也会呈跳跃性满足。请大家根据图 1-2 通过"需要层次理论"认识自我，结合自身的实际生活来谈一谈，自我在不同层次的需要上是处于何种状态的？我是如何去满足这些需求的？

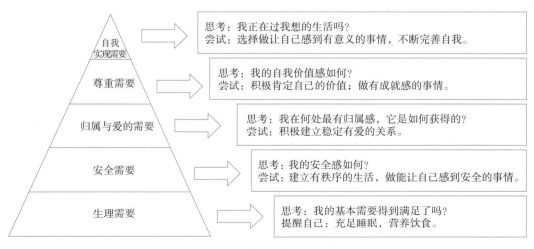

图 1-2　通过"需要层次理论"认识自我

### ✈ 1.1.3　心理技能实践——探索自我

请以小组为单位，讨论并填写如下"探索自我表格"，试着体验、回忆自己的成长经历，探索一下我们的自我表征，倾听周围同学的声音，倾听自己内心的声音，描绘出一个全方位的"我"。

请大家完成表 1-2 我的素描像，为自己描绘一张采用了不同视角的"自我形象"画像，你可以尝试用绘画的形式、形容词描述的形式来完成。

表 1-2　我的素描像

| | |
|---|---|
| 父亲眼中的我 | |
| 母亲眼中的我 | |
| 兄弟姐妹眼中的我 | |
| 朋友眼中的我 | |
| 我眼中的自己 | |
| 我的理想自我 | |
| 我的社会自我 | |
| 我最重视的信念、价值 | |

在该探索自我的部分，教师可根据实际情况配合使用 OH 卡（OH 卡的全称是 OH Cards，在心理学上又叫作潜意识直觉卡，是一种心理投射测试工具）进行活动拓展，这里配合表 1-2 展示一项"向大家展示我"的 OH 卡心理探究活动。

（1）以 4 人或 6 人为一个"分享自我"小组，分享时建议先进行两两组合彼此分享，再逐一由个人向小组所有成员进行分享展示。

（2）将人像卡卡片逐个正面朝上展示在桌面。

（3）逐一观察卡片，并且选择一张最能代表"我眼中的自己"卡片。

（4）向小组成员展示这张卡片，并说明选择的原因，讲述自己与这张卡片"相像的部分"，可以具体使用如下语言："我感觉自己与这张卡片的连接是……"或"我选择这张卡的原因是……"

回顾自己从出生到现在的记忆，一生中是否有不同的重要他人带给你任何难忘的经历，请通过表 1-3 整理自身的依恋资源，并在各栏中描述。

表 1-3　依恋资源整理清单

| | |
|---|---|
| 在我的生命中有一个人无条件地爱我、欣赏我 | |
| 我从他／她的哪些言语举动中感受到了这份爱和欣赏 | |
| 我与这位重要人物的互动 | |

梳理自身有哪些优点、长处，认知、情绪、意志等维度的优势是哪些？请填写表 1-4，梳理自己各方面的资源。

表 1-4 "我的资源"列表

|  |
| --- |
|  |
|  |
|  |
|  |
|  |
|  |
|  |
|  |

梳理自身资源时，请思考三个"我"协调一致吗？可填写表 1-5，在不同的三个维度上更深入地认识自我。

表 1-5 三个维度的"我"

| 理想的我 |  |
| --- | --- |
| 他人眼中的我 |  |
| 真正的我 |  |

在该探索自我的部分，教师也可根据实际情况配合使用OH卡进行活动拓展的辅助，这里配合表 1-5 显示一项"探索他人眼中的我"OH卡心理探究活动。

（1）学生以 4 人或 6 人为一个"探索他人眼中的我"小组，在本活动中小组内成员先进行两两分组。

（2）将人像卡卡片逐个正面朝上展示在桌面。

（3）逐一观察卡片，以 2 人互动并且选择一张最能代表"我眼中的对方"卡片。

（4）向对方展示这张卡片，并说明选择的原因，讲述对方与这张卡片"相像的部分"，可以具体使用如下语言："我认为你与这张卡片相像的部分在于……"或"我选择这张卡的原因是……"

与身边的人讨论，在他/她们的眼中，我在情感表达或人际交往中最宝贵的特质是什么？如果将它运用到民航服务中，我最愿意给予的是什么？比如耐心、真诚、友善、热情、细致、坚韧、乐观、做事有条理……

_____

_____

_____

_____

_____

　　继续使用图1-3"服务工作优势资源"来整理自己在民航服务中的优势资源，请大家把自己可以运用到民航服务工作中的"优势资源"填入花瓣中。

我的服务工作
优势资源花朵

图1-3　服务工作优势资源

　　完成如上自我探索卡片之后，可以与小组成员分享交流。

　　（1）你对自我的认识和他人的认识有何不同之处？

　　（2）他人对你的评价中哪些你是认同的，哪些你是不认同的？

　　（3）通过这个活动你有什么感受？

## 心灵岛屿

　　心理学上曾有一个著名的伤痕实验。在实验的一开始，实验组织者告诉所有参与实验的志愿者，这个实验的目的是观察人们对面部有伤痕的陌生人的感觉。每一个志愿者都被安排到没有镜子的单独房间里，由特效化妆师在他们的脸上画出一道逼真的"伤痕"，画完之后，志愿者被允许用一面小镜子看看自己化妆后的效果。看完以后，这面镜子就会被拿走。接着，化妆师告诉志愿者，要在他们的"伤痕"表面涂上一层粉末，以防止"伤痕"被不小心擦掉。实际上，化妆师却是偷偷抹掉了之前画的所有痕迹。当然，志愿者们对此毫不知情，还误以为自己面部有着触目惊心的伤痕。志愿者被派往各医院的候诊室，他们的任务就是观察人们对其面部伤痕的反应。规定的时间到了，返回的志愿者无一例外地叙述了负面的感受——人们对他们比以往粗鲁、无理、不友好，而且总是盯着他们的脸看！可实际上，他们的脸上与往常并无二致，什么也没有；大家是否可以通过之前学习、体验到的心理学知识来说说看——实验者为什么会得出那样的结论？自我认知与自我评价到底如何左右了我们在人际交往中的感受呢？

也许有的人会说："别人是以你看待自己的方式看待你。你对自己的认识、你看待自己的方式，最后就成为你感受到的别人看待你的方式。也有精神分析学家这样描绘个体心理的"投射"机制——"眼中的他人都是部分的自己。"

那么，我们该如何全方位地认识自己呢？这里有几条小小的建议，也是本教材最为关键的一些基本论调——民航服务的对象是旅客或者消费者，然而民航服务的主体是民航服务人员本身。只有民航服务人员是健康、乐观、不断成长、善解人意的，服务才是高效、主动、能够传递真情实意、具备生命力的。

客观全面地看待自己，包容体谅自己的不足，不断挖掘自身的资源并发挥优势。允许自己成长，每个人都是在不断成长变化着的，我们不会总是一成不变，每一个愿意成长的人，都有向着自身渴望飞奔的能力。多倾听他人，通过沟通交流发展多维度的观点，不要总是把话藏在心里或揣测他人的想法。"我爱我自己所有的模样"——接受自己，每一个你，都很特别，都有存在的意义。

### 遇见自己

鲁　米

有人喜欢你，那是他在你身上
照见了他喜欢的特质
跟你无关
你淡然面对，并做回自己
有人讨厌你，那是他在你身上
投射到他排斥的自己
跟你无关
你坦然面对，并做好自己
有人欣赏你，那是他透过你
碰撞了内在的自己，跟你无关
你欣然面对，做平静自己
世界上没有无缘无故的
相遇或者离开，爱或者怨恨，都只是，遇见了自己

## 任务 1.2　发展成长型心智模式

心智模式，简单来说就是个体理解外部世界的心理能力，心智模式影响了我们如何理解这个复杂的世界，以及如何采取行动。发展出更成熟心智模式的人，能够在高度

复杂的环境中厘清自己的核心需求，不被环境变化盲目裹挟，坚定自己的选择；同时也能够灵活应对各种变化，在纷繁的问题中找到有效的解法。然而，遗憾的是，哈佛大学教授 Robert Kegan 的"成人发展理论"表明，只有少数人可以发展到更为成熟的心智模式。大部分人或者完全不能听取他人意见，只关注自己得失，不懂得换位思考，在人际交往中处处受挫而不自知；或者全盘接受他人意见，没有形成坚定的内在自我，因此很容易被外界言论影响，陷入迷茫、焦虑的状态，甚至感觉自己一无是处，对生活消极担忧。

如果想真正理解和应对世界的复杂性，我们需要突破原有心智模式的局限，改变自己思考问题的角度和方式，以更成熟的视角找到突破当下困境的方法。在面临生活中的压力与重要改变时，也能够以更灵活的方式坚定地朝目标前进，打破负面情绪交织的内耗漩涡，真正实现个人成长。

## 1.2.1　心理知识建构

**1. 心智化**

心智化是一种对自己或他人心理状态的觉察，特别在涉及对行为的解释时。心理状态会影响行为、信念、愿望、感受和想法，无论我们是否能够意识到，都会影响我们的行为。民航服务人员的心智化涉及广泛的能力，每个独立的个体心智化能力的水平也是不同的，不同人的思维方式差异很大，因为每个人的经历和想象能力都可能导致他们对别人的心理状态产生不同的结论。但关键是，我们能够看到自己的行为一致地受到心理状态的组织，在服务交往中能将心比心并能觉察不同人的内心状态。

实质上，心智化是一种从外部看自己、从内部看他人的能力。心智化是心理状态的表征，是认同感和自我感的基石。将自己和他人视为有意义的和可理解的心理状态驱动的、具有主体性和意向性的存在，会创造出对自我和他人的心理一致性，这对于驾驭复杂的社会世界是必不可少的能力。

**2. 心智化的发展**

心智化的概念基于这样一个观点，即一个人对他人的理解取决于其心理状态是否曾被关爱的、体贴的成年人充分理解。心智化的发展取决于社会学习环境的质量、家庭关系，特别是个体的早期依恋，因为这些反映了个体的主观体验被照料者合理镜映的程度。具体而言，心理学家研究发现，依恋对象的情绪镜映质量在个体情感调节过程和自我控制（包括注意机制和努力控制）及心智化的早期发展中具有主导作用。

心智化是在与他人交往的背景下发展的；在理解重要他人方面的心智化质量，受到周围的人如何心智化我们，以及其他人如何心智化他们周围的人的影响。这种他人如何心智化的体验被内化，增强了我们理解自己和他人的能力，从而能更好地参与互动性社会过程；反之，早期接触缺乏心智化的互动，就会导致心智化能力匮乏。

在本课程中，我们将不只是教授"心智化"这个名词。我们将创造情感和语言环境传递心理状态的概念——如积极互动讨论，倾听不同视角的观点，并予以合理的采择。

比如学习系统的心理理论与技能，并将之付诸实践。认知情绪、从多维度理解情绪背后的需求，并学习如何觉察与调控我们自己的情绪。比如运用情境演绎、艺术表达、非语言沟通等在实际体验中锻炼、迁移我们的心理能力、观察能力与表达能力。

如果我们专心投入课程并参与互动，就可以逐渐生成一种对心理状态的起源、重要性和功能的假设。这反过来会引导我们更有意识地关注可观察行为的不同方面，并发展对心智状态的不同评估和不同的可观察的行为成长模式。

### 3. 理解"非心智化"的状态

非心智化的一般行为表现，与心智化的心理状态相对，具体如下。

（1）对自身的想法、感受或对他人的需要缺乏注意。

（2）偶尔会出现心理等同、佯装模式，并认为自己的观点是唯一可能的。

（3）对行为的解释具有某种偏见或泛化的倾向。

（4）说话时用绝对的口吻，如"他总是……""他从不……""你完全……"。

（5）总是责怪、挑剔他人，不情愿去探究事件背后更复杂的原因。

（6）"非黑即白"思维的夸张表现。

（7）将行为与事件归因为不可改变的个人特征，如种族、智力或文化背景。

（8）不灵活地、僵化地坚持第一个应对行为，而无法更灵活实现应对的其他多种可能性，并丢弃那些不合理的想法。

（9）缺少反思，感到共鸣就会立刻触发行为。

（10）不以心理作为解释行为的参考系，当需要寻找对心理状态的解释时，个体会处于不知所措的境地，或仅依靠单纯的直觉。

（11）误解外界的物理情境与心理状态的关系（如关闭着的门意味着拒绝）。

（12）自身的想法与动机经常被错误理解。

（13）武断地、毫不犹豫地接纳观点。

（14）对情绪识别有困难。

（15）不能意识到自身的想法、感受对他人的影响，也就很难理解他人对其的反应。

### 4. 成长型心智模式

如果把人比喻成一部复杂精良的机器，把个体的行为看作其输出结果，心智模式就是驱动机器的基本程序。这个程序工作的方式不尽相同——心智模式有时会影响我们对同一件事产生不同的解读，不同的解读又会产生不同的情绪，心智模式塑造着我们待人处世的经历和经验。心智模式也会引发不同的行为，比如积极的思维往往会激发高效的行动，行动结果良好，就会使个体累积"我很好，我可以"的自我信念，形成良性的循环；反之，若缺乏积极的体验，又容易产生消极的信念，导致拖延、回避、退缩的行为，陷入了负性的循环。

正性经验是可以被拓展、学习、体验和积极练习的，人会逐渐发展多视角看待问题的经验，学习观点采择，而不是只从自己的视角出发解读；人会逐渐发展辨识情绪、理解需求、调控情绪的经验，从而发展宽容与慎思的品质，更好地应对情绪传达的信息，而不是即刻反应；人会逐渐发展容纳变化和积极寻找资源的思维，对问题情境有更多的决策与处理经验……这些自我发展，都会导向成长型的心智模式，最终成为我们在民航服务工作中的动能与燃料，指引我们更高效地处理、更坚韧地应对、更涵容地体恤。最终，我们会通过与世界建立更稳固友好的联结，从而真正理解民航服务工作的价值。

### 1.2.2　心与心的交流

在现实生活中，我曾经有过哪些在社会交往中运用到"心智化"的经历，或者在成长过程中被心智化地理解和对待的经历。这些经历给了我哪些具体的感受？

可以从"关于他人的想法和感受""对自身心理功能的认识""自我表征""普遍性价值与态度"等维度来展开讨论与分享。

### 1.2.3　心理技能实践——分析心智化水平

通过本心智化评估清单，尝试分析民航服务人员呈现较高水平心智化水平会有哪些具体表现。

心智化评估清单（该评估量表改编自《心智化临床评估清单》(check-list for the clinical assessment of mentalizing)，对该评分表和分数的解释可在安娜弗洛伊德中心的网站上免费下载）。

**1. 关于他人的想法与感受**

（1）观点采择：基于个人经验，接受这样一个事实，即同一事物从不同视角看可能非常不同。例如，描述一个人际误解事件，刚参加工作的小明个性十分害羞，在与同事接触时常常会避免目光接触且不主动开启话题。与其搭班的小张天性开朗，一开始认为小明的行为表达的是拒绝，但随着观点采择的运用，他意识到从小明的视角看，和陌生人快速建立联结并热烈讨论是让内倾型的小明感到不适应的，这是小明惯有的感受和行为模式，而非对他的拒绝，于是在之后尝试用更细心的态度来和小明交往，开展合作。

（2）不存在不合理信念：不把别人的想法看成是对自己的威胁，并牢记一个人的想法是可以改变的。例如，当他人正在生气，我能理解他愤怒的感受，也能感受到我不喜欢他人对我表达激烈的言行，但我清晰地知道这是他的愤怒，我可以通过和他交谈来安抚他的情绪。

（3）沉思与反思：通常，对他人心理状态的共鸣会开启一个反思与反应选择的过程，在知觉和行动之间建立一个正常缓冲的机制。

（4）理解不透明性：承认经常不知道别人在想什么，但是不会被别人的想法所迷惑。例如，我意识到，我们经常误解别人的反应，哪怕是我们最好的朋友。

（5）真实的兴趣：对他人的想法和感受表现出真实的兴趣，不仅仅是对内容感兴趣，也会关注他人的行事风格。例如，这个人似乎喜欢讨论人们做事情的原因，那个人似乎更倾向于独立工作。

（6）对探索的开放性：这个人愿意对他人的想法和感受作出积极的多视角的假设，这个人不愿意对别人的想法和感受作出假设，这些都是可能的，可以被理解的。

**2. 对自身心理功能的认识**

（1）可变通性：对他人的看法与理解可以随着自身的变化而变化。

（2）发展性视角：随着了解的深入，对他人的理解也会变得更加复杂（如某人承认，随着个人的成长，他越来越能理解父母的行为）。

（3）现实的怀疑主义：认识到一个人的感受可以是混乱的。

（4）承认前意识的功能：认识到一个人在任何时候，都不可能意识到他感受到的所有信息，尤其是在有矛盾的情境中。

（5）矛盾：意识到自身可能会拥有互相矛盾的想法与感受。

（6）自我好奇的态度：对自身的想法与感受抱有真实的好奇心。

（7）对差异的兴趣：对一个人的想法与行为存在差异感兴趣（如对儿童的所思所想感兴趣）。

（8）意识到情感的影响：洞察到个人情感是如何曲解他人的。

（9）宽容：接纳别人，有理解他人心理状态的能力。例如，一旦我们理解了为什么其他人会这样做后，我们对某事的愤怒就会消散。

（10）可预测性：理解这样一个事实——只要知道他人的想法和感受，他们的反应整体上就是可预测的。

### 3. 自我表征

（1）较高水平的表达与倾听：能够向别人解释事情，并且被别人认为是耐心的、是能够倾听的。

（2）自传的连续性：一种记得自己孩提时期经历的能力，并且这些经历具有思维的连续性。

（3）丰富的内心生活：一个人很少感到他们的思维是空虚的或无内容的。

### 4. 普遍性价值与态度

（1）哲学性：整体上来说，对什么是正确的、什么是错误的并不武断判断，并且偏爱复杂的、相对的思考方式。

（2）稳定性：一种在自己和他人心理状态之间保持平衡的态度；充分地监控自我，以识别心智化缺陷。例如，我注意到，有时候我对某些事物的反应有些过度。

## 心灵岛屿

在本项目中，我们对民航服务人员觉察自身的心理状态进行了初步培育。在实践中不难发现，每一个个体对自身的理解和感知都是有差异的，这些差异可大可小，与每个人的生活经验、个性特质、文化背景、成长环境密不可分。的确，自我是多样性的，对自我的理解和感知也是多样性的，可以是灵活变通、逐渐成熟的。只要你勇敢踏出第一步，变化终将到来。最后让我们一起来朗读如下句子，体会"自我"的生命维度。

> 我与生命和平共处
> 我因为生命赐予我的丰富礼物而欣喜
> 我灵活而轻松地看见问题的每一面
> 做事方法及看事情的角度有无限多种
> 用其他观点看事情是可行的
> 我愿意改变我内在的模式
> 我爱自己
> 肯定自己
> 我是安全的

# 项目 2　发展灵活性

🔄 **项目目标**

1. 了解感知觉与印象形成的基本概念。
2. 理解情境感知对旅客服务体验的影响。
3. 应用改释技术，实践资源取向的认知过程。
4. 理解多维视角，发展认知的灵活性。

## 任务 2.1　拓展释义

在本学习任务中，我们将从不同维度了解"认知"对服务产生的影响和认知在个体调控情绪及行为时的作用。深入体验并学习认知的含义，在理解心理学概念的基础上运用心理学思维。学习具体的认知调整策略——以发展灵活性，拓展认知维度。

"我们都知道锻炼体能，包括体力上的耐力和灵活性，但其实认知也需要锻炼，心理上的灵活性意味着可以在多种认知层面中自由地适当地转化，而不是僵硬地回应外界。"什么是僵硬地回应外界呢？就是不管处于何种情绪中，我们都一味地关闭和躲避，比如我们可能会要求自己始终不生气，始终不难过……保持心理健康和保持身体健康一样，我们都知道要维持良好的身体健康需要保持良好规律的作息、健康低糖的饮食，这些良好习惯的培养需要我们循序渐进，不断重复纠正与培养，需要刻意地改变和练习。民航服务人员的心理健康也是如此，也需要我们循序渐进地进行培养和练习，采取相对健康、变通的思维模式，逐渐养成具备韧性和灵活性的心理状态。勇于用新的眼光和思维对待问题，也是打破思维的框框、解决问题的途径——从看待问题的不同视角出发。

**心理现象思索**

这是陈悦的第一次乘机体验，从兰州中川机场飞往北京大兴国际机场，搭乘A320 机型，航班准点抵达，亲友在候机楼接机。

当他们询问陈悦："这一趟行程，感受如何？"

陈悦回忆了旅程，这样说道："蛮顺利的，准点抵达了。最深刻的印象是新建成的大兴机场实在太漂亮了，又开阔又亮堂；飞机上的乘务员都很亲切，就是空调有点冷。客舱空间挺狭小的，我个子高腿也没法伸直。但透过客舱窗户看天空的云，真的很美，仿佛置身云端，让我完全忽略了发动机有点吵。"

不知大家是否思索过，或者做过这样的换位思考——旅客是如何"解释"民航服务的？大家可以试着回忆自己的乘机体验，记忆中的很多印象既与视觉、味觉、听觉等人的感官体验有关，也与某个具体的情境认知体验有关。接下来，我们将围绕个体的"认知"展开，了解旅客对民航服务的"认知"，也体验自身对"认知"的调控，来学习心理上的"认知"究竟是什么？对个体"理解"与"解释"社会世界起到了哪些关键作用？为什么说"认知"会影响我们的情绪与行为呢？

### 2.1.1　心理知识建构

**1. 感知觉的基本概念**

在基础心理学中，研究者发现，我们之所以能了解外部世界，是因为我们拥有一些特殊的感觉接收器官，感觉接收器官将感觉能量转换为神经冲动，并将神经信息发送给大脑供其解释。

心理学中的"感觉"是指感官接受刺激，在头脑中形成对事物个别属性的反应；"知觉"是指感官接受刺激，在头脑中对事物整体作出反映，知觉是一种主动的心理过程。

五种主要的感觉有视、听、躯体感、味、嗅。原始的感觉只有在知觉过程中得到组织和解释之后才有意义。知觉是改变感知信息的一种主动过程。例如，在观看电影时，我们看到的演员是动的，但实际上，这种感受的信息仅是一系列快速变化的静止照片。电影银幕上的人物实际上根本不在动，而我们却感到他们在动，这仅是因为知觉过程往往会完全超越直接感受的信息，大脑能够依据感觉信息提供的暗示创造出电影中的运动知觉。

**2. 影响知觉的因素**

在多数情况下，大脑对知觉过程中的信息作出解释的方式似乎是天生的，但我们对现实的知觉则受个人的预期、文化学习经历及需要的影响。结果是，不同的人往往会对同一外界事物产生不同的见解。以视知觉举例，我们能看见，是因为眼睛里有许多视杆细胞和视锥细胞，能够把视网膜上的光信号转化成神经信号传递到大脑，而大脑对这些信号进行解释，就形成了我们看到的画面。也可以这样去理解，我们看到的一切，都是经过大脑"解释"过的，并不能算是完全的真实、客观。我们所知觉的东西往往更多是基于在我们的脑中加工了多少感觉信息，以及它们是如何被加工的，而并非是我们眼前有什么。例如，通过图 2-1"知觉的选择示意"可以发现，正是依靠大脑所作出的解释，同一幅画站在不同的视角看，既可能是脸朝前方的妙龄少女，又可能是面朝下方的一位老婆婆。

图 2-1　知觉的选择示意

虽然知觉对我们所有人而言似乎都是以同样的方式在工作的。但实际上并非这样，因为许多心理因素都会影响知觉，比如，我们的动机作用的状态及情绪会影响知觉。一些心理研究证实，动机作用会影响知觉：饥饿的人要比在他们饱餐一顿之后对甜味和咸味更敏感。此外，我们的情绪也会强烈地影响知觉。焦虑的人更可能将模棱两可的句子解释成含有威胁性，一些因经历过创伤性应激而感到焦虑的人会将别人的脸也知觉为表现出更多的忧愁。

### 3. 印象与印象形成

印象是个体（认知主体）头脑中有关认知客体的形象。个体接触新的社会情境时，一般会按照以往的经验，将情境中的人或事进行归类，明确其对自己的意义，使自己的行为获得明确定向，这一过程称为印象形成。初次印象也称第一印象，是素不相识的两个人第一次见面时形成的印象。

在印象形成的过程中，信息出现的顺序对印象形成有重要影响。印象形成过程中的心理效应详见表 2-1。

表 2-1  有关"印象形成"的心理效应

| 类型 | 含义 | 举例 |
|---|---|---|
| 首因效应（最初效应） | 第一印象作用的机制。在总体印象形成上，最初获得的信息比后来获得的信息影响更大 | 在民航服务交往建立的初期，服务人员都会有意识地在第一次接触时展现亲切友好的职业形象，拉近与旅客的心理距离。例如，空中乘务员将迎客服务作为客舱服务的重点工作内容 |
| 近因效应（最近效应） | 在总体印象形成上，新进获得的信息比原来获得的信息影响更大 | 宜家家居的冰淇淋多年来只卖 2 元人民币，其实并非是为了商业盈利，冰淇淋制作和销售的成本是高于 2 元的，但是宜家多年坚持这个策略，是为了顾客在结账之后，最终又以低廉的价格买到了美味的食物——这样一来，他们对在宜家家居购物的总体印象就会更好 |
| 光环效应（晕轮效应） | 个体对认知对象的某些品质一旦形成倾向性印象，就会带着这种倾向去评价认知对象的其他品质 | 个体对他人的外表有良好的印象，往往会对他的人格品质也倾向于给予肯定评价。光环效应是一种以偏概全的现象，一般是在人们没有意识到的情况下发生作用的。由于它的作用，一个人的优点或缺点变成光圈并被夸大，其他的优点或缺点也就退隐到光圈背后被视而不见了 |
| 刻板效应（定型效应、刻板印象） | 对某一类事物或人物产生的一种比较固定的、概括而笼统的看法或观念 | 人们有时会基于性别、种族、外貌等特征对人进行归类，认为一类人具有比较相似的人格特质、态度和行为方式等。人们对某些人或事的固定看法和观念，就像刻在木板上的图形那样难以更改、磨灭 |

在心理学中，首因效应也叫"第一印象"效应。第一印象，是在短时间内以片面的资料为依据形成的印象，心理学研究发现，与一个人初次会面，45 秒内就能产生第一印象。这一最先的印象对他人的社会知觉产生较强的影响，并且在对方的头脑中占据主导地位。这种先入为主的第一印象是人的普遍的主观性倾向，会直接影响以后的一系列行为。

第一印象重要，但第一印象并不是开口说话才产生的，而是第一眼见面便形成了。第一印象主要是依靠性别、年龄、体态、姿势、谈吐、面部表情、衣着打扮等，判断一个人的内在素养和个性特征。在民航服务的初始阶段，我们可以利用这种效应，展示给旅客亲切优雅的职业形象，为以后的服务交往打下良好的基础。

### 4.影响民航旅客印象形成的因素

除了第一印象，还有哪些知觉会影响旅客在民航服务过程中的感受呢？航空公司自身的环境、服务等硬件、软件条件及其宣传和口碑，都会影响旅客的社会知觉。世界各国航空公司的特有标志，无论是公司名称、飞机标识，还是服务人员的特色服装、服务举措，都是为了吸引旅客的注意力，给旅客留下良好的印象。

1）机场环境

理念先进、造型独特的机场环境会吸引旅客的注意力，提高机场的辨识度，增进快捷高效的服务体验，给旅客留下美好的印象。

北京大兴国际机场航站楼按照节能环保理念，采取屋顶自然采光和自然通风设计，同时实施照明、空调分时控制，采用地热能源、绿色建材等绿色节能技术和现代信息技术。通过图2-2可以看到北京大兴国际机场航站楼整体如展翅的凤凰，是五指廊的造型，造型以旅客为中心，整个航站楼有79个登机口，旅客从航站楼中心步行到达任何一个登机口，所需的时间不超过8分钟；航站楼头顶圆形玻璃穹顶直径有80米，周围分布着8个巨大的C形柱，撑起整个航站楼的楼顶，C形柱周围有很多气泡窗，主要用来采光，航站楼可抵抗12级台风。

图2-2　北京大兴机场俯瞰

2）服务人员着装

民航服务人员的着装各具特色，或体现民族特点，或追求美观时尚，目的都是体现自身的企业文化与理念，吸引旅客的注意，给旅客留下美好的印象。

海南航空制服的主题为"青花瓷"，整体采用了灰色调，女装由长外套和旗袍构成，并设计了祥云领口、海水江崖下摆，无论是青花瓷旗袍，还是灰色斗篷，都尽显气质。制服以浅色调为主，浅色调显得活泼，而且浅灰也是国际通用的"服务色"。青花瓷和旗袍则体现了中国传统文化，具体的青花瓷制服形象如图2-3所示。

图 2-3　海南航空空乘人员身着"青花瓷"制服

新加坡航空的乘务员身着标志性"沙笼可芭雅"制服的形象，被全世界视为亚洲热情好客的象征。沙笼可芭雅制服由法国服装大师 Pierre Balmain 设计，以传统亚洲蜡染布料精制而成，具体如图 2-4 所示。蓝色沙笼可芭雅制服是新加坡航空的标志，除此之外，还有三种颜色，不同颜色代表了新航空姐不同级别。

图 2-4　新加坡航空空乘人员身着"沙笼可芭雅"制服

3）民航服务举措

机场环境、设施、服装是航空公司吸引旅客的外在手段，是能够对旅客产生持久影响力的关键，是航空公司的服务质量。航空公司对此不惜投入巨大的财力、物力、精力，精心打造自己的品牌与形象。

四川航空致力在多个维度进行服务举措的提升。比如在搭乘航班前可以在各个始发地机场享受舒适的座椅、精选小食、免费网络服务等。在特殊旅客服务上推出了"10+暖心专属服务"——盲人、聋哑旅客专人照顾，身体不适、患病旅客暖心服务，提供真情服务提示卡服务，为特殊旅客定制旅客专用座位贴、详细记录其需求信息，为儿童旅客提供童趣儿童餐服务等。在空中的餐食供应上，为满足不同旅客的口味需求，在春节等传统佳节，以中华美食文化为参考，精选食材用料，研发川航特色年味美食，推出主打菜品"红红火火红烧肉""年年有鱼年年高"。家常味的红烧肉味醇汁浓、润而不腻；"年年有鱼年年高"将泡椒烧烤味的烤鱼和年糕结合在一起，搭配经典年味小吃"团团圆圆如意饺"，借此为旅客送上温馨的新年祝福，塑造亲切友好的品牌形象。

4）昼夜节律照明系统

人体的昼夜节律也称每日节律，一部分下丘脑被认为是身体内部"时钟"的一部分，它的活动在持续的24小时内会发生有规律的提升与下降。长途飞行会扰乱节律，会让人的效率降低并感到不适，这种现象就是所谓的"飞行时差反应"。有过长途飞行经历的人都有过类似的体验，当我们在昏暗的客舱被突然的强光照射，即使生物钟还在夜晚，但目的地机场已经是白昼了。为了缓解旅客的这种不适体验，先进的客机已在客舱内安装了可以模拟日出过程的氛围灯光系统，在接近降落程序前，客舱乘务员会将灯光从昏暗调整至琥珀色再逐渐调整至明亮，温和地帮助乘客适应新的时区，大大提升了长途飞行的感知体验。

5）其他因素

研究表明，旅客对客运班机的选择，主要与以下四个因素密切相关。

（1）起飞时间。

（2）是否按时抵达目的地。

（3）中途着陆次数。

（4）民航服务人员的态度。

从上述四个因素可以看出，旅客对航空公司的印象也建立在对时间的感知上。通常来说，旅客对直达航班的印象最好，而对着陆次数多的航班印象就差一些，这些都是旅客对时间的知觉。当然，飞机机型、飞行员的技术水平、机型内饰的新旧程度以及机上休息和娱乐等，也影响了旅客对服务的整体知觉，这些因素与飞行过程的安全与舒适度密切相关。

➡ 小练习——民航服务中的感知觉因素分析 ⬅

通过前序课程的学习，你能从下述的服务举措中，列举出影响旅客对服务提升体验的具体的感知觉因素吗？试试看将左边的心理学名词与右边的具体民航服务案例连线。

视知觉　　川航在机上提供美味餐饮，为喜辣旅客提供特色辣椒酱佐餐

听觉　　　海航推出柔和沉稳的灰色系斗篷作为空乘人员的制服外套

颜色觉　　在机场贵宾室用餐区播放流畅高雅的古典交响乐

味觉　　　在候机楼设计时使用大量开阔的全落地玻璃引入光照，也方便旅客近距离观赏飞机起落

5. 情境感知

我们已经了解影响旅客对民航服务感知的基本要素，如旅客会通过视知觉来感知机场环境的尺度、亮度，模拟昼夜节律的客舱灯光系统会使长途飞行更舒适等，这些可以通过人的感受器官进行感知，是服务的显性部分。但其实，服务体验更多的是围绕旅客在综合的隐性维度的感知展开。

情境感知作为有机体适应环境的一种活动，在实践活动中受各种因素影响。对服务

的感知应综合服务现场情境，民航服务是基于民航场所这一特殊社会环境的一种互动活动。情境感知有环境因素、互动因素、反思因素的考量。

1）环境因素

现实生活中的情境感知发生于特定的时间和场合，受到认知的目标、任务和环境条件的多重影响，如温度、灯光、气味都会作用于人们的感觉，是环境体验的一部分。了解和把握人在使用服务设施过程中被环境所激发的感知，充分利用环境中的有形和无形要素，营造出更具愉快、高雅、整洁等体验的服务环境是民航服务人员需考量的一个方面。

2）互动因素

互动即旅客与民航服务人员之间的交互行为，通过语言与非语言的互动交流，使其心理需求与情感体验得以具体化，在民航服务的特殊情境中提升心理维度的感知。如客舱服务人员观察到旅客有畏寒的表现，于是主动询问是否需要毛毯，并在询问的同时主动递上调试好温度的温水，旅客表示感谢并在内心体验到被重视和被关怀的感受。

3）反思因素

人在服务过程中通过交互体验形成情境感知，这些感知通过主观认知，形成了人的情绪及情感，进而引发反思，重新影响和支配个体的行为。

**6. 社会知觉**

社会知觉是社会心理学的重要概念，是指个体觉察到社会性事物的刺激，从而表现出自己的对应态度或者行为，是我们试图了解和理解他人的过程。社会知觉包括个体对他人、群体、自己以及他人行为原因的知觉。

社会知觉的基础是被认知事物本身的属性，但一些主观因素也会对社会知觉的过程和结果产生重要的影响。

（1）我们会通过自己的假设过滤之后，对事件进行感知和回忆。即我们的感知、解释和回忆在一定程度上会受到假设和预先判断的影响。有时我们并非如实地对现实进行反应，而是根据我们对现实的建构作出反应。

（2）个体的经验不同，对同一对象的认知也会有不同的结果。过去的经验可能会对其未来认识事物的过程和结果产生影响。

（3）我们会倾向于依靠我们的直觉、内隐规则以及心情，对事件进行判断，其中内隐规则引导我们快速地进行判断。

（4）解释事件时，有时归因于情境，有时归因于人。

**7. 社会世界的解释——归因理论**

归因理论即对人们如何解释自己及他人行为的起因。内部归因倾向于认为，一个人之所以出现这样的行为，其原因与自己有关，如自身的人格、态度或个性。外部归因则认为，一个人之所以出现这样的行为，其原因与他所处的情境有关，并假设大多数人在同样的情境下会作出同样的反应。

## 2.1.2 心与心的交流

你有过这样的经历吗？

当考试未通过时，将其归咎于自己的智力不足或知识储备不够。

在工作中犯了错误，认为是自己粗心大意或缺乏专业技能造成的。

在与他人交往时，觉得自己不够有趣或不够吸引人，导致他人对自己不感兴趣。

在体育比赛中失利，认为是自己体能不够好或技术不够娴熟。

在人际关系中出现矛盾或冲突，将责任归咎于自己的情绪控制不佳或沟通能力欠缺。

如果你也有过类似的时刻，那么也许你正在经历"内部归因"。你是否经常会将某个事件或结果的原因，归结于自身的内部因素呢？通俗来说就是从自己身上找原因。遇到任何事情和指责，永远第一时间都怪自己，就是典型的内部归因，这种归因方式非常容易导致内耗。习惯于内部归因的人就像被安装了一个选择性过滤器：将所有的过错指向自己。一个人的归因风格，是在与重要他人的互动中逐渐形成的。总被父母要求"从自己身上找原因"的孩子，很容易陷入消极的内部归因模式中，也缺乏自我支持的意愿和肯定自己的力量。

适当的"自我反省"，可以让人在错误中总结经验，提高认知深度，改善自己。但长期过度的消极内部归因，往往会导致自责和自我贬低，甚至将毫无关联的事与自己联系起来，将问题的责任全部揽到自己身上，从而长久沉浸在自责中。因此，我们需要注意避免过度向内归因，采取更加积极的思维方式来解释事件和结果。

认知心理学家韦纳认为，一件事成功或者失败的因素有六个（能力、努力、身心、难度、运气、环境），可以根据三个维度（内部和外部、稳定和不稳定、可控和不可控）进行划分，具体详见表2-2。

表 2-2　影响事件成功或失败的因素

| 影响因素 | 内部 | 外部 | 稳定 | 不稳定 | 可控 | 不可控 |
|---|---|---|---|---|---|---|
| 能力 | √ | | √ | | | √ |
| 努力程度 | √ | | | √ | √ | |
| 身心状况 | √ | | | √ | | √ |
| 任务难度 | | √ | √ | | | √ |
| 运气 | | √ | | √ | | √ |
| 外界环境 | | √ | | √ | | √ |

从表2-2中，我们不难发现，事情的发展在不同维度上都会呈现不同的面貌，比如任务难度、运气和外界环境的变化其实都是外部的因素。现在请分组讨论交流，你习惯于将事件进行内部还是外部归因呢？这样的归因模式导致了你怎样的思维和行为习惯？

我们应该如何合理地进行归因呢？

**1. 考虑内外因素的综合作用**

意识到结果通常是内部因素和外部环境因素相互作用的结果。尝试综合考虑个人的能力、努力，以及外部的条件、机会等因素。

**2. 寻找多种解释**

不要仅限于将失败或困难的原因归咎于自己，而是尝试从多个角度思考，寻找其他可能的解释或原因。

**3. 分析过程和决策**

重视过程和决策的合理性，而不仅仅关注结果。评估自己在决策过程中所做的努力、调查、分析和决策的质量是否符合合理的标准。

**4. 理性评估个人能力**

客观评估自己的能力和技能，认识到自己的优势和劣势，并在合理的范围内确定个人的责任。

### 2.1.3 心理技能实践——"拓展解释"的力量

通过对知觉特性的了解发现，从不同视角认知一幅画尚且有如此不同的解释，对于我们遇到的各种事件经历，解释的差异就更大了。通过站在不同视角的切换，考虑不同的事件背景因素，我们将会对我们所感知到的"画面"，产生多元的思考和解释的改变。

当我们仅仅从孤立的、单一的视角去观察某一件事时，很容易陷入自身认知的局限中，由此产生的局限会让我们对事件作出不一样的解释、引发不一样的感受，并最终导致不同的各自僵化的行为应对。在系统观的框架中，我们建议使用"转换视角"的方式，去呈现事物的另一番面貌，构建更新的意义。当我们开始重视事件的多元意义，试图去理解事件发生背后复杂的原因与感受，试图通过"拓展信息，拓展不同角度的理解"去努力寻找更多解决问题的可能时，我们也就培养了自己的"灵活性"品质，灵活性的一个重要表现就是综合的、多视角的、变通的思维。同时，"系统观"也致力于培养我们对于"背景"的探究和重视，比如"要理解一个人的行为，首先要将他放回到他生活的背景中去"，而不是仅仅单纯地去看某一个行为现象。

经常问一问自己："还有更多的可能吗？"，这有助于我们进行观念和视角的拓展。接下来，请成员以4～6人为一个小组，由一位成员先讲述一件发生在自己身边，暂时还无法理解或引发负性感受的事件，然后请小组成员们运用"系统观"的思考方式，帮助其拓展"还有更多的可能吗？"的意义分享并做记录。

事件经过：

_____

_____

_____

我当时的想法、感受与行动：

_____

_____

_____

经过小组讨论后的视角拓展，我们觉得，还有以下这些可能。

可能性1：

可能性2：

可能性3：

可能性4：

可能性5：

可能性6：

应用更具灵活性的思维方式，还可以拓展应用如下的提问方式，在面对短暂的困难情境时，下面的提问可以帮助改善对境遇的认知，通过切换更多可能性的视角，帮助民航服务人员发展更具多样性的问题解决策略，发展更灵活的心理应对方式。

**1. 对资源提问**

暂时不以"缺乏什么"或"什么是不利的"视角来看待问题，而是将注意力集中在"我拥有什么资源""我还能够调动何种资源"的维度上。回顾工作或生活领域中有哪些事是令人满意的，会让人感觉不错或很有能力，而不仅仅是与问题场景比较。比如我们可以做如下的提问。

（1）在我的工作中有什么是我愿意这样保持下去的，如何做？

（2）我喜欢做什么？在服务工作中擅长做什么？

（3）我曾经遇到过类似情境时是如何成功解决的，运用了哪些资源？

（4）我自身（优势、长处、能力）有何资源？

（5）我的支持系统（家庭、工作单位、学校、所处的系统、时代）有哪些资源？我尽可能地去争取了吗？

（6）同一件事我们能够用更多种资源取向的视角去看待、论证与解决吗？

**2. 奇迹提问**

（1）如果这个问题一夜之间消失了（突然发生了重大转变或者其他原因），我在第二天早上首先会做什么不同的事，其次会是什么？

（2）如果这个问题突然消失了，我对我的生活中最留恋的会是什么？

## 任务 2.2　资源取向思维

现在，我们将深入学习建构更多可能性的提问方式，这些提问可以作为民航服务人员的思维训练，当我们拓展了看待问题的视角时，也拓展了解决问题的策略。特别需要强调的是，在本心理实践项目中，我们将引导参与项目的人员使用更多"资源取向"的视角，那么，让我们先来了解一下什么是"资源取向"。

通过图 2-5 来对比一下传统的"资源取向"和"缺陷取向"之间的差异及视角的变化。

**资源取向**

- 问题情境具有功能和意义
- 每个系统都已经具备了解决自身问题所应有的资源
- 赋能：知觉是一种主动的心理过程
- 我们都有改变视角的可能

**缺陷取向**

- 问题情境是纯粹的错误或障碍
- 是直线因果链上的个人性结局
- 有促进不良认知与负面情绪的可能性

图 2-5　"资源取向"和"缺陷取向"的差异

### 2.2.1　心理知识建构

当我们仔细审视思维困境时发现，很多困境是我们"解释"出来的——我们不自觉地采取了缺陷取向的视角。我们对事件进行描述的方式，决定性地影响了将作出的处理方案。因为在我们讲述事情的同时，也隐形地表达了一种立场、一种观念、一种态度或者一个既定的视角。在叙事心理治疗的语境中，人们往往是用语言来创造现实的。当我们运用资源取向的视角来看待工作与生活，肯定会有一番全新的认识和更具灵活性的态度。

为了建构更多可能性和假设性，我们应该学会这样提问：事情还可能是怎样的？

关于建构可能性的提问会激发"可能性的意义"。面对工作或生活中的问题情境时，我们可能会一时感到举步维艰。但其实人们迄今所找到的解决办法是不胜枚举的，尤其是对还未尝试过的可能性。对此，提问恰恰能够有助于开拓可能性的空间。

通过提问可以引入循环的有创造力的新的可能性。提问的形式也是一种手段，我们可以通过更具资源性的方式提供新的道路。它可能无法立即实现，但是无论如何，它们能够增添新的思维策略——让我们尝试使用"假设……""如果……""其实还可以……""会有何新反应？"来进行提问，使一个又一个新的尝试行为成为可能。

### 2.2.2　心与心的交流

现在，我们将学习并应用"改释"技术，试着从资源取向的视角来学会给自己"赋能"，也为围绕在我们生命中的种种境遇"积极赋义"。

改释是对迄今为止被消极评价的、有障碍的行为方式、体验方式或重要的互动模式（"问题""障碍"）在系统相关的背景下作出新的评价。运用积极改释技术尝试打破当前的消极描述、自我抱怨和批判的模式。

让我们先从列举词语开始，觉察自己对这个词语的态度，以及由此产生的第一个念头，然后试着先戴上"有缺陷的眼镜"，把缺陷和不足写在左边；接着，换上"有资源的眼镜"把资源取向的解释写在右边，用资源取向的眼镜去重新解释这些词语，我们可以试着从"意义改释"入手，具体做法如下。

词语：胆小

当我们戴上"有缺陷的眼镜"时：
- 胆小怕事
- 不敢担当

当我们戴上"资源取向的眼镜"时：
- 谨慎行事
- 避免冲动，善于观察情况

词语：生病

当我们戴上"有缺陷的眼镜"时：
- 身体柔弱
- 抵抗力差

当我们戴上"资源取向的眼镜"时：
- 获得了所需的休息
- 获得了他人的照料与慰问

事件：临时需要做一个汇报的 PPT

当我们戴上"有缺陷的眼镜"时：
- 要花费时间、精力
- 时间很紧迫
- 我不擅长做这件事

当我们戴上"资源取向的眼镜"时：
- 给我之前的工作做一个复盘和整理
- 给自己的努力做一个高光总结
- 更新能力，为之后工作积累经验

事件：孩子总是哭闹

当我们戴上"有缺陷的眼镜"时：
- 心烦
- 吵闹
- 无力应对

当我们戴上"资源取向的眼镜"时：
- 孩子是能够坦然表达感受的
- 哭闹是有需求未被满足，需引起重视
- 使照料者建立更多的联结和情感付出

### 2.2.3 心理技能实践——引入不同视角改变解释

学会从不同视角看待问题，是跳出思维困境，发展心理灵活性的方法和技巧，除了应用"改释"的心理学技术，我们还有很多工具来发展更多视角，收获更广阔的心态。接下来，我们将介绍另一种资源取向的理解：从短期视角转变为长期视角。

从短期视角向长期视角转换的练习。

20岁的时候，小A是某民航院校空中乘务专业的一名应届生，她的理想是前往X航空公司做一名空中乘务员，她觉得X航空公司有许多国际航线，而且是应届生实习选择的热门。然而，经历了一次校招，一次社招，小A都未能如愿……

从短期视角来看，小A面临着面试未成功的事件，如果再戴上有缺陷的眼镜，面试失利似乎是对自己的一次又一次的否定，如此想来，未免觉得前途一片黯淡……可是，当小A戴上资源取向的眼镜，她发现自己多了一些尝试和选择，也由此更清晰了自己的优势与短板所在。接着，她应用从短期视角向长期视角转换的方式，试想了5年后、10年后，甚至30年后的自己，她发现，人生瞬间开朗了许多，面前的困境似乎只是长长人生中一道小小的考题，一片淡淡的浮云，反而更让她明白了把握当下的意义。

现在，让我们来看看已经25岁的小A。

她在经历了更多次的面试后，调整了自己对于面试怯场的劣势，努力发挥英语能力强的优势，最终她进入一家外航服务公司做行政助理的工作。她发现，朝九晚五的工作确保了她的作息规律，也能有更多的时间去进行专升本的学习。行政的工作更多是处理文书和规划整理资料，更适合自己条理清晰、做事细致的行事风格。她认真工作，也利用假期完成了当年想要去各地旅游、开阔眼界的理想。25岁的小A正在畅想自己10年后的人生，她想去读研，想组建家庭，想继续去旅行，想在这长长的一生做许多选择，即使可能面对短暂的失利，可是塞翁失马焉知非福呢？

资源取向告诉我们——陷入"混乱"，是系统发展新模式和重建结构的过程。国外有一句谚语，叫作 Chaos is a laddaer（混乱是一座阶梯），也正是在告诉我们，使用资源取向，应用资源取向，混乱中也可以生长出新的发展方式；废墟下也有重建的希望，所有的应对方式都是资源。只要我们转换视角，构建更多可能性的提问，总会有新的可能诞生。

接下来，我们将应用最后一个资源取向的技术——内容改释，即使用改释技术去理解与挖掘暂时不被充分理解的行为背后所存在的"好的意图"。与之前将消极的描述改释成积极的描述不同，在"内容改释"中，我们将保留那些对暂时不被充分理解的行为的消极描述，而是把重点放在挖掘和提炼其行为背后的"好意图"。

例如，当我们面对一位学生屡次在学校出现攻击行为时，我们首先能看到他在人际交往中出现了很大的困难，同时，我们提出，用更具备同理心的方式去"支持他"，用其他的方式来"赢得尊重以及受到重视"。在该内容改释的语境下，我们使用更具人性化的视角，不是去一味地指责攻击行为所导致的负面后果，或者对其进行惩罚或训诫，而是在其行为背后发现"好的意图"——渴望受到尊重及受到重视——这是人类天然的向上而生的需求，只是暂时没有通过更好的方式去实现。

有兴趣的同学可以按照如下案例来应用"内容改释"技术：这是一对新婚的夫妇，她们前往婚姻咨询处讲述婚姻中的矛盾与争吵，这时，婚姻咨询师运用了"内容改释"的技术去解构这件事——"看来你们已经习惯去用争吵的方式来沟通，现在，可否尝试换一种不那么伤害彼此的方式来调节你们关系的远近呢？"

> 记录一件暂时不被充分理解的行为事件，可以是用相对固化的视角记录难以理解的甚至产生否认和产生批判冲动的行为。
>
> _____
>
> _____
>
> _____
>
> 接下来，挖掘其行为背后的"好的意图"，记录并与其他人分享你的视角。
>
> _____
>
> _____
>
> _____

# 模块 2
# 民航服务人员的情绪管理

📋 模块介绍

　　情绪管理在民航服务工作中承担着至关重要的角色。本项目旨在为民航服务人员提供切实有效的情绪理解与情绪调适路径，以提升民航服务人员的情绪心智化能力。在理论知识部分，将为大家介绍情绪的特点，以及情绪的结构和功能。在心理实践部分，将切实指导民航服务人员如何在工作和生活情境中更好地识别自身和他人的情绪，以增强人际间的接纳和互助行为；管理自身的情绪，以避免冲动控制不佳所导致的破坏性行为，这些目标将在民航服务人员清晰了解我们的生理、心理对于情绪反应的整个体验过程的基础上展开。最后，本实践项目将带领民航服务人员练习情绪管理技能，利用心理技术处理不良情绪、进行压力调适等。我们将学习从多维视角考虑问题，以避免沉浸在情绪中，从而以更适宜的态度和方式投入到民航服务工作中。

# 项目 3  理解情绪

## 项目目标

1. 从生理、心理维度理解个体产生情绪变化的种种现象。
2. 觉察并区分情绪与情绪驱动行为。
3. 应用情绪觉察技术，使用更具体的情绪词汇去表达感受。
4. 分析与推测触发情绪的原因及情绪背后的需求。

---

## 任务 3.1  觉察情绪感受

在通常情况下，情绪是我们对日常生活中发生的事件的一种反应——情绪会告诉我们周围正在发生的一些事情，以及我们可能做出的反应。正如民航服务工作的特质告诉我们的那样，当每天需要面对形形色色、来自世界各地、有着不同喜怒哀乐的旅客，穿梭于不同天气状况下的候机楼，穿梭于早班、中班、晚班的不同工作节律中，我们的情绪会随之波动，伴随着情绪的波动，会产生不同的行为。这些行为很多时刻是建设性的——当我们的心理足够成熟、有经验，并发展出有效心智化的能力时，我们可以如定海神针一般体验情绪起伏，但仍旧做出有效调控和应对；这些行为也可能是破坏性的——当我们无法进行冲动控制，被抑郁、焦虑淹没以至于无法采取合理有效的应对……民航服务工作需要我们调整至相对平稳、积极的状态去迎接工作中的挑战，接下来，我们将开始学习、体验并发展这些心理能力。

### 心理现象思索

小 A 是某市机场的一名地勤，主要负责机场地面服务保障工作。近日，小 A 发现自己总是有些闷闷不乐，平时得心应手的工作渐渐有些力不从心，身体也经常感到疲劳，肩膀沉重、酸痛。一开始，她以为自己有些重感冒，但随着日子一天天过去，小 A 的心情越发沉重，常常无意识地皱眉，在几次重要的服务保障工作中都采取了回避的行为，她感到自己无力应对自己脑海中消极的想法，也不善于调整自己的消极行为，甚至在工作中出现纰漏，小 A 变得更为消沉、自责，小 A 这是怎么了？

《当下的力量》里有这样一段话——"如果我们不能够感受到自己的情绪，或者切断了与情绪的连接，那么最终，我们会在纯生理这一层面体验到它们，无意识压抑的情绪最终会以生理问题甚至疾病的形式出现。"请大家回想一下自己过往的经历。在面临一场严峻的考试时，我们是否有过拉肚子的现象？在某些压力重重的时刻，我们是否感到有颈椎落枕，或者没有炎症却咽喉肿胀的经历？也许，在排除了器质性疾病的原因之外，引发这些生理反应的，都和我们累积的情绪息息相关。在本项目中，我们将会逐步探索和实践情绪管理的方法。当然，所有的情绪管理第一步，都是觉察并辨识到自身的情绪。提升情绪的觉知能力，能够帮助人们在第一时间觉察到自己的情绪，并且去积极地处理，它就不会在你看不到的地方堆积并寻找出口了。

### 3.1.1 心理知识建构

#### 1. 良好的情绪智力及表现

情绪智力也称为情商，这一概念是由美国耶鲁大学的塞维拉和新罕布什尔大学的梅耶提出的，具体是指"个体监控自己及他人的情绪和情感并识别、利用这些信息指导自己的思想和行为的能力"，也就是对自己和他人情绪状态的识别和理解，并利用这些信息来解决问题和调节行为的过程。情绪智力是维系良好人际关系，在民航服务交往中提供优质服务的关键因素。情绪智力意味着良好的道德情操，乐观幽默的品性，面对并克服困难的勇气，自我激励、持之以恒的韧性，是关心他人的善良，是善于与人相处，理解并调适自己和他人感情的能力等。

具体来看，情绪智力包括四个方面的能力。

1）觉察、评价和表达情绪的能力

（1）从自己的生理状态、情绪体验和思维中辨别情绪的能力。

（2）通过语言、仪表、声音和行为从他人艺术作品、设计中辨别情绪的能力。

（3）准确表达情绪及与这些情绪相关的需要的能力。

（4）区分情绪表达中的准确性和真实性的能力。

2）情绪促进思维过程的能力

（1）影响信息注意方向的能力。

（2）促进与情绪有关的判断和记忆过程产生的能力。

（3）促使个体从多个角度进行思考的能力。

（4）对特定的问题解决的促进能力。

3）理解情绪与情绪识别的能力

（1）认识情绪本身与语言表达之间关系的能力。

（2）理解情绪所传达的意义的能力。

（3）理解复杂心情的能力。

（4）认识情绪转换可能性的能力。

4）调节情绪以助情绪和智力发展的能力

（1）以开放的心态接受各种情绪的能力。

（2）根据所获知的信息与判断，成熟地进入或摆脱某种情绪的能力。

（3）成熟地监控与察觉自己和他人情绪的能力。

（4）管理自己与他人的情绪的能力。

情绪智力作为人类社会智力的一个组成部分，是人们对情绪信息加工的一种重要能力。情绪智力有着很大的个体差异，情商高的个体可能更深刻地意识到自己和他人的情绪和情感对自我内部体验的积极方面和消极方面。这种意识使他们能对自己和他人情绪作出积极的调控，从而维持自己良好的身心状态，与他人保持和谐的人际关系，具有较强的人际关系适应能力，在工作和生活中能取得更大的成功。因此，培养发展民航服务人员的情绪智力对提高其综合素养具有重要意义。

### 2. 情绪健康

情绪健康的主要标志是情绪稳定和心情愉快，这是民航服务人员心理健康的一个重要标志。情绪异常往往是心理疾病的先兆。民航服务人员的情绪健康应包括以下内容：愉快情绪多于不愉快情绪，一般表现为乐观开朗，充满热情，富有朝气，满怀自信，善于自得其乐，对生活充满希望。情绪稳定性好，善于控制和调节自己的情绪，既能克制约束，又能适度宣泄，不过分压抑。使情绪的表达既符合社会的要求，也符合自身的需要，在不同的时间和场合恰如其分地表达情绪。情绪反应是由适当的情境引起的，反应的强度与引起这种情绪的情境相符合。

### 3. 情绪成熟

在情绪健康的基础上，心理学家赫洛克进一步提出了情绪成熟的四条标准。

（1）能够保持健康，自己能控制因身体疲劳、睡眠不足、头疼、消化不良等疾病引起的情绪不稳定。

（2）能够控制环境，不是想干就干，而是先预料后果，再采取行动。

（3）使情绪的紧张消解到无害的方面，不是一味压抑情绪，而是将情绪转变，升华到社会性的高度。

（4）能够调查、理解社会。

### 4. 情绪的功能

情绪是人类生活中极其重要的心理活动。一般而言，情绪具有以下四大功能。

1）适应功能

情绪能够帮助有机体作出与环境相适宜的行为反应，从而有利于个体的生存和发展。情绪是在进化过程中个体对来自环境的各种挑战和机遇的适应情绪，来自个体对自身目标实现过程的有意识或无意识地评价，当目标受到威胁需要作出调整时，情绪就产生了。情绪的功能性在于，为个体提供了对与目标导向相关的行为的评估，并根据评估结果引导个体的适应性应对行为。

表 3-1 是 Oatley 和 Jolnson-Laird 提出的五种基本情绪、诱发原因以及指导个体行为作出的适应性调整。

另外，面部表情在动物和人类进化过程中有重要的适应性功能。例如，婴儿在具备言语交际能力之前，主要通过情绪表情来传递信息，成人也正是通过婴儿的情绪反应来获知和满足他们的需要。随着人类社会生活的丰富和发展，许多具有适应意义的表情动作获得了新的社会性功能，成为一种交际手段，用来表达思想和感情。

表 3-1　五种基本情绪及其诱发原因和行为转变

| 情　绪 | 诱　发　原　因 | 行　为　转　变 |
|---|---|---|
| 高兴 | 目标得以实现 | 继续计划，在需要调整时做出适当修改 |
| 悲伤 | 主要计划或目标失败 | 什么也不做 / 寻找新计划 |
| 焦虑 | 自我保护目标受到威胁 | 停止活动、警惕周围环境 / 逃跑 |
| 愤怒 | 目标受到阻碍 | 更努力地尝试 / 攻击性行为 |
| 厌恶 | 目标受到违反 | 排斥该物体或回避 |

2）动机功能

情绪是动机系统的一个基本成分，能够激发和维持个体的行为，并影响行为的效率。一方面，情绪具有重要的学习动机功能与道德动机功能。人们在对自己或他人进行道德评价时产生的、影响道德行为产生或改变的复合情绪，被称为道德情绪。例如，羞耻、内疚、自豪等自我意识情绪，以及愤怒、蔑视、钦佩、感激等他人指向情绪。众多研究表明，真正的自豪、移情和感激能够激发个体的亲社会行为；当然，愤怒也易于激发个体的攻击行为。

3）组织功能

情绪具有组织作用，会对注意、记忆和决策等其他心理过程产生重要影响。一般来说，正性情绪起协调组织的作用，而负性情绪起破坏、瓦解或阻断的作用。研究发现，不管是情绪性刺激还是个体的情绪性状态都会对注意产生一定影响；决策者的预期后悔或预期失望等预期情绪，以及决策时体验到的预支情绪和偶然情绪都会直接或间接影响个体的认知评估和决策行为。

4）信号功能

情绪在人际间具有传递信息、沟通思想的功能。通过情绪外部表现信息的传递，我们可以知道他人正在进行的行为及其原因，也可以知道我们在相同情境下如何进行反应。从个体发展来说，新生婴儿同照料者之间建立的最初的社会性联结，就是通过感情传递，而不是言语交流实现的。情绪可以传递人际关系的信息，如微笑能够传递积极信息，可以被视为一种愿意建立关系的信号。一个人微笑的频率也会影响他人对其亲善度和吸引力的评价。这也是民航服务工作中我们经常提到的，友善而亲切的微笑是开启良好沟通、传递美好意愿的标志性信息。

5. 情绪对身体的影响

想一想你生活中，某个十分紧张的时刻，比如需要做一个公众演讲，或正面临一场重要的面试。回忆那些鲜活的体验，你的身体有怎样的感受？人们在这类情境下普遍报告相似的躯体感觉："我开始心跳加速，双手越发冰冷和潮湿，胃里在翻滚并感到有点恶心，我的嘴唇发干、肌肉紧张、双脚微微颤抖。"身体反应在情绪感受中有核心作用。根据很多研究者的说法，情绪的存在是为行动做准备。回想一下你生活中经历过的所有强烈的情绪体验，你的身体在这些体验下是如何感受的？

1）交感神经系统

与神经紧张和其他负性情绪有关的感受，反映在交感神经系统的激活增强上。交感神经系统激活的作用是让身体可以对紧张的肌肉活动做出准备。这一系统在危险情境下尤其敏感。"战或逃"反应是由交感神经系统激活所导致的整合效应。当你处于危险情境时，需要调动大部分的身体资源，而交感神经系统的作用是保证这些资源可以被有效调动。

交感神经系统激活对机体最重要的影响是心跳加速，你可以想象自己在体能课堂上的感受。心脏不但跳动更快，而且搏动更有力。交感神经激活亦能够增大呼吸频率，并且扩张支气管使得呼吸更有效率，也会向大脑输送更多的血液以确保快速和清晰地思考。

2）副交感神经系统

如果交感神经系统的激活作用是帮助身体对剧烈活动做好准备，副交感神经系统的作用恰好相反。想象一下当你刚吃完一顿丰盛的大餐之后的感受，以及你在放松时的感受。此时我们的大多数感受反映的都是副交感神经激活。之后我们将学习的正念或放松训练也旨在激活副交感神经系统。现在，试试从个体生理维度具体来说明一下，为何长期压力可能会对民航服务人员身体健康和情绪幸福感造成严重的影响。

### 3.1.2　心与心的交流

综合之前学过的知识以及生活经历和个人体验，让我们来试着归纳良好的情绪智力都有哪些特征？请填写表 3-2，归纳良好的情绪智力的不同维度。

表 3-2　良好的情绪智力维度

| 情绪指向 | 认知 | 情绪 | 行为 |
|---|---|---|---|
| 对待自身 | 例：善于转换视角看待情绪，如"塞翁失马、焉知非福" | 例：接纳自身的不同情绪，体验趋于平和 | 例：通过呼吸调整等方式调控自身情绪 |
| 对待他人 | 例：理解他人情绪背后的需求 | 例：能够站在他人的角度体验对方的心情 | 例：以温柔友好的态度与他人共处 |

### 3.1.3　心理技能实践——觉察情绪感受

现在，请大家跟随指导语，感受一下自己当下的情绪感受。

静下心来，体会内心的感受。

观察一下自己，此时此刻，你的眉心是舒展的，还是紧皱着的？

你的肩膀是放松，还是紧张地耸着？

你知道你的情绪主要集中在身体的哪个部位吗？

感受你的感受，如果用一个词去描述当下的感受，这个词会是什么呢？

如果暂时想不到具体的词语，可以试着从图 3-1 的情绪轮盘中找一个近似意义的词汇。我们会在后面的练习中拓展情绪词汇。

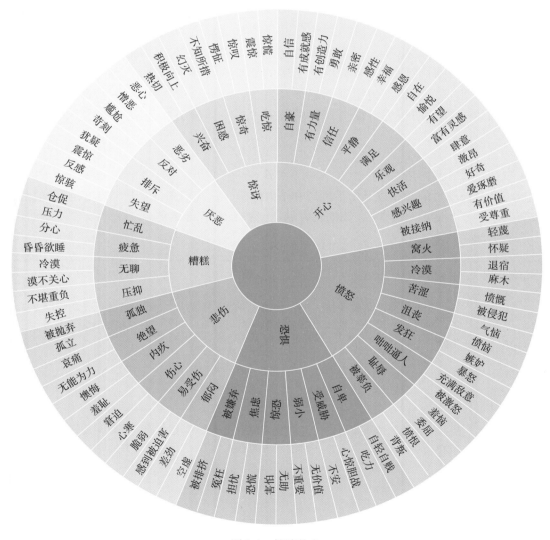

图 3-1　情绪轮盘

接下来，动用想象力，看一看这个感受——它在你身体的哪一个位置？是在头脑中吗？是在颈椎处吗？是在肩膀上吗？是在后背吗？还是在胃部、小腹？

它是什么样子的，是流动的吗？

它的大小是怎样的？是像一颗光滑的石头，还是一块吸饱了水的海绵？

它的颜色是什么？

它的密度是怎样的？像石头一样，还是像水一样？抑或是像棉花一样？

如果它是动态的，它的频率是怎样的？

它有像心脏那样跳动，抑或是如静水般深流？

现在，让我们告诉这个感受：

"我看到你了。我接纳你在这里，我允许你在这里。"

这是情绪觉察的第一步。

首先，要明确的一点是，情绪没有所谓好坏之分（在本书中，尽量避免使用绝对化的、二分法的思维定势去看待事物，比如非黑即白），接纳我们的各种情绪，是进行情绪管理的首要步骤。

其次，尽量完整地去观察和描述——也许，当产生愤怒、悲伤、焦虑等情绪时，我们会有不舒服的感觉。情绪会促使我们采取一些行为，如回避或寻求帮助。当情绪让我们感觉良好或愉快时，同样在告诉我们一些事情——它在鼓励我们继续做激发了这种感觉的事情。像刚才的小练习中，用具体的、感受性的语言去描绘情绪，也是一个增加情绪颗粒度的好方式。

情绪颗粒度是指个体在情感体验和情感陈述上的差异，以及使用具体的语言（无论是内部还是外部的语言）把相似的情绪状态描述、区别得更精细、更细致入微的能力。使用具体的语言把情绪状态描述得更清晰是觉察情绪的重要一步。情绪颗粒度越高的人，辨别和调节情绪的能力越强，越能够很好地与自己的情绪相处。比如，情绪颗粒度低的人会觉得不开心就是难过，而对于情绪颗粒度较细的人而言，不开心可能意味着失落、焦虑、内疚等。研究表明，当一个人能够精准地描述当下发生了什么，自身的情绪具体处于何种状态的时候，会更容易找到处理这种情绪的方法。低情绪颗粒度者无法用具体的词汇来描述自己的感受，还可能以躯体化形式来表现情绪。

接下来，让我们开始阅读以下"情绪词汇卡片"，为情绪词库"扩容"。

| A | 被侵入感 | 不祥的预感 | 挫折感 |
| 哀 | 被指责感 | 不真实感 | D |
| 爱 | 卑贱感 | C | 独特感（自我） |
| 安全感 | 崩溃感 | 惭愧 | 对跌落的不安感 |
| B | 逼仄感 | 成就感 | F |
| 被忽视感 | 憋闷感 | 耻感 | 烦 |
| 被临视感和被窥视感 | 濒死感 | 充实感 | 方向感 |
| 被纠缠感 | 不对劲感 | 崇高感 | 丰饶感 |
| 被看到感 | 不洁感及厌恶 | 愁 | G |
| 被抛弃感 | 不公平感 | 存在感 | 尴尬 |

| | | | |
|---|---|---|---|
| 感恩或感激 | 恐惧 | 神圣感 | 喜悦和快乐 |
| 孤独感 | 控制感 | 生死攸关感 | 现实感 |
| 归属感 | 匮乏感 | 胜任感 | 心流 |
| **H** | **L** | 失控感 | 新奇感 |
| 寒凉感 | 理所当然感 | 失落感 | 信任感 |
| 好感 | 连续感 | 失望感 | 兴奋感 |
| "好像有什么"的感受 | 怜悯或悯 | 时间感 | 幸福感 |
| 恨 | **M** | 使命感 | 幸运感 |
| 怀疑 | 麻木感 | 释然感 | 性别感 |
| 幻灭感 | 满足感 | 受害感、受伤感、受伤害感 | 羞 |
| 荒谬感 | 迷茫感和迷失感 | 疏离感 | 旋律感、韵律感和节奏感 |
| 慌乱感 | 秘密感 | 熟悉感 | **Y** |
| 悔或后悔 | 陌生感 | 顺心感和不顺心感 | 压力感 |
| 混沌感 | 目标感 | 宿命感 | 厌恶感 |
| 豁然开朗感 | **N** | **T** | 一致感 |
| 活力感、能量感和力量感 | 怒 | 塌陷感 | 遗憾、恨和不甘心 |
| **J** | **P** | 忐忑感 | 异己感、异物感 |
| 饥饿感 | 疲劳、疲倦、疲乏和疲惫感 | 通畅感 | 抑郁 |
| 急迫感 | 漂泊感 | **W** | 意义感、无意义感 |
| 嫉妒（或妒忌） | **Q** | 危险解除感 | 永恒感 |
| 焦虑 | 亲密感 | 委屈 | 优越感 |
| 界限感 | 清晰感 | 温暖感 | 怨 |
| 矜持 | 确定感和不确定感 | 稳定感 | 愠 |
| 惊 | **R** | 我感 | **Z** |
| 敬畏感 | 荣耀感和荣誉感 | 无力感 | 真实感 |
| 纠结 | 融合感 | 无聊感 | 秩序感 |
| 疚与内疚 | 辱 | 无助感 | 自卑感 |
| 沮丧感 | **S** | **X** | 责任感 |
| **K** | 神秘感 | 希望 | 珍惜感 |
| 开阔感 | | | |
| 空虚感 | | | |

现在，不妨通读一遍这些词语，在读后做略微的停留，感受这些词语，想象这些词语的意向，并运用自己的语言去描述对这些情绪词语的理解，为这些情绪词汇讲述一个真实体验的故事（由自己生命所经历的、所体悟的真实故事或者意向）。在课程中交流这些，除了能更细致地描绘我们的所思所感，也往往会引发一个非常重要的感受，这些感受是民航服务必不可少的基调——对他人生命故事的好奇、尊敬和"真正听到"与"我"不一样的人生时所被激发的体验。

（1）我所选择的"情绪词汇"是＿＿＿＿＿＿＿＿＿＿＿＿＿＿＿＿

（2）为什么我会选择这个词汇，它带给我的感受是＿＿＿＿＿＿＿

＿＿＿＿＿＿＿＿＿＿＿＿＿＿＿＿＿＿＿＿＿＿＿＿＿＿＿＿＿＿＿＿

＿＿＿＿＿＿＿＿＿＿＿＿＿＿＿＿＿＿＿＿＿＿＿＿＿＿＿＿＿＿＿＿

（3）这是我的真实经历，我曾在那一刻被这个情绪深深触动

＿＿＿＿＿＿＿＿＿＿＿＿＿＿＿＿＿＿＿＿＿＿＿＿＿＿＿＿＿＿＿＿

＿＿＿＿＿＿＿＿＿＿＿＿＿＿＿＿＿＿＿＿＿＿＿＿＿＿＿＿＿＿＿＿

组内分享后，请以小组为单位，选择小组内最具代表性的，或讨论交流后认为印象最深刻的情绪故事分享给大家，在分享时，其他成员需要静心聆听，试着在分享者的角度去感受一下他/她当时的情绪感受。

### 心理 Tips

在本项目实践中，我们将会针对情绪的体会作出诸多讨论与思索，在我们接触这些情绪词汇的过程中不可避免地会激发诸多体验与感受，面对这些体验与感受，我们首先要做到非评判觉察，随后我们将继续深入探究情绪的奥秘。

### 提 示

非评判觉察是以一种体恤的、友善的和接纳的方式来觉察当下。它意味着我们对自己的周围和内部正在发生的事保持注意，并会用比以前更友善的态度来对待我们的感受，体会、理解并接纳它们。

### 迁移运用——艺术心理疗愈小活动

有时候我们清楚地知道自己的情绪，可是有时候，我们的情绪就像一团乱麻，心里有很多的感受，被复杂的情绪压倒了。除了我们已经使用过的心理技能——扩充情绪词汇库，准确为情绪命名之外，制作"情绪轮盘"也能够帮助我们更好地认识自己近段时间的感受和情绪，给予我们情感处理的方向，而不是深陷其中。现在就让我们结合先前的经历和学到的知识，来画一画我们自己的情绪轮盘吧！

情绪轮盘是艺术疗愈中常会用的帮助个体进行情绪识别的艺术活动。每个人对于情绪的认知是不同的，具有独创性的，创作自己的情绪轮盘可以帮助我们更好地认识到自己的情绪。

准备的材料如下。

（1）彩色艺术材料（马克笔、蜡笔、色粉、水彩等均可）。

（2）A4 大小左右的纸。

（3）为丰富我们的创作，也可以在以上基础上多准备一些材料，比如彩色卡纸、泡沫、贴纸、瓦楞纸等来满足不同的创作需求，如图3-2所示。

| 情绪轮盘制作过程 | 紧张？焦虑？很有活力？平静？在开始前让我们静下心来想一想——我最近都有什么样的的情绪，哪些情绪是最常和最少出现的呢？ |
| --- | --- |
| | 在纸上画出一个圆，不要求自己画得完美，把这个圆相应分成6份或8份，每个区域对应一个情绪的词。 |
| | 挑选其中的一个情绪，用颜色、形状、文字或者其他任何元素来描绘这个词。 |

图 3-2　情绪轮盘示例

♻ 心理 Tips

在圆圈里根据自己的情绪填充不同的颜色和形状、符号，来更形象地表现这些情绪。具体可参考图 3-2 情绪轮盘示例。

放手去画，这个练习不需要考虑绘画技巧，就算画的成果没有达到自己的预期，也试着不要去评判自己画得好不好。重要的是在创造的过程中体会自己的情绪。认识情绪，并接受它们的存在。

可以反思一下情绪给我们带来的影响。

画好后，重新看一看我们画的情绪轮盘。从画面中体会我们的情绪时，能够以更客观的角度来看待和理解我们的情绪了。

我们可能会发现一些被忽略的正面或负面情绪，或是有些情绪正在主导我们的生活，而认识到这些情绪，就能让我们调整到平衡状态。

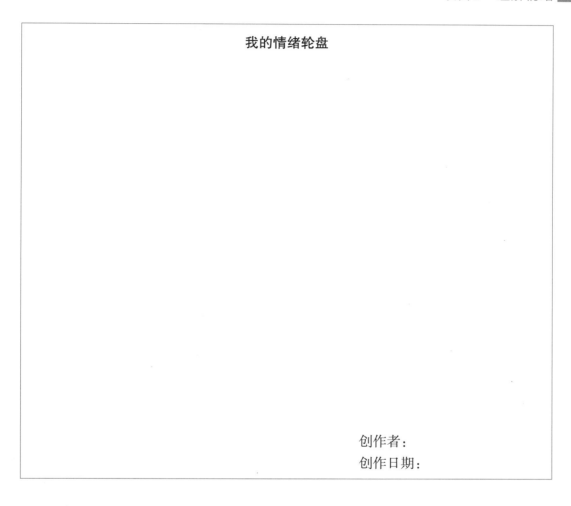

**我的情绪轮盘**

创作者：

创作日期：

## 任务 3.2  理解情绪需求

由情绪体验所激发的行为称为情绪驱动行为，情绪的最终需求是为了激发一些有益的、适应性的行为。例如，情绪会促使我们在危险情境中快速采取行动，而这对我们的生存至关重要。情绪具有特定的行为倾向性：恐惧会使我们想要逃跑；愤怒使得我们想要进行攻击；厌恶则令我们想呕吐。在这里，我们要复习一下比较重要的概念——情绪是功能性的，恐惧会帮助受惊吓的人挽救生命，比如促使我们逃离失控的汽车（或者其他的物理威胁）。情绪的这些功能是通过改变个体内部的某些方面实现的，包括认知偏见、生理条件和行为反应。从觉察问题到解决问题，之间还需要很多具体的加工过程，包括知觉转换、相关记忆的激活、知觉加工的偏好以及生理变化，所有这些都会促进合适的行为反应。就民航服务工作而言，识别和觉察情绪背后的需求不仅可以帮助我们更好地理解自身，也可以帮助我们更有效地"体察"他人，作出更具情感调谐式的反应，以增加人际间的接纳和互助行为。

**心理现象思索**

　　这本来是一场小小的争执，后来却升级了——旅客胡先生（化名）搭乘由丽江飞往合肥的航班，飞行期间，胡先生感觉到坐在其后排的乘客一直在用膝盖抵住自己的座位，他提醒数次后，后排乘客无动于衷，继续用膝盖抵住其座位。胡先生先是与后排乘客发生口角，随后情绪突然爆发，站起返身就与后排的乘客互殴，丝毫没有顾及这是一架飞在万米高空的航班。当班的空保人员与乘务员见状连忙进行劝阻安抚并告知在空中实施冲动行为的危害，并及时为两人调换了客舱内的座位。

　　不难看出，在本案例中，由愤怒所驱动的一系列行为，争论、攻击等外化行为的实施，不仅使卷入其中的当事人爆发冲突，也严重危害了其自身的航空安全——在高空中的激烈举动，有可能导致人员大面积纵向移动以致飞机失去平衡。然而陷入情绪自动导航中的个体，很难有效对行为后果作出理性评估，因为在愤怒中，我们感觉到不被理解、感觉到受伤，感到权利受到了侵害或者没有得到应有的尊重，所以倾向于用看似更强势的行为策略去表达这些复杂的情绪——失控地说、失控地做，被愤怒的情绪所裹挟，使得问题外化，关系遭到破坏。在这里，作为民航服务人员，需要先认清一个非心智化的典型模式——情绪的自动导航。纵观民航服务工作中的冲突行为，由愤怒情绪所导致的"自动导航行为"占了很大的比例。

### 3.2.1　心理知识建构

**1. 情绪的自动导航模式**

　　在自动导航模式中，一旦面临工作或生活上的挑战，个体便会陷入自动化的消极反应，因为不加抉择，所以这些自动化的想法、语言和行为将导致压力增加。如果继续没有正确地应对，自动导航的消极情绪持续，就将演变成慢性压力。

　　1）情绪的"自动导航模式"

　　与情绪的自我觉察相对的，是情绪的自动化反应，我们在此形象地称之为情绪的"自动导航模式"。通过图3-3不难发现，陷入自动导航模式指的是我们的某些情绪驱动行为不是用觉察、开放的态度和自我控制来做出反应，而是陷入了无意识的麻木状态。在自动化反应模式中，我们如提线木偶般被想法和感受牵着走；我们几乎失去了，甚至完全失去了自我觉察以及对行为有意识的控制。

　　2）情绪的三成分

　　当我们在讨论情绪词汇时，将其分为三个部分会有助于我们更好地诠释和理解该情绪：①想法；②身体感觉；③行为。

　　那么，如何避免陷入情绪的自动化反应，从而更好地调控情绪与行为呢？这需要我们能够更细致地理解情绪，在之前的学习任务中，我们认识了情绪的功能及意义，接下来我们将从情绪产生的多维视角去理解情绪。除了对该词汇做出适当的释义，我们也可

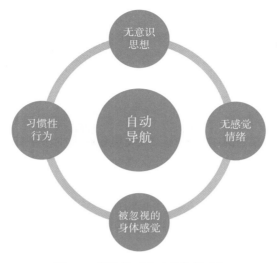

图 3-3　情绪的"自动导航模式"

以用"情绪的三成分"来加深自己对情绪词汇的理解。

在民航服务过程中，为避免陷入情绪自动化反应，民航服务人员应随时对自身情绪作出有意识的觉察与分析，"情绪的三成分"正是我们识别情绪的有效切入点，这个切入点不同于单纯的理论讲述，而更多的是使用自身的经验与体验去感知和理解——比如我们可以问一下自己：我此刻正在想什么？这是在做思维和认知维度上的觉察。我的身体反应和感受是怎样的？比如我现在感到欣慰，我的内心是暖洋洋的；我感到我的手脚是冰凉的，肩膀有点僵硬，此刻我是有些紧张的，这些是在做身体感觉维度上的觉察。我正在做些什么，我此刻的行为是怎样的？比如我正在提高音量大声说话以引起对方的注意，或者我正蜷缩在我认为相对安全的地方什么也不做，这个什么也不做的行为可以被理解为搁置，而搁置行为中也是有某些情绪存在的，我们需要去注意它们、描述它们、体验它们，因为这些情绪都在试图告诉我们一些重要的信息，这些信息需要被察觉、被接纳……

**2. 情绪导致的消极行为**

情绪驱动所带来的消极行为具有典型特征，无论从事何种民航服务工作，当我们陷入情绪的时候，都会发现问题下面潜藏着几种基本行为方式——自动化反应、回避、忽略价值、断开联结。

1）自动化反应

在之前的愤怒案例中，我们已经看到典型的自动化反应。当事人不是用觉察、开放的态度和自我控制来做出反应，而是都采取了"自动导航"模式。在自动化反应模式中，被愤怒所裹挟的两人不仅没有采取建设性的行为去有效地处理问题，反而任由情绪驱动行为，做出了威胁航空安全的举动。

2）回避

情绪通常会伴随着消极的行为。我们越在意回避不愉快的感觉，生活就越趋向于走下坡路。很多科学研究数据支持这个观点。经验性回避（experiential avoidance，指企图避免或者消除不愉快感觉的专业术语）程度高，与抑郁、焦虑、压力、成瘾以及一系列其他健康问题的风险性加大直接相关。挑战性的情境，会引发恐惧、焦虑、愤怒或沮丧等不愉快的感受。要避免这种感受，一个办法就是远离这些情境。例如，面对航班延误时，地勤小张为了避免旅客的问询而尽量不露面、不主动沟通信息，这个行为反而更加引发旅客的不满。

3）忽略价值

价值就是在内心最深处渴望做什么，以及想要在人生里坚持什么。当我让学生与他们的价值联结，并告诉我他们想要成为什么样的民航员工时，他们通常会用这些词语描述：有爱、友善、关心他人、乐于助人等。相比之下，有一类词语从来没有出现过：有攻击性、冷漠、情绪化、不可靠。但是当我们在工作中感到有压力、有困难，当我们开始心神不安时，一不小心我们就无暇他顾，进入自动化反应模式。

4）断开联结

在联结状态中，"我"和"你"是平等的，能够看到彼此，体会对方的情绪、想法，正视对方的需要并作出调谐式的反馈。我们经常提到民航服务中的"真情服务""用心服务"即属于心理学范畴上与我们的服务对象有联结的例子。

显然，为了真正和另一个人联结，首先要关注对方，但仅仅关注是不够的。我们要抱着特别的态度去关注：一种开放、好奇和接纳的态度。开放意味着没有防御、没有敌对；开放的姿势肯定不是抱着胳膊、握紧拳头或用手指指着对方，它更像是我们张开双臂，以拥抱姿势欢迎对方。好奇是对他人持有发自内心的兴趣，是放下先入为主的成见，努力了解对方此时此刻真实的样子、要求什么和需要什么。接纳意味着可以接受对方给予我们的，乐于为他们选择与我们分享的一切留出空间。当有人用心与我们联结时，我们会感觉到自己很重要，是被关爱、被珍惜、被欣赏、被尊重、被重视的。

在民航服务的过程中，我们需要有意识地去觉察自身当下处于何种情绪状态，并审视自身是否有如上相对消极的行为模式出现。尽管压力情境不可避免，但我们其实都有能力可以去应对，在理解与觉察自身情绪的基础上，更好地理解他人情绪，从而提供更人性化的服务。

**3. 认知对情绪的影响**

人类的认知过程也是产生情绪的基础，面对同样的事物，不同的人或在不同的时间、情境等不同条件下出现，就可能做出不同的评价与推测，从而产生不同的情绪。科学研究表明：影响情绪的因素有外部事件、生理状态和认知过程，其中认知过程也起了关键作用，它可以对情绪进行调节和控制，并为人们学会调节情绪提供了理论保证。

现实中，对同样的客观事物不同的人会产生不同的情绪体验。不同的情绪情感体验，也是个体情绪心智化能力不同的结果。针对认知调控和观点采择，我们将在后续课程中开展练习，现在，让我们先从简单的辩证观点来看看认知与情绪之间的关联。

（1）情绪是一种抉择，而不是任何事情的结果。

（2）并非情绪裹挟了你，而是你对于造成情绪的种种问题的反应。

（3）有时你不是被事情困扰，而是被你看待事情的观点困扰。

（4）你可以感觉到愤怒，但你永远"不是"那愤怒。

（5）每种情绪都是为人服务的，或指出方向，或给予力量，或两者兼备。

（6）所有的人、事、物都是你内在的投射，就像镜子一样反映你的内在。

（7）当外界有任何东西触动你的时候，记得，要往内看。先在内在层面做一个调整，然后再集中精力去应付外在可以改变的部分。

（8）你或许无法控制世界上发生的事，但绝对可以控制你的态度。

（9）快乐的心情不是我们拥有了自己想要的东西之后才能出现，而是我们要选择让自己快乐然后才能得到的东西。

### 3.2.2　心与心的交流

请使用如下情绪识别练习单从"情绪三成分"来理解和体验情绪。

> "你最近一次体验到 _____（幸运感 / 无力感 / 沮丧感）是在什么情境下？"
>
> _____
>
> _____
>
> "在这个情绪下，你想到了什么？"
>
> _____
>
> _____
>
> "当时，你是如何发现自己在体验这个情绪的？"
>
> _____
>
> _____
>
> "在这个情绪下，你注意到身体上的任何变化了吗？比如心脏强烈的跳动、肩颈部位的酸胀、头部昏昏沉沉的……"
>
> _____
>
> _____
>
> "你最常体验到的情绪是什么？这些情绪词汇中是否有你每天都会体验很多次的情绪呢？"
>
> _____
>
> _____
>
> "你当时是如何采取行动的，你做了（或者拒绝做）哪些行为？"
>
> _____
>
> _____

在学习了本任务后，你是否对个体产生情绪的原因和情绪驱动行为所带来的影响有了进一步的认识，现在，让我们运用表 3-3，试着分析与描述一下近期的情绪吧。

请你在民航服务人员"情绪词汇卡片"中找到过去一周里经历过的情绪，并配合表 3-3"情绪梳理工作表"来详细描述它们。

表 3-3　情绪梳理工作表

情绪：＿＿＿＿＿＿＿＿＿＿＿

1. 你觉得＿＿＿＿＿＿情绪的意义是什么？

＿＿＿＿＿＿＿＿＿＿＿＿＿＿＿＿＿＿＿＿＿＿＿＿＿＿＿＿＿

2. 你觉得我们为什么会拥有这种情绪？

＿＿＿＿＿＿＿＿＿＿＿＿＿＿＿＿＿＿＿＿＿＿＿＿＿＿＿＿＿

3. 你如何知道你正在经历＿＿＿＿＿＿＿＿＿情绪？

＿＿＿＿＿＿＿＿＿＿＿＿＿＿＿＿＿＿＿＿＿＿＿＿＿＿＿＿＿

4. 感觉＿＿＿＿＿＿情绪会让你如何行动？

＿＿＿＿＿＿＿＿＿＿＿＿＿＿＿＿＿＿＿＿＿＿＿＿＿＿＿＿＿

### 3.2.3　心理技能实践——探索情绪背后的需求

在本心理实践任务中，每次练习都会涉及一个单一的情绪词汇。值得注意的是，在现实生活中，情绪往往是复杂的、复合的，但为了打好基础，我们先从单一情绪开始练习。

今天是空中乘务员小陈在家备份飞行的日子，联想到前几日由于路上严重堵车导致误机的经历，小陈开始想到今天的路况，担心万一备份上航班会来不及导致再一次误机。她发现自己有些坐立难安，肩膀也有些僵硬。这时，外面开始下起了倾盆大雨，小陈变得更担心了，并不时地看手机查阅是否有未接来电。中午，航班派遣的电话打来，通知她已备上今日航班。虽然距离航班的准备时间还有三小时左右，她还是提前了两小时出门去准备飞行。

在本案例中，空中乘务员小陈的情绪是什么？由情绪驱动的行为是什么？

＿＿＿＿＿＿＿＿＿＿＿＿＿＿＿＿＿＿＿＿＿＿＿＿＿＿＿＿＿＿＿＿＿＿＿＿＿＿＿

＿＿＿＿＿＿＿＿＿＿＿＿＿＿＿＿＿＿＿＿＿＿＿＿＿＿＿＿＿＿＿＿＿＿＿＿＿＿＿

＿＿＿＿＿＿＿＿＿＿＿＿＿＿＿＿＿＿＿＿＿＿＿＿＿＿＿＿＿＿＿＿＿＿＿＿＿＿＿

＿＿＿＿＿＿＿＿＿＿＿＿＿＿＿＿＿＿＿＿＿＿＿＿＿＿＿＿＿＿＿＿＿＿＿＿＿＿＿

"焦虑"是一种聚焦未来可能性的情绪，有时也被称为担忧。当我们感到焦虑或担忧时，通常会调整注意力，把心思集中在未来的威胁或潜在危险的来源（如即将到来的考试、疾病；或者像案例中小陈担心可能会再次误机）上。在理想情况下，这种对潜在威胁或危险的关注会帮助我们想出解决方法。但是，如果我们无法找到解决方法，则可能被困住，感觉无法将注意从威胁中转移开。在这种时候，我们需要付出更多努力，想办法解决眼前的问题。

心理学家卡伦·霍妮曾这样描述焦虑——适当的焦虑是个体成长的动能，然而过度的焦虑则可能产生回避行为或合理化、否认、碌碌无为等抑制策略。焦虑有时候是潜伏在身体症状之下的，如心跳加快、紧张感等，民航服务人员常见的疲劳感也有可能是焦虑情绪导致的。当我们意识到焦虑时，可以细细体会一下身体的感受，想一想我们的焦虑背后，是否有某些成长性问题需要我们去面对（如在本案例中，小陈焦虑的表面看似是担心路况不佳导致误机，更深层的原因是她想要成为一名守时、有经验的员工，是想要能够更适应不同节律的飞行状态）。当我们能够面对焦虑，逐渐调整适当的行为去解决那股不可名状的担忧时，焦虑也是我们成长的契机。或者，如果问题实在无法解决，就换一种思考方式，将注意力转移至目前可控制的范围内，这样就能减少问题对我们的困扰或者陷入情绪的自动导航模式。

空中乘务员的新乘培训中，有几项必备技能需要掌握——在水上应急撤离时进行游泳自救以及水中拖带失能或不会游泳的旅客。这让小吴犯愁了，她幼年时有一次差点溺水的经历，之后见到水池心就会紧张得跳动，一直回避去游泳。

在本案例中，显而易见的情绪是什么？由情绪驱动的行为是什么？

_____

_____

_____

_____

可是怕水意味着无法通过考核，这可如何是好？这时她想到了心理课程上学到的知识——恐惧的情绪是有用的，就像我们走在路上突然有一辆失控的汽车向我们横冲直撞过来，我们肯定会感觉到害怕，并不假思索地躲开。而这些对情绪的觉察和理解，也促使了她后续的转变……

上述案例表明了情绪的适应功能，恐惧虽然是一种令人不舒服的体验，但它就像一个大自然的警报系统，是当我们评估到危险时会有的自然反应。它提醒你需要立刻行动或注意，它的最终目的是保护我们的安全。

你曾经有过害怕的情绪吗？现在让我们一起讨论一下：当我们害怕时，会采取哪些行为呢？

_____

_____

_____

_____

在本案例中，可以看到正是恐惧的情绪促使我们快速地采取了行动——逃离，以避开危险。的确，在大多数时候，最快速的方法就是远离那些让我们害怕的东西。这些是由我们本能所驱动的反应，甚至有时在我们的意识范围之外。当然，在工作与生活中，使我们害怕，或者下意识采取回避行为的情境时有发生，如果回避害怕的事情使我们无法做原本想做的事情，那么也许我们该尝试使用其他方法消除恐惧。

小吴重新评估了自己的感受，她发现对于想要顺利通过考核成为一名空中乘务员的渴望在自己的心中也占据了很大的比重。那么接下来，在理解了自己为何有恐惧的心理后，直面恐惧的行动开始了！小吴想到，自己最害怕的，其实是在水中的安全问题，那么就先去浅水区试一下，并且在尝试的过程中，她还邀请了自己的两位好朋友，熟悉水性的小王和小陆。在好友的陪伴下，小吴在成年后第一次踏进了泳池，一开始先是在儿童泳池，坐在池边用双脚感受水的流动，她感受到水是清凉的、自己的心脏因为有些紧张和不安跳动得很快，接着她的双脚慢慢适应了水带给她的感受，她开始在朋友的搀扶下勇敢地走进了水池中，虽然这汪池水只没到小吴的膝盖处，但小吴知道——自己终于真正地迈出了第一步！

接着，第二次、第三次、第四次……从儿童泳池到浅水区，再从浅水区开始向游泳教练学习了蛙泳和水中换气的专业姿势后，经过一整个暑期的尝试，小吴基本掌握了游泳的技能，这些鼓足勇气并勇敢尝试的经验也给了她深深的鼓舞，面对水池，她的经验被更新了，她的恐惧情绪也逐渐被驱散……

为了更好地理解情绪，我们将就"愤怒"这一情绪做深入的探讨与思索：愤怒很多时候是一种信号，如果将个体内部的愤怒情绪转化成具体的语言，也许我们会发现，它在强有力地表达——"看看我，这对我是很重要的，重视它！""你必须要同意我！"

心理学著作《理解愤怒》中提出，思考与理解愤怒可以从六个层面展开，如图 3-4 所示。

现在，我们来细致观察一下愤怒中的需要，它在表达什么？看似不可理解的行为背后，潜藏着怎样真实的需求呢？愤怒很多时候是一种评判，而且这个评判中包含着否定——"这样做是好的，那样做是错的。"当一个人愤怒的时候，我们的大脑对对方的行为做出了一个按照自己价值体系的评判，为对方的行为贴上了一个标签——这个标签可能是"自私的""不尊重的""挑衅的"，

| 第一层：愤怒中的评判 |
| 第二层：愤怒中的期待 |
| 第三层：愤怒中的自我要求 |
| 第四层：愤怒中的爱 |
| 第五层：愤怒中的受伤 |
| 第六层：愤怒中的需要 |

图 3-4　愤怒六个层面

在争论对错中，我们忘记了对方也有自己的角度和感受。愤怒也许饱含着期待——我期待一切如我所愿，按我所设想的那样发生；我期待他人按我想象的那样回应我、理解我、包容我。或者，愤怒背后有要求——"我们应该一起来遵守我的规则"。更深层次地去理解愤怒，我们甚至可以看到愤怒背后潜藏着其他的情绪——有时候，愤怒背后是恐惧，愤怒对自我是一种保护，因为害怕这一切失控；有时候，愤怒背后是悲伤和痛苦，我渴望你对我的付出有所回应，然而你却忽视或无视了，所以我用愤怒来掩盖我的伤痛和脆弱。细细体会我们的愤怒，原来，它对我们诉说着那么多的需求和期待……

接下来，让我们写下自己的一次愤怒经历，当时发生了什么？自己在那一刻的情绪驱动行为是什么？当时愤怒的对象是谁？这个行为产生的结果是什么？

请使用如下"愤怒情绪理解工作表"。

**步骤 1**

回想最近一次体验到的愤怒情绪，生成类似这样的句子，并大声朗读。注意，此时需要仔细体验一下你内在的感受。

我在愤怒中的想法是＿＿＿＿＿＿＿＿＿＿＿＿＿＿＿＿

我在愤怒中的身体感觉是＿＿＿＿＿＿＿＿＿＿＿＿＿＿

我由此做出的行为是＿＿＿＿＿＿＿＿＿＿＿＿＿＿＿＿

**步骤 2**

找出你在愤怒时所处的立场。

＿＿＿＿＿＿＿＿＿＿＿＿＿＿＿＿＿＿＿＿＿＿＿＿＿＿＿＿＿

**步骤 3**

你对令你愤怒的人或事有什么期待吗？

＿＿＿＿＿＿＿＿＿＿＿＿＿＿＿＿＿＿＿＿＿＿＿＿＿＿＿＿＿

**步骤 4**

在这次愤怒中，你背后体验到的深层情绪是什么？

＿＿＿＿＿＿＿＿＿＿＿＿＿＿＿＿＿＿＿＿＿＿＿＿＿＿＿＿＿

**步骤 5**

你还在类似的事情中体验过愤怒吗？

＿＿＿＿＿＿＿＿＿＿＿＿＿＿＿＿＿＿＿＿＿＿＿＿＿＿＿＿＿

**步骤 6**

你的父母在什么时候有过这种情绪？他们是怎么向你传递这种情绪的？

＿＿＿＿＿＿＿＿＿＿＿＿＿＿＿＿＿＿＿＿＿＿＿＿＿＿＿＿＿

当你按照这样的步骤写完后，记录或分享你的感受。

＿＿＿＿＿＿＿＿＿＿＿＿＿＿＿＿＿＿＿＿＿＿＿＿＿＿＿＿＿

＿＿＿＿＿＿＿＿＿＿＿＿＿＿＿＿＿＿＿＿＿＿＿＿＿＿＿＿＿

当你在填写如上的情绪理解工作时，不知是否体验到了愤怒情绪的"力量感"，是的，愤怒的第一要务就是让我们内在的能量变强大，所以它的驱动行为通常是——攻击。从对我们有利的视角，我们可以把攻击理解成"捍卫"，捍卫我们的规则、捍卫我们的尊严、捍卫我们认可并坚守的东西。但从人际的视角来看，我们可以把攻击行为和"破坏"一词相比拟，攻击他人会引发他人的负性感受，引起回避、互相攻击、断开人际间的联结等行为。心理研究也发现，抑郁情绪通常与自我攻击呈高正相关，抑郁是将愤怒转向了自身。

在一层一层地理解了愤怒后，我们也可以试着用类似的方法去体验其他情绪，在情绪管理的能力上，能够使用语言去清晰地描述当下发生了什么；能够慢下来去感受身体的感觉；能够意识到我们的行为，是由何种情绪所驱动的；或者有哪些行为，是我们情绪的扳机点、触发点，这些都是迈向情绪管理的重要一步。

当客观地审视自身的愤怒时，我们也拥有了对自己选择负责的能力。愤怒其实是一种反应的方式，它并不是指我们会变得愤怒，而是我们可以"感受到愤怒"。愤怒只是我们身体的一个反应。当某一个事件发生时，我们会对其进行解释和归因，这些解释和归因的结果又会进一步成为我们对此的反应。以一种负责任的、有意识的方式来与自己打交道，是民航服务人员在情绪处理上最为重要的任务之一。

（1）我们可以选择将这种愤怒向外攻击。

（2）我们可以责备他人，指责说是他人"让我们愤怒"。

（3）我们可以将这种愤怒留在心中，并刻意地将它压制。

（4）我们可以通过语言清晰明了地描述自己愤怒的情绪，或只是简单承认自己的愤怒。

（5）我们可以在更深维度上思索我们的体验，看看究竟是什么激发了我们的愤怒。

（6）我们可以鼓起勇气看看"硬币的另一面"——隐藏在愤怒背后的恐惧或受伤的感觉，并接纳这些情绪。

情绪的背后是人们的知觉和预期，如果我们将某一个事件知觉为外界对自身的蔑视，那么我们就很可能感受到愤怒。如果我们期待的是获得他人的重视和好感，但这个深层的需要却始终无法得到满足，那么我们将会体验到失落、痛苦，并伴随着愤怒。

所以，应该如何理解并处理我们的感受呢？我们需要仔细审视自己的知觉和期待，试着转化这些知觉或期待。我们需要知道，即使是面对愤怒这样激烈的感觉时，我们仍旧拥有诸多选择。要找到这些选择，我们需要仔细觉察我们的情绪，仔细审视自己的知觉、期望，并寻找表里一致地处理这两者的方式。为了更好地体验并反思我们在服务工作中的情绪，进行良好的自我情绪调适，以更开放、更柔和、更坚定的姿态面对工作与生活的挑战，我们将拓展更多对不同情绪的理解——理解不同情绪背后的感受以及不同情绪可能产生的原因。

（1）快乐的情绪：当我们对发生的或我们做的一些事情感觉高兴或愉快时。

由快乐情绪驱动的行为：持续地做让我们觉得快乐的事情，有动力去探究，并且愿意分享这些事情。

这类行为的目的：让我们持续地做我们享受或能得到奖赏的事情，以及与其他人分享这些活动（情境）。

说出一个关于快乐及其情绪驱动行为的例子。（例如，你和最好的朋友一起在户外骑车。你会有哪些感受？你想要做什么？）

（2）悲伤的情绪：当我们感到失望或经历失去，或者认为这样的事情将来可能发生时。

由悲伤情绪驱动的行为：感觉疲惫、麻木，想要睡觉或休息以及哭泣等。

这类行为的目的：帮助我们得到休息，这样可以为失去的人或事哀悼，然后继续生活下去；从感到无望的情境中逃离，从而回避未来不舒服的感觉。

说出一个关于伤心及其情绪驱动行为的例子。

_____

_____

_____

所有的情绪背后，都潜藏着一个愿望或者需要——只是，我们可以读懂吗？通过先前的情绪理解练习，我们不难发现所有情绪背后都有着切实的需求与意图，接下来让我们继续深入探究不同情绪背后的心理需求。

拥有喜悦情绪往往意味着更多的分享与展露——我们通过强化这种愉快的体验，进一步强化带来美好体验的这些积极行为。比如民航服务工作中若服务人员展现了亲切而友好的服务举措，旅客往往会有更多的正性回应与情感分享。分享喜悦和快乐是一种建立情感连接的积极行为，人们也通过这种分享肯定对方在这件事当中的积极、正面的能力与品质。

当我们觉察到害怕时，是身体在提醒我们有一些"未知"和"不可控"的事即将到来。我们本能地会通过"逃跑"来躲避危险与失控，但往往直面危险是更有效的。当我们在服务过程中，觉察到旅客有害怕、担忧的情绪时，我们要去同感共情的是这份害怕与担忧背后需要被抚慰的需求，尽力帮助对方获得勇气和力量。

悲伤也是一个需要他人进行安慰、理解的情绪。当人们感到悲伤时，通常是感到失去了一些对我们来说很重要的东西，这也从侧面帮助我们去看见原来自己所"珍视"的是什么，自己"看重的价值"是什么，提醒我们珍惜它们。与此同时，在民航服务工作中若共情到旅客有悲伤的情绪时，需要实际提供的是同情、帮助、支持和陪伴。悲伤的人最需要的是陪伴与倾听。在同感共情中，我们往往需要一起带上一片灰暗色调的滤镜一起看周围的世界。

当体验到得意这种情绪时，是我们内心由衷地觉得自己出色、做得很棒，这时候我们内心的需要其实是渴望得到他人的欣赏与认同。得意时的非语言行为仿佛是在说："你可以夸夸我吗？可以表扬我一下吗？或，我现在非常需要你的肯定和认可。"当共情到旅客正在得意时，我们要了解此刻他／她的内心真正需要的是被看见、被欣赏、被肯定，不要吝啬我们的赞美，给他／她一个真心的肯定，说出那些你看到他／她拥有的积极行为和美好品质，帮助他／她强化自信和积极的动力。

抱怨，我们有时要感谢抱怨这个行为，因为这个行为显而易见是在寻求他人的关注、倾听与理解。若我们在民航服务中遇见了旅客的抱怨，要明白这是一个将服务提升、增进彼此关系的最佳机会——抱怨的旅客只是希望通过"不断强调"而被对方关注、倾听与理解，只不过行为上用了相反的方式，他们也许暂时只会通过抱怨的方式来表达自己的不满。这个时候不要回避，要温柔坚定地告诉对方——我看到了你，看到了你真正的需要，我愿意关注、倾听和理解你，就让我们把不满讲出来，然后看看我能做些什么，让你感受好一些。

# 项目 4　调适情绪

项目目标

1. 综合所学理解自身的情绪。
2. 判断与评估自身情绪状态。
3. 应用情绪调节技术于日常工作与生活。

## 任务 4.1　改善情绪状态

大量研究表明，人类的情绪是可以管理和调节的。情绪管理是指通过研究个体和群体对自身情绪和他人情绪的认识、协调、引导、互动和控制，充分挖掘和培育个体和群体的情绪智商、培养驾驭情绪的能力，从而确保个体和群体保持良好的情绪状态，并由此产生良好的情绪管理效果。这一概念最早出现在《情商》一书中，作者丹尼尔·戈尔曼认为情绪管理是一种善于掌握自我，善于调节情绪，对生活中矛盾和事件引起的反应能适可而止地排解，能以乐观的态度、幽默的情趣及时地缓解紧张的心理状态。情绪调节并不是要试图改变情绪体验，而是对情绪体验采取正念立场，包括注意和观察情绪的本来面貌，并在情绪反应出现时给予同情和接纳。

### 心理现象思索

小 A 在学习并掌握了一系列情绪认知与情绪理解技术后，开始意识到——自己之前陷入了抑郁情绪的泥沼，同时伴随着的还有工作与生活上的压力所带来的焦虑。在渐渐厘清了自己的思绪，慢慢接纳了心中的悲伤、无力感和挣扎之后，疗愈也慢慢开始了……她学习了正念呼吸，在情绪涌动的时候，从最基础的呼吸调整开始，一点一滴平复自己的心情；她开始尝试写情绪日记，观照自己、接纳自己，逐渐找到安抚自己的方式；她开始一点一点慢慢尝试自己力所能及的事，一件小小的事完成后，及时给予自己肯定与赞赏，她在一点一点掌控自己的生活。在工作中，她也试着从小事做起，仔细观察身边的人事物，这个细细留意、认真过好当下的状态将她从负面情绪中释放出来，当她留意到旅客开心的笑容时，自己也不由得微笑了；有一天，当她结束了一天的工作，坐在机场大巴上端详着夕阳西下，她终于在灿烂的晚霞中重新感受到了内心的平和与美好……

读到这里，你有没有发现，情绪调节技术像是一位温柔的、对情感反应敏感的妈妈在对她照料的孩子（无论这个孩子的状态是生气、愤怒、沮丧还是愉悦、满足、渴望）那样作出情感调谐式的反应。是的，就像我们在前几个学习任务中所实践的那样——将自己视为客体，提升自己体察内在经验的客观性；增强从他人的角度看问题的能力；积极培养自己的共情，而不是疏离、冷漠或麻木。对过去反射性接受的事物作出抉择，而不是陷入自动导航模式，都是我们逐渐增强情绪理解与情绪调试能力的好方法。

### 4.1.1 心理知识建构

**1. 压力的概念**

压力是一种过于紧迫的感觉，它可以来自外界，如近期必须完成的工作任务、即将临近的重大考试、严苛的生存环境等；也可能来自于内部，如个体的想法、情绪和态度，对自己的负面和批判性念头，完美主义倾向，持续时间较长的不悦情绪等。有时，个体会需要一些外在压力来激励行为，但如果压力过大，并且持续时间过长，就可能导致慢性压力，从而影响心理健康。

**2. 压力三阶段**

当压力事件发生时，人们通常会经历三个阶段，分别是警戒阶段、抗拒阶段、疲劳阶段。

1）警戒阶段

在第一个阶段，个体处于一种类似于震惊的状态，交感神经系统激活了"战或逃"的反应，身体本能地运作，以警戒与准备状态应对压力源。此时如果我们通过正念技术舒缓压力，将有助于身体恢复到一种健康的平衡状态。

2）抗拒阶段

在第二个阶段，若压力持续不断出现，或者出现其他压力源，那么对此的抗拒也会增加，在此阶段若没有足够的时间复原，那么问题就来了——身体免疫力会下降。此时，我们可以尝试使用正念减压技术给自己一个心理空间远离焦虑等压力，否则将会进入下一阶段。

3）疲劳阶段

长期压力无法消除，就进入了疲劳阶段。应对压力的资源被耗竭，个体会感觉筋疲力尽、不堪重负。民航工作人员若长期处于该状态下，将对身心都带来极大的危害。此时，应有时间得到充分的休息和复原，可以通过正念来更有效地应对压力。

**3. 民航服务人员常见的情绪困扰及表现**

负性情绪在不同程度上影响了民航服务人员的工作效率和日常生活质量，阻碍了潜能的发挥。民航服务人员常见的负性情绪主要表现在以下几种。

1）焦虑情绪及其表现

焦虑情绪是一种紧张、害怕、担忧、急切混合交织的情绪体验，当人们在面临威胁或预判某种不良后果时，便会产生这种体验。被焦虑所困扰的个体内心感到紧张、心烦意乱，注意力难以集中，同时常常伴有头痛、心律不齐、失眠、食欲不振及胃肠不适等身体反应。适应困难、信息过载是比较常见的引起民航服务人员焦虑的原因，作为与旅客直接接触、提供一线服务的民航工作人员经常面临航班延误、服务投诉等压力事件也易引起各种焦虑情绪。焦虑是一种比较普遍的情绪表现，并非所有的焦虑都是病理性的，如今让你焦虑的事也许在事过境迁后或能力提升之后就会烟消云散，我们在前一单元也提到，适宜的焦虑是个体成长的动能。

然而对于那些自己感到无法控制的、比较严重和持久的焦虑表现，特别是过度焦虑以致有持续不断的神经紧张和广泛的担忧，这种情况应考虑泛化性焦虑障碍，已影响正常生活的情况则应及时寻求专业心理门诊的帮助和治疗。

2）抑郁情绪及其表现

一般情况下，抑郁是持续一段时间的心境低落，没有明显诱因导致的严重反应。处在抑郁状态中的人精神萎靡，对什么事情都提不起兴趣，常常感到精力不足、注意力难以集中、思维迟钝、缺少活力，对生活失去兴趣，不愿与人交往。值得注意的是，抑郁并非只是丧失活力这一典型特征，易怒也是民航服务人员处于抑郁情绪的一个表现。长期的抑郁会使人的身心受到严重损害，若以下症状符合五条或者更多，且持续两周以上，应及时寻求医疗救助与专业心理治疗。

（1）几乎每天大部分时间心境抑郁。

（2）对所有或几乎所有活动的兴趣或愉快感显著降低或消失。

（3）没有节食但体重明显下降，或体重明显增加。

（4）失眠或睡眠过多。

（5）精神运动性激越或迟滞。

（6）疲劳或缺乏精力。

（7）感到自己无用，或有不恰当的或过分的内疚。

（8）思维能力或注意集中能力减退。

（9）反复出现极端的想法或意念，无论有无具体计划。

3）冷漠情绪及其表现

冷漠是一种对外界刺激漠不关心、冷淡的负性情绪体验。冷漠通常是个体受挫后的一种消极的情绪反应，它通常在个体不堪承受挫折压力，攻击行为无法实施，又看不到改变境遇的可能时产生。情绪冷漠的民航服务人员丧失了积极性和主动性，失去了工作热情，表现出一种麻木不仁、漠然的态度，对工作应付了事、缺乏兴趣，对一切都仿佛无动于衷，可以说，冷漠是一种心理防御。冷漠状态对民航服务人员有不良的身心影响，它往往是个体压抑内心愤懑情绪的一种表现。他们表现冷漠，内心却备受痛苦、孤独、寂寞和不满、愤恨的煎熬，有强烈的压抑感。若没有合适的宣泄途径，巨大的心理能量无法释放，便会破坏身心平衡。

4）轻躁狂及其表现

轻躁狂，顾名思义即轻度躁狂症。它的典型表现为个体变得情绪高涨，睡眠减少，自信过高，话语明显增多，思维奔逸或主观体验到想法在不断涌现，很少需要休息，难以集中注意力，充满平时不能达到的"活力"和干劲（目标导向的活动增加或神经运动性激越），且伴随诸多冲动行为。和积极的情感相甄别，积极状态是一种健康的情绪，而轻躁狂则是一种临时的、过度的情感波动，往往伴随着不稳定的情感体验。躁狂也是个体心理防御的一种方式，当民航服务人员产生这种表现时，应保持适当的自我觉察，及时进行自我情绪调试与冷静决策，以免与旅客或同事发生冲突或有冲动行为发生，产生不良后果。

5）自卑及其表现

自卑是个体所产生的对自我认识的态度体验，表现为对自己的能力或形象评价过低，轻视自己或担心失去他人尊重的心理状态。自卑情绪产生的内在原因在于个体自我意识发展在成长过程中受到压制或体验过多批评打压的养育，同时又过于在意外界评价的结果。当人们拥有高自尊时，他们就会较少对他人的行为作出自动化的反应，因此也较少体验到愤怒。与之相反，较低水平的自尊会较易引发个体对外界较为过激的反馈。由于心理与生理的发展，民航服务人员对自己的外貌、能力、自我价值、个性品质等各个方面，以及别人对自己的评价有了更多的关注，这是心理发展的正常阶段，我们可以通过学习进步、理性认知自己、适时提升自尊水平、进行自我积极对话等方式来合理改善自卑的情绪。

6）孤独感及其表现

民航服务人员，其实是最需要进行人际沟通与交流的职业。民航服务人员产生孤独感，孤独感就像在心中筑起一道篱墙，锁闭了自己内心的秘密。面对熙熙攘攘的人群，却有一种无法亲近、无法联结的疏离感。孤独是现代人的常态，长时间面对虚拟的屏幕，而丧失了与真实生活的链接。要想彻底解决孤独感，就要开放自我，真诚、坦率地把自己交给他人，亲近、关心他人，培养自己广泛的兴趣与爱好，为自己安排好丰富有益的业余生活。

**4. 民航服务人员的良好情绪体现**

民航服务人员的良好情绪体现应具备灵活性，灵活性就是带着开放的态度、觉察和专注去适应环境，以及在价值的指导下采取有效行动的能力。灵活性有两个重要组成部分：其一是"心在当下"的能力，即以开放和好奇的态度全然觉知当下的体验；专注地投入于正在做的事情；减少痛苦的想法和感受带来的影响和冲动。其二是采取有效行动的能力，包括清醒的、深思熟虑的而非一时冲动或不理智的行动；由核心价值带动、指引和激励的行动；根据情况灵活调整的、有适应性的行为。与心理灵活性相对应的心理状态是拒绝去看问题的另一面，固执、缺乏变通、顽固不屈等。在缺乏灵活性的状态下，我们会感受到身体的一些症状，如颈椎问题、身体僵硬等。

健康积极的情绪是个体维持身心平衡的必要条件，民航服务人员应合理安排时间，注意劳逸结合、增强体育锻炼，掌握一定的情绪调适心理技能。只有自身的情绪是平和适宜的，民航服务人员才能够敏锐地察觉他人的情绪，以包容和谐的态度接纳情绪，能够站在不同的立场去理解情绪、体验情绪，从而更好地掌控情绪。我们已经学会了情绪识别、为不同的情绪命名，增加了一定的情绪描述词汇，也对自身的情绪状态有了更多的觉知和体验，了解了情绪的发生、需求和期待。接下来，我们将针对民航服务人员的情绪管理技能作出更多的实践练习指导，也希望在真正掌控了自己的情绪后，民航服务人员能以更乐观积极的态度为旅客提供热情关怀的服务品质，收获更和谐美好的人生体验。

### 4.1.2　心与心的交流

当面临情绪压力时，不仅仅是呼吸会有变化，身体其他部位也会呈现出压力反应（如肩膀僵硬、后腰酸痛、肠胃不适等）。在快节奏的工作中，我们的头脑被大量外界的信息充斥，很容易忽视身体在当下发出的信号。

请小组成员分享近期所处的压力，当我们感受到压力状态时，不妨静下心来试着和自己的内在对话或与他人倾诉，可以尝试使用如下问题来讨论。

（1）最近是什么原因导致我感觉压力大？

（2）当我感觉压力变大时，我的身体有什么样的感觉？在我身体哪个部分会感受到那种感觉（如肩颈的紧绷感，头部的阵痛）？

（3）当压力水平上升太高时，我的情绪怎么样（如烦躁、焦虑、沮丧）？

（4）当压力水平上升太高时，我头脑中出现了什么念头？

（5）当我的压力过大时，我采取了什么行为？这个行为是建设性的，还是破坏性的？

（6）当我的压力过大时，我通常习惯于怎么做？

### 4.1.3　心理技能实践——改善情绪状态

改善情绪状态的方法有很多，比如亲近自然调动积极和谐的视觉画面，体验芳香疗法、音乐疗法，增加运动频率，如在户外跑步或者练习瑜伽等方式来促进血清素的分泌，帮助稳定情绪，减少皮质醇等应激激素的分泌。

为培养对情绪变化更好的识别力和敏锐性，首先应做到对身体及时地、全面地感知。成对式肌肉放松训练会通过主动地紧张和放松肌肉来与身体进行互动。当互动变多，甚至变为一种习惯后，我们与身体就会建立起更为紧密的联系，也能够更及时地关注身体、更灵活地调整身心状态。辩证行为疗法（Dialectical Behavior Therapy，DBT）中有一个 TIPP 技术，在心理临床中被广泛应用于提高负性情绪的耐受，即典型的通过调节身体反应（如改变体温或控制呼吸）从而调整情绪（帮助身体降低对情绪触发的生理反应强度，从而帮助身体消除情绪反应所积聚的能量）的例子。TIPP 技巧包括如下四项内容。

T：温度（Temperature）。当你把整个脸放进冷水中或把装着冰水的袋子，放在眼睛和脸颊上，屏住呼吸，默数 20～30 秒。这个动作会告诉大脑你正在潜水，这将引发"潜水反应"，你的心跳会慢下来，流向非生存必要器官的血液将会减少，血流会重新流向脑与心脏。潜水反应需要 15～30 秒才会发生。利用这个反应，可以帮助你调节情绪。当你有非常强烈、恼人的情绪，或者有很强的冲动要从事危险行为时，使用这个调节策略会很有帮助（这个策略在安静坐着时效果最好——活动和分心可能会让它变得不那么有效）。

I：激烈运动（Intense exercise）。从事激烈运动，比如跑步、快走、跳跃、打篮球、举重等，能够消耗身体储存的能量。即使只是运动片刻，也会有显著的释放效果。

P：调节呼吸（Paced breathing）和成对式肌肉放松（Paired muscle relaxation）。

---

**成对式肌肉放松练习**

- 选择一个安稳的、相对松弛的姿势。将注意力集中到呼吸上，慢慢平复心境。
- 依次按顺序绷紧每一个身体部位，注意感受在那里的紧绷感；保持张力，吸气 5～6 秒，然后再将刚绷紧的部位慢慢放松，并伴随吐气；松开肌肉的同时，在心中缓慢地默念"放松"。
- 从双手手腕开始，然后是下臂、上臂、双肩、脸部、颈部、胸部、背部、腹部、臀部、大腿、小腿最后到双脚。
- 如果发现走神了，或是头脑中产生了评判，那便试着观察并放下它们，耐心地回到练习。
- 最后，体验全身部位同时进行紧绷和放松。

---

改善情绪技能可以应用于当你察觉到自己升起了恼人情绪，但感觉一时无法掌控时应用，接下来我们将学习并实践"STOP 技术""情绪着陆技术""情绪传送带技术"与"漂流小船技术"，这些技术都能帮助我们冷静下来，专注于当下，应对压力情境。

---

**情绪调节技术——STOP 技术**

Stop（暂停）——暂停你正在做的任何事情。

Takea breath（深呼吸）——运用正念呼吸，把注意力带回到当下。

Observe（观察）——观察想做某件事的冲动，你可以：

□使用"情绪冲浪"这个词来感受——冲动就像一块冲浪板，想象你站在板子上冲浪前行。

□扫描全身并关注自己的感觉，看看身体的哪个部位产生了冲动

Proceed（继续）——怀着正念与智慧，作出当下的选择，继续回到生活。

---

**情绪调节技术——5-4-3-2-1 情绪着陆技术**

5：找出 5 样你可以看到的东西并大声说出来。

4：找出 4 件你可以触摸到的东西并大声说出来。

3：倾听 3 种声音并大声说出来。

2：说出你能闻到的或你喜欢的 2 种气味。

1：说出尝到的 1 种味道或你喜欢的 1 种味道。

音频：5-4-3-2-1 情绪着陆技术

---

**情绪调节技术——情绪传送带技术**

找一个舒服的姿势。

闭上眼睛或把视线固定在一点，做几次缓慢的深呼吸。

接下来的 5 分钟内，试着：

□想象把情绪和想法放在托运行李的传送带上：

- 将情绪与想法通通放入行李箱，然后放在托运行李的传送带上，让它带走。

□或者，将随之而来的想法与感觉分类，放入不同行李箱：

- 将忧虑的想法、关于过去的想法、关于他人的想法、计划做什么的想法、生气的感觉、难过的感觉分类并贴上标签。
- 将它们放在旁边的箱子里，以后再处置。

---

**情绪调节技术——漂流小船技术**

想象你正坐在轻轻流淌的溪水边，想象你的情绪与想法是顺流而下的小船：

- 想象自己坐在溪水边，注视着小船从眼前经过。
- 当小船经过时，描述小船或者给它贴上标签。
- 不要尝试跳上小船。
- 如果你的头脑说"这真难受"，你就拿起这些词语，放到小船上，让它漂走。如果你的头脑说"这真无聊"，你也拿起这些词语，放到小船上，让它漂走。如果头脑中闪现出的是画面而不是词语，就把每幅画面放到小船上，让它漂走。

以上这些练习大家可以尝试在需要管理情绪的时刻或者有时间练习时反复操练，大量的练习一是为了培养大脑的前额叶区域（负责计划决策与调控）及时识别情绪的能力；二是可以提升对大脑负责感受区域的监管能力，毕竟在我们还未有语言萌发的婴幼儿时期，那些和养育者互动的经历已经化作隐形的情感记忆存储在了那里，研究依恋的心理学家们形象地称之为"内部工作模型"——当我们长大后再次遇到相似的经历时，这些情感记忆很容易越过"理智脑"的监管，跳出来接管我们当下的感受，让我们再一次体验幼年时的崩溃和无助。虽然这个内部工作模型是完全自动运作的，但是已经有科学研究和丰富的实践证实，正念练习与重复的情绪管理技能练习可以帮助我们加强理智脑的"觉察、监管与安抚"能力，从而帮助我们更好地控制情绪。需要再次强调的是，情绪管理并非只是一味地压抑我们的真实感受和需要，而是怀着温柔慈悲的心去接纳和"看见"，然后让其以更能被大部分人接受的合理方式得到表达。

## 任务 4.2  掌握正念技术

为改善民航服务人员情绪调适能力，本课程将循序渐进地理解和体验正念技术，并通过正念，提升对自己的感知力以及面对工作生活中情绪困难情景时的应对能力。"正念"是由医学博士卡巴金提出的，正念即用特殊的方式集中注意力：有意识地、不予评判地专注当下。与"自动导航"或者被习惯主导相反，正念的目标是拥有高质量的觉察，是一种清醒的状态。正念技能的练习是为了让我们用"不评判""专一地做""有效地做"来观察、描述和参与每天的工作与生活。这种转变，可用 RAIN 模型描述——识别（Recognise）、容许（Allow）、探询（Investigate）、逐渐远离反应模式（Non-identification）来描述。总之，以开放和好奇的态度关注，有意识地将注意力集中在当下，不带任何评判，也不依附于当下任何行动的行为就是大家现在所了解的"正念"。

---

正　念

- 有意识地觉察当下这一刻。
  从不自觉或机械式的反复行为当中苏醒，参与在自己的生命中。
- 不评判或不拒绝当下。
  注意到后果，却不去判断价值、回避、压抑或阻挡当下。
- 不执着于当下。
  专注于每个崭新的当下体验，而不会因紧抓过去或未来而忽视当下。

### 4.2.1 心理知识建构

正念的六项技能包含三种正念基础技能，其主要内容为"观察""描述"和"参与"，以及三种正念态度技能，即"不评判""专一地做""有效地做"技能。

**1. 正念基础技能**

正念的基础技能为"观察""描述"和"参与"。正念技能练习的最终目标是培养一种有意识地参与自己生命的方式。以好奇心和开放的心态观察自我，就会更清楚地了解自己是谁，觉察到自己正处于何种心理状态和情绪当中。

1）观察

观察即注意事件的发生、情绪的起伏和其他行为反应。在观察时不需要试图离开情境或阻止某种情绪体验，而是关注我们的眼睛、耳朵、鼻子、皮肤等身体感觉，帮助注意力集中在"当下"，去观察、体验、感知。在练习"观察"技能时，我们需要注意以下两点。

（1）练习静观：静静地看着想法过来，又飘走，就像空中的云朵一样。注意，你内心的感受会时有变化，像海浪般此起彼伏。

（2）注意：观察是将心带回到自己的身体，找到内心的感觉。

现在，就让我们先举例如何运用视觉来进行"观察"技能的掌握，大家可以在生活中进入大自然，结合正念的"观察"技能来练习，也可以在有条件的实践课堂中进行。

---

**正念的"观察"技能练习（视觉）**

用眼睛观察：
☐观赏一场美丽的落日，观察夕阳和云彩的色泽变化。
☐漫步前行，看看路边的花草树木及当下季节的自然风景。
☐翻阅家庭中有纪念意义的老照片并慢慢观看。
☐观察他人的面部表情或动作。
☐捡起一片树叶、花朵或小石子，观察并试着关注细节。
☐其他：

---

接着，我们还可以试着用嗅觉、味觉、触觉来进行正念观察的练习，找到连接自己身心的感受，渐渐找回身体的感觉，我们还可以用听觉进行"观察"技能的练习。

---

**正念的"观察"技能练习（听觉）**

倾听声音：
☐倾听大自然中的声音，比如潺潺的流水声或林间的鸟鸣，停留在那里，什么也不做，除了聆听。聆听声音，感受其中的宁静。
☐倾听颂钵音乐疗愈。
☐聆听放松舒缓的音乐，体会音符的出现及其间隔，随着呼吸的节奏，试着将音符呼进呼出。
其他：

---

2）描述

描述是以语言描述事件和个人反应，用语言来标记行为和环境事件的能力，对于沟通和自我控制都非常重要。在描述时，不将情绪和想法作为客观事件的反映，而是描述事实。想法不应被当成事实去回应。

（1）用语言描述自己的感受。要承认自己的想法、感受和肢体语言。例如，在心里说，"悲伤正围绕着我"，或"我的胃部肌肉在抽筋"，或"我脑中突然出现'我办不到'的想法"。

（2）给情绪命名。

（3）将分析及观点与事实分开，只是描述事实。

3）参与

参与是完全进入当下的活动，而且人和环境之间互动自然流畅，有些部分是基于习惯成自然。

（1）将注意力停留在此刻，沉醉于当下之事。

（2）在每个情境中，只做需要做的事。这就宛如技能纯熟的羽毛球运动员，在赛场上与自己的球拍和挥拍动作浑然一体。

（3）顺其自然，以自发随性的态度去应对。

**2. 正念态度技能**

在练习了基础的正念技能后，我们应继续保持应用正念态度技能，学习如何采取不评判的立场、一次专注一件事，以及只做有用的事，以带着正念更投入地工作与生活。

1）不评判

采取不评判的立场，指的是不评判好坏。这并不是将负面评判改为正面评判。不评判是指仅仅关注事实，不区分判定好坏，请练习正念的"不评判"技能。

（1）接纳当下的每个存在，就像接纳雨露和阳光，也接纳每片掉落其上的叶子。

（2）理解有益和有害、安全和威胁的区别，但不评判它们。

（3）承认我们的价值观念、我们的希望、我们的情绪反应，但不评判它们。

---

**正念的"不评判"技能练习**

□用不评判的想法替代想评判的想法。

举例，用陈述事实替代评判的方法：

- 描述关于事件的事实，只陈述你看到的。
- 依据事实描述这个事件的后果。
- 描述你对事实的感受。

□观察你评判时的面部表情、姿势、声音语调（包含脑海中的声音语调）。

□改变你想评判时的表情、姿势和声音语调。

□以不评判的方式，非常具体地和他人分享现在或过去的既成事实，注意，只说你直接观察到的。

□详细记录一天中发生的重要事件，并描述当下发生的事，和你的想法、感受、行动，注意只是记录，不加评判。不要分析事情发生的原因，或你有这样的想法、感觉、行动的原因。只关注看到的事实。

□想象一个让你勃然大怒的人，回想因他而引起的巨大愤怒，接着尝试变身为此人，从对方的角度看待生活，以及他的感受、想法、恐惧、希望与期望，想象他的过去与过去之事，试着对此人进行了解。

---

2）专一地做

专一地做，将心智和觉察集中于当下的活动，而不是把注意力分散在好几个活动中，或是进行某个活动时还在想其他事情。我们常因为下列情况而难以集中注意力：对过去的想法和记忆、对未来的担忧，或当下的负面情绪。我们需要学习一次只专注于一件事或一个活动，并且以觉察的态度参与其中。

（1）一次只做一件事。把自己从分心的事情上拉回来，一次只做一件事。

（2）吃饭时就吃饭。

（3）走路时就走路。

（4）烦恼时就烦恼。

（5）专注。如果发现自己正在做两件事，马上停止，一次只做一件事。

3）有效地做

"有效地做"，其目的是减少因为在乎"是非对错"而没有注意到某个特定情境的真正需求。有效地做意思就是"做管用的事"。要完全信任自己的知觉、判断与决定。

（1）专注于当下的目标，去做能够达到目标的事。

（2）专注于可行的方法。

（3）尽可能有技能地应对，让自己适应环境，而不是期待情况趋于理想。

（4）放下执念并且接纳现状。

### 4.2.2　心与心的交流

民航服务人员常见的情绪困扰主要表现为情绪不稳定，情绪的反应与刺激的强度、性质不相称，自我调节和冲动控制能力不佳，情感过程反常等。

形成民航服务人员情绪困扰的内部原因是多方面的，比如遗传因素、激素分泌紊乱，以及神经系统的功能或器质性病变等影响，这些因素可以造成大脑机能活动的失调或器质性变化；还与民航服务人员的心理活动特点与人格特质有关。

民航服务人员情绪困扰的外部原因大多数与民航服务人员工作、生活的各种环境因素有关，比如昼夜颠倒的工作节律、对新环境的适应不佳、理想自我和现实自我的冲突、绩效考核与一线服务的压力、人际关系紧张等负性事件增多有关。总之，引起情绪困扰的原因是复杂的，一种情绪困扰的产生并非某种单一因素所致，而是多种因素交互作用的结果。

此外，情绪困扰也可能来源于以下三类"需要"没有得到满足。

（1）对安全和保障的需求，如感到平静和安心的存在感、被保护的感觉。

（2）对被爱和联结的需求，如被关心和得到理解。

（3）自我价值和能动性被认可的需求，如实现个人追求的空间，以及得到尊重、承认、欣赏和认可。

请以小组为单位，梳理近期的情绪困扰，并尝试探究背后的成因。

### 4.2.3　心理技能实践——正念技术的练习

正念和正念技能的练习是随时随地的。它需要有意地对当下保持觉察，不去评判或执着不放。正念活动有多种形式，如瑜伽、爬山、走路等。有时，正念只是工作间隙，当下的这一次呼吸、一次努力。

在之前的学习任务中，我们练习了如何去调整情绪，调动我们的感官体验去与身体联结，与"当下"连接。现在，我们将学习如何调整我们的呼吸——你可以就将它理解为正念呼吸，正念呼吸可以在一处安静不被打扰的地方进行，也可以在熟练掌握后应用于工作间隙、睡前或者觉察到情绪波动较大的彼时彼刻。

---

**"7-11 呼级法"练习**

- 设置一个 2 分钟的闹铃。
- 在开始正念练习前，选择一个安稳的、相对松弛的姿势。
- 做一个深长而缓慢的呼吸，吸气，在心中缓慢地默念"seven"；呼气，在心中缓慢地默念"eleven"。
- 把注意力放在呼吸的感觉上，自然地呼吸。每一次留意到走神了，就只是温柔地将注意力带回到呼吸上。
- 将注意力集中到呼吸上，回到当下，让漂浮的思绪"降落"下来。
- 当身心状态相对平静后，将注意力转移到身体上，感受当下整个身体的感觉。如果身体有某个部分感觉很突出，无论是舒服的还是不适的，可以让注意力停留在那里，观察这个感觉随时间的变化。
- 接下来，将注意力转移到听觉上，留意当下听到的声音。允许声音自然地出现，自然地进入耳中被我们听见，允许它的变化、消失。
- 如果注意力被吸引到了头脑的想法中，便趁机觉察想法。
- 2 分钟时间到，练习结束。

---

在调整呼吸的练习后，可以结合"7-11 呼吸法"接着做正念的想象练习。

**1. 抛进湖中的小石头**

想象自己是一块光滑的小石头，在一个晴朗的天气里，在湖边被轻轻抛入湖中。你感受到湖水的宁静与清澈，慢慢地，你沉入湖底的泥沙中。

（1）慢慢地盘旋，石头沉入湖底，注意你所看到的、感受到的。你到达湖底时，将注意力放在自己的内在。

（2）注意湖的静谧，觉察在湖底深处的安宁和平静。

（3）抵达自己的中心时，注意力要停留。

**2. 走下内在的回旋梯**

想象你的内在安放了一个回旋梯，你从最高处开始往下，以非常缓慢的速度走向内在的中心点，慢慢走入自己的深处。

注意所感受到的，可以中途坐下休息，或者拿盏灯，不要强迫自己往下走。当走到自己的中心时，注意那里的宁静感，将注意力停留在那里。

**3. 在想象练习时结合"7-11 呼吸法"练习**

吸气，同时在心里舒缓默读"seven"；呼气，同时在心里缓慢默读"eleven"。

（1）先把气息集中在"seven"这个词上，然后把气息集中在"eleven"这个词上。

（2）保持呼吸节奏，温柔而坚定地把注意力放在呼吸上，直到感觉平静。

**4. 关注呼吸，将注意力停留在身体的中心**

（1）完全吸进空气，注意并跟随气息进入身体。

（2）将注意力停留在身体的中心，在你吐气到底部时，关注腹腔的位置。

（3）吸气吸到满，把注意力停留在前额的中心。

（4）让注意力停留在你身体的中心，正常呼吸。

（5）持续对当下的觉察。

**5. 扩展觉知**

（1）吸气，并将注意力集中在身体的中心。

（2）吐气，持续关注自身中心，同时将关注的重心投放周围的环境中。

（3）在此时此刻持续练习。

**6. 进入呼吸间的停顿之中**

（1）吸气，吸到满时注意停顿（呼吸的顶端）。

（2）吐气，吐到底时注意停顿（呼吸的底端）。

（3）每次停顿，都想象"掉进"那个停顿的中心位置。

在"7-11 呼吸法"练习的基础上，可以继续学习身体扫描技能，该练习大约需要 10 分钟的时间，有关身体扫描技能练习的音频请扫二维码。

音频：身体扫描练习

# 模块 3
# 民航服务人员的韧性培育

## 模块介绍

　　国际民航组织和各大航空公司已经越来越重视民航服务人员心理胜任力的培育。在本项目中，我们将系统介绍心理韧性的概念，聚焦于民航服务人员高水平的心理韧性特征以及对其产生影响的内外部因素。在实践学习任务中，我们将从个体对心理韧性的自我觉知展开，逐渐深入人际关系中的心理复原系统，通过一系列的心理技能应用，如拆除头脑中的焦虑炸弹、练习积极的自我对话、感恩时刻记录等方式，从认知与行为上调整并促进心理韧性的发展；也逐渐探索与心理韧性密切相关的积极情绪培育，如乐观、希望、自我效能感、幸福感等以引导其在工作与生活中体验到更丰富的心理资本；在自我心理韧性调适的基础上，通过付出关怀、利他等行为构建能够支撑心理复原力的积极关系，为民航服务人员整合丰富的抗逆资源，进而减少情绪疲劳、舒缓压力、提高其工作参与度，以期在民航工作中能够应用高心理韧性水平去应对工作中的挑战，实现更好的工作状态与服务质量。

# 项目 5　培育心理韧性

## 项目目标

1. 认知心理韧性的概念。
2. 使用心理量表与语言交流探索自身的心理韧性。
3. 应用心理技能调整认知，提升心理韧性。

## 任务 5.1　认知心理韧性

民航服务工作常常面临繁忙的工作节律及复杂的人际关系处理、家庭与事业之间的平衡取舍等众多问题，这些来自工作和生活的压力和挫折，较容易使民航服务人员产生强烈的心理冲突。而应对这些压力逆境或突发应急事件等消极事件的能力便是"心理韧性"，心理韧性对于民航服务人员的成长具有积极的意义，高心理韧性的民航服务人员能够更好地克服逆境与挫折，追求人生的自我实现。

人生，其实就是一场马拉松，有时候并不知道终点在哪里。唯一能够让自己走得更远，走得更久，并且走到最后的，靠的是心力，也就是所谓的"心理韧性"。民航服务人员因其工作的特殊性，需要在遇到各种挫折和困难时展现出超出平均水平的乐观心态与强大的抗挫能力，这种体验会转化为促进个人心智成熟的不竭动能。一个具备心理韧性的民航服务人员，是一个整合的个体，是一个有高度协调能力的人，是一个能和压力共处的人。

### 心理现象思索

这是小陈与小刘在新乘务员放单飞两年后的相遇，小陈和小刘在担任新乘学员时都是由一位以严格著称的带飞师傅所教授并带飞的，现在让我们来看看这两位新乘务员的工作表现如何。小陈个性温和，但反应不敏捷，很多工作任务没办法第一时间很快领悟，在刚接触乘务工作时跟不上快节奏，犯了不少小错，但她凡事认真、遇错就改。在放单后的两年里，也一直随身带着一本记事本，有不理解的地方就记下来，业务知识一天比一天记得牢；在航班上的工作勤勤恳恳，一边学习一边精进业务能力。她说自己虽然刚带飞时是一只"笨鸟"，但她懂笨鸟先飞的道理，而且笨鸟不仅要先飞，还要持续不断地一直飞，虽然飞不快但胜在持久、擅长于默默耕耘。果然坚持到现在，大家无不称赞，小陈果真是"严师出高徒"。小刘则是在带飞时就深受带飞师傅喜爱的一位优秀学员，他灵活、高效，一点就通。但是小刘很快就发现，乘务员工作不如想象中那么理想。在经历了一次顾客投诉后，小刘与小陈见面后坦言，他现在萌生了辞职转行去做短视频博主的想法。

从这两位乘务员的成长轨迹，我们不难看出，心理韧性对职业生涯发展的重要意义，在之后的学习任务中，我们将重点学习心理韧性的相关知识，并进行自我心理韧性的评估与初步干预。

## 5.1.1　心理知识建构

**1. "心理韧性"的概念**

"心理韧性"也叫"心理复原力""抗挫力"或者"抗逆力"，是指在面临逆境、不幸、挫折及其他压力情境下，能够有效适应的能力，韧性（resilience）的常见中文翻译还有"心理弹性"等。心理韧性除了能够帮助个体在压力中保持正常的心理和生理机能，避免伤害，还能使个体获得成长和积极发展。心理韧性包括个人胜任力、控制力、安全感、包容负面情绪、积极应对挑战、灵活应变、建立积极的社会联系等能力。清华大学的彭凯平教授给出了这样的定义，心理韧性就是从逆境、矛盾、失败中恢复常态的能力。美国心理学会将心理韧性定义为"个人面对逆境、创伤、悲剧、威胁或其他重大压力的良好适应过程，即对苦难经历的反弹能力"。

在这里需要指出的是，高韧性人群同样会产生强烈的负性情绪，但是他们拥有更加强大的调节能力让负性情绪释放、舒缓并消解，同时他们也能够自我激发和深化更多的积极体验，不仅能自我减压，还能享受快乐。从这个角度来看，韧性像是我们心理层面的免疫力，不仅帮助我们从疾病中恢复，也为我们的健康保驾护航。

**2. 具备良好"心理韧性"民航服务人员的特征**

1）自我调节能力强

具备良好心理韧性的民航服务人员善于进行自我认知调节，在社交情境能够对情绪和心理体验进行觉察与调整，能够在不同的服务情境中对自身心理进行认识、协调、引导、互动和控制，在面对压力情境时能够识别自身状态，并进行积极的自我调节，具体的技能包括"调整引发焦虑的认知""积极的自我对话"等。

2）较高的自我效能感

在面对充满挑战性的工作时，有信心（自我效能）并能付出必要的努力来获得成功。对自己实施某种具体行为或产生一定结果所需行为的能力预期，知觉到的效能有较高的评估，目标选择更深远、努力程度更具驱动性，相信自己有可能成功并愿意尝试有失败风险的活动。较高的社会责任心也是心理韧性的表现。

3）乐观/成长型思维

从逆境迅速恢复的能力，能够坚定地接受现实、受稳定的价值观支持而深信生活的意义、有效应对和适应重大变化。把失败当作学习机会，把成功归结为可控的因素，当身处逆境和被问题困扰时，能够持之以恒、迅速复原并超越。对自己的工作与生活感到满意、认同、愉悦并因此能积极有效应对。

**3. 影响"心理韧性"的内外部因素**

1）个体经历的影响

个体的生活经历对心理韧性的形成与发展有着重要的影响，其中至少包括两个方面的影响：①个体早年，特别是心理能力发展的关键期的生活与学习经验，以及个体是否有习得性无助的早期生命经历；②个体在危机事件后的个人学习经验也很重要，比如当民航服务人员在遭遇旅客投诉、绩效考核不达标之后的应对与复原支持等。

2）个人特质的影响

心理韧性与个人特质具有密切的关联，个人的特质不同，其应对压力或困难的能力也不同。一般来说，人格健全、拥有积极心态、乐观向上的个体在面对挫折打击时，能够主动地适应和调整自己的情绪，在磨练中发挥更稳定、更坚韧。一些具体的个性因素如具备灵活的认知能力、积极的自我知觉、情绪稳定性、有效的自我调节能力、幽默感、洞察力、良好的主动性与忠诚品德等都是有助于个体克服逆境并能够积极发展的特质性因素。

3）家庭环境的影响

家庭作为个体成长的最初和最重要场所，其环境和氛围是个体韧性发展的重要影响因素。独生子女的家庭环境普遍优越，经历的磨难和挫折比较少，缺乏应有的适应能力，心理承受力相对较薄弱。当面对复杂的人际关系和社会环境变化时，就容易产生消极情绪，从而引起压力反应。部分家长只重视学业成绩，却忽视对孩子抗压能力的培养，当孩子遇到逆境或挫折时主动代替孩子承担责任，也使孩子丧失了在各种逆境中成长的机会。

4）社会环境的影响

如果说家庭是个体成长发展的第一环境，那社会便是个体成长发展最重要的外部环境。比如作为学生，学校环境将直接影响学生认知以及个性的正常发展，良好的学校环境，较重视心理韧性培育的学校，不仅能够激发学生学习的主动积极性，同时也能有效锻炼学生坚强的意志，培养坚定的心理素质。研究发现，"积极的学校氛围"与"良好的同伴关系"等因素对韧性的发展有重要意义。

**4. 支持"心理韧性"提升的内外部因素**

民航服务人员心理韧性的提升是一个系统性工程。在关系连接中提升韧性是必经过程，也是韧性从个人传导给他人和组织的价值所在。

1）支持"心理韧性"提升的内部因素

首先，增加"自我觉察"的能力，"觉察"指的是自我意识层面的综合认知，即个人与自己的关系，包括对自身心理状态、归因模式等可见和不可见特性的认知、觉察和改变。

其次，梳理自身生命的"意义"，"意义"指的是个人与世界的关系，包括对自身目标体系与需要的梳理、发掘。培养和深化专注的"热爱"等，自我的觉察有助于意义的探究，而意义的探究也会促进觉察的深化，洞见更深层的自我。

在这个基础上，了解自身与他人的关系，包括对社会性的认识、沟通、信任和利他等多个方面，即知晓"联结"的状态。在"联结"维度侧重于在关系中与他人共同提升韧性。自我的觉察离不开与他人的连接，他人的视角有助于我们跳出认知的盲区，排除各种偏见的干扰，多维度地认知自我；同样，意义的发掘也需要与他人共振，他人在我们的人生目标设定和热爱发掘中扮演着至关重要的角色。

最后，是"利他"行为的实践。我们可以看到感恩和助人给自身带来的益处，这些利他行为激发的积极情绪，能够增强我们的免疫力，保护心血管系统免受压力的过度侵害，进而帮助我们从挫折和逆境中复原。了解了这样的机制，我们要有意识地去创造良好的人际关系，用面对面的真诚沟通、情感调谐的非语言交流去启动我们的积极感受并不断强化这些行为，不断重复对自己和他人的感恩、欣赏和爱的积极表达。

2）提升心理韧性的外部因素

一个高韧性的组织必然是一个高凝聚力的组织，一个高韧性的人也会让其身边的家人、朋友、同事等受到积极的影响。高韧性的领导者善于提升自我，也要持续激励他人、培养团队，从而共同精进。

民航服务人员心理韧性的培育是一个系统性的行动，是长期、有意识的认知和行为的改变。尽管每个人都会受到基因、成长经历、身体状况等一系列因素的影响，造成各自韧性水平的差异，但从成长型思维的角度看，心理韧性的提升是持续一生的历程，每个人都可以在科学框架的辅助下，不断地自我精进，促进心智成熟。

### 5.1.2　心与心的交流

> 当我们与他人建立了紧密的连接
> 觉察了生命存在的意义与幸福
> 那么纵使大风吹来
> 我们可能会弯腰
> 但永远不会被折断

这首小诗展现了人与人之间紧密的连接对"心理韧性"的重要性。研究"依恋"的心理学家也认为，当个体自小被积极回应和良好的情感养育后，会形成较为安全、稳固的客体关系，其主要养育者就成为个体的安全基地，使得其可以更自由、勇敢、坚韧地探索外部世界。请你从人际连接的角度来思索并与同组交流，曾经有哪些人际支持的事件在你经历挫折、困难时对你产生了鼓舞和帮助？回忆并感恩这些时刻，都是你增加心理韧性的良好助力。

### 5.1.3　心理技能实践——探索自身的心理韧性

心理韧性量表（Connor-Davidson resilience scale，CD-RISC）是由凯瑟琳·M.康纳和乔纳森·R.T.戴维森共同开发的一种评估韧性的方法。基于康纳和戴维森对韧性的操作定义，即"在逆境中茁壮成长"的能力。原问卷包含25个项目，采用里克特氏

5 点量表评定法，从 0 ～ 4 表示从来不这样、很少这样、有时这样、经常这样、一直如此。通过在不同人群中施测，具有良好的信度和效度，CD-RISC 量表对于心理韧性的预测效力已得到公认，应用较为广泛。

表 5-1 是用于评估心理韧性水平的自我评定量表。请根据过去一个月的情况，对下面每个阐述，选出最符合你的一项。注意回答这些问题没有对错之分。

表 5-1　心理韧性量表 CD-RISC

| 序号 | 题　目 | 从来不 | 很少 | 有时 | 经常 | 一直如此 |
|---|---|---|---|---|---|---|
| 1 | 我能适应变化 | 0 | 1 | 2 | 3 | 4 |
| 2 | 我有亲密、安全的关系 | 0 | 1 | 2 | 3 | 4 |
| 3 | 有时，命运或许能帮忙 | 0 | 1 | 2 | 3 | 4 |
| 4 | 无论发生什么我都能应对 | 0 | 1 | 2 | 3 | 4 |
| 5 | 过去的成功让我有信心面对挑战 | 0 | 1 | 2 | 3 | 4 |
| 6 | 我能看到事情积极的一面 | 0 | 1 | 2 | 3 | 4 |
| 7 | 应对压力使我感到有力量 | 0 | 1 | 2 | 3 | 4 |
| 8 | 经历艰难或疾病后，我往往会很快恢复 | 0 | 1 | 2 | 3 | 4 |
| 9 | 事情发生总是有原因的 | 0 | 1 | 2 | 3 | 4 |
| 10 | 无论结果怎样，我都会尽自己最大努力 | 0 | 1 | 2 | 3 | 4 |
| 11 | 我能实现自己的目标 | 0 | 1 | 2 | 3 | 4 |
| 12 | 当事情看起来没什么希望时，我不会轻易放弃 | 0 | 1 | 2 | 3 | 4 |
| 13 | 我知道去哪里寻求帮助 | 0 | 1 | 2 | 3 | 4 |
| 14 | 在压力下，我能够集中注意力并清晰思考 | 0 | 1 | 2 | 3 | 4 |
| 15 | 我喜欢在解决问题时起带头作用 | 0 | 1 | 2 | 3 | 4 |
| 16 | 我不会因失败而气馁 | 0 | 1 | 2 | 3 | 4 |
| 17 | 我认为自己是个强有力的人 | 0 | 1 | 2 | 3 | 4 |
| 18 | 我能做出不寻常的或艰难的决定 | 0 | 1 | 2 | 3 | 4 |
| 19 | 我能处理不快乐的情绪 | 0 | 1 | 2 | 3 | 4 |
| 20 | 我不得不按照预感行事 | 0 | 1 | 2 | 3 | 4 |
| 21 | 我有强烈的目的感 | 0 | 1 | 2 | 3 | 4 |
| 22 | 我感觉能掌控自己的生活 | 0 | 1 | 2 | 3 | 4 |
| 23 | 我喜欢挑战 | 0 | 1 | 2 | 3 | 4 |
| 24 | 我努力工作以达到目标 | 0 | 1 | 2 | 3 | 4 |
| 25 | 我对自己的成绩感到骄傲 | 0 | 1 | 2 | 3 | 4 |

研究对象在心理复原力的平均分为 65.4，标准差为 13.9。

原量表分析产生如下五个因子。

个人能力，高标准，坚韧：10、11、12、16、17、23、24、25。

相信自己的直觉，忍耐负面影响：6、7、14、15、18、19、20。

积极接受变化并确保关系安全：1、2、4、5、8。

控制感：13、21、22。

精神影响：3、9。

后来张建新、余肖楠重新进行维度的划分如下。

坚韧性：11、12、13、14、15、16、17、18、19、20、21、22、23。

力量性：1、5、7、8、9、10、24、25。

乐观性：2、3、4、6。

## 任务 5.2  从认知维度调整韧性

具备心理韧性的个体有一个典型的特征即善于从认知维度对事物进行积极的归因，在前续课程中，我们已经学习并探索了自身的归因风格，并掌握了资源取向思维的方式，接下来，我们将学习以"认知行为疗法"为基础的自助式韧性调整策略。

认知行为疗法的理论核心可以概括为：情绪源于想法，而情绪驱动行为。认知行为疗法认为，认知过程在对情绪的产生中起着决定性作用，比如同样是遇到了航班延误导致旅客不满的问题情境，地服人员小王认为旅客的不满是对自己处置不当的愤怒，而自身工作经验欠缺又会导致自己没有能力去应对这一场景，从而产生无助、害怕的情绪，引发回避行为；同样面对这一情境的小陈认为旅客的不满在于自身对于准点的需求没有得到保障，而且天气恶劣的原因导致航班延误是不可抗力，自己虽然工作经验不足，但这正是在实际工作中累积工作经验，直面冲突承担责任的时刻，相信旅客也需要有及时的信息获取，从而产生了自我效能感与直面旅客积极沟通应对的行为策略。

### 5.2.1  心理知识建构

**1. 认知行为疗法中的 ABC 模型**

认知行为疗法流派的心理学家们认为，某些焦虑的心理状态与"我必须做到最好"或"我必须被每个人认可"相关，这些焦虑情绪均是自我塑造的结果，我们可以通过调整这些不合理的理念来改变自身的情绪，也有能力消除或缓解这种焦虑心理。认知行为疗法的核心方法是以埃利斯和精神病学家亚伦·贝克共同提出的"ABC 模型"为基础的。在这个模型中，A、B、C 分别是三个英文单词的首字母，其中 A 代表不利事件（adversity)，B 代表人们对不利事件的解释，即想法（belief），C 代表后果（consequence），包括人们的感受和行为。根据 ABC 模型，对 B 的反思和探讨是关键步骤。ABC 模型最重要的意义是为我们揭示出，人们的感受和行为并不是由"不利事件"直接导致的，而是由我们对不利事件的想法和解释导致的。也就是说，不利事件是通过想法和解释最终转化为感受和行为的后果，从而作用于我们身上。

**2. 调整"灾难化"的认知思维**

在各种各样的逆境反应中，"灾难化"是最能让人们感受到无助的反应。"灾难化"就是把日常不便想成重大挫折，随后在不断反刍中又把那些挫折想成灾难。越是不断琢磨，不断进行强制性分析，不利事件的后果就"显得"越严重，当事人的心理状态就不断恶化。当人们陷入胡思乱想时，通常会出现两种情况：一是会歪曲事实，觉得这个问题过于严重，无从应对也无法改变，因此被无助感裹挟；二是灾难化的胡思乱想会使得人们过度关注自己，并对外界形势和情境对自身影响变得极度敏感。在心理韧性的视角上，同样经受不利事件，但并不是所有的人都会感到焦虑和抑郁。在个人遭遇不利事件后，ABC 模型的自助练习可以帮助我们有效地阻断悲观式反刍，避免"灾难化"。

### 5.2.2 心与心的交流

在日常工作与生活中，当遭遇了挫折或困难，我们是如何进行自我对话的？积极的自我对话是从认知维度调整个体心理韧性的有益行为，是能驱动个体积极思考和行动的内心声音。首先我们要了解两种自我对话的概念，平时多留意我们对自己说了什么，并且识别出它们是消极的还是积极的，有帮助的还是没帮助的。

示例：

| 消极的自我对话 | 积极的自我对话 |
|---|---|
| • 个体以一种无益和伤害的方式对自己说话。<br>• 我们通常称这种方式为"内心批评者"。<br>• 这种消极的自我对话会打击你的信心，叫你放弃，让你感觉到被指责、羞辱和失败。 | • 像对你爱和关心的人那样对自己说话。<br>• 我们通常称这种方式为"内心引导者"。<br>• 这种积极的自我对话会鼓励和支持你不断努力尝试，让你变得充满自信和具备效能感。 |

"内心批评者"与"内心引导者"通常会对我们的思维、情绪与行动产生不同的影响，根据图 5-1"内心批评者"与"内心引导者"的行为策略对比，来看看不同的自我对话所导致的不同行为策略。

当我们能够辨识出不同的内心对话后，接下来让我们试着重新构建内部自我对话。可以参考图 5-2 从"内心批评者"到"内心引导者"的转变来学习挑战自己的消极观念，进而让消极的自我对话变成积极的自我对话。

试着将有可能的"内心批评者"转化为"内心引导者"，请组间互相交流，你运用了哪些有助于拓展"更多可能性的""资源取向"的内部对话来为自己提供支持。

图 5-1　"内心批评者"与"内心引导者"的行为策略对比

图 5-2　从"内心批评者"到"内心引导者"的转变

### 5.2.3　心理技能实践——拆掉焦虑的"炸弹"

焦虑拆弹正是要在不利事件发生后，及时进行心理"止损"，损失的源头就是人们的观念和想法。我们可以运用表 5-2"焦虑拆弹表"来对焦虑事件进行拆解和梳理，增强心理韧性的建设。

表 5-2　焦虑拆弹表

| 厘清问题 | 拆弹 | 反思 | | 具体的行动方案 |
|---|---|---|---|---|
| 触发焦虑的客观事件：＿＿＿＿＿＿＿＿＿＿＿＿＿＿＿＿＿＿＿＿ | 我担心会发生什么：＿＿＿＿＿＿＿＿ | 不可控、过虑的部分：＿＿＿＿＿＿＿＿ | 可控、暂时没做的部分：＿＿＿＿＿＿＿＿ | 方案1： |
| | 最糟糕的结果是什么：＿＿＿＿＿＿＿＿ | | | 方案2： |
| | 如果最坏的结果发生了，对我现阶段会有什么影响：＿＿ | 值得强化的积极资源：＿＿＿＿＿＿＿＿ | | 方案3： |
| | 如果最坏的结果发生了，对我未来会有什么影响：＿＿＿ | 值得肯定的积极自我对话：＿＿＿＿ | | 方案4： |

填写注意事项如下。

（1）拆弹表中的第一列需要写下导致我们产生焦虑的客观事实，仅记录下发生了什么即可，不需要对客观发生的事实做出任何评价。客观记录事件是为了在头脑中建立起事实和想象之间的空间距离。很多时候，我们会下意识地把自己的想象等同于事实，而且这个过程往往是在没有觉察的情况下，沿着我们的惯有思维模式进行的。

如果工作和生活中突发不利状况，我们需要第一时间提醒自己：把想象和事实分开。

（2）在拆弹表中最为关键的训练聚焦点便是第二列——"拆弹"。"拆弹"实际上就是我们对自动化想法的分解过程。在这里，我们将引发焦虑的想法或者观念比喻为炸弹引爆装置。因此在这个环节，我们的填写速度一定要放慢，要认真地"看到"并厘清我们纠结的问题。拆弹环节的四个问题对应的是焦虑的定义——对未来不可控或不可预测事件的担忧或恐惧。因此，拆弹的第一层"我担心会发生什么"是在帮助我们思考哪些未来发生的事情是不可预测的。拆弹的第二层"最糟糕的结果是什么"是在帮助我们思考哪些可能发生的事情是不可掌控的。焦虑最主要的反应是对恐惧的预期，因此拆弹的第三层和第四层"如果最坏的事情发生了,对我现阶段和未来会有什么影响"是在帮助我们寻找掌控感的思考路径。

(3)完成了拆弹梳理之后,我们要去拆解自己的焦虑,哪些是自己不可控却过虑的事情,哪些是自己可控却没做的。比如说有的人担心旅客的不满情绪,从而回避与所有旅客的正面沟通,这就是过虑的表现,自己更为可控的是把手头的工作做好,同时以掌握的心理技能积极应对。

(4)为了能够更好地将事实和想象分离,我们可以在剥离每一层拆弹问题时,提出认为合理且可行的解决方案,并对每一个方案的利弊进行短期和长期的分析,从而甄选出最佳方案,并进行后期的执行评估。

(5)在拆弹表中,我们特别加入了"值得强化的积极资源"部分,即在回顾整个焦虑事件过程中,有哪些对自身或者他人有帮助的积极资源是日后值得强化的——比如向有经验的师傅请教获得了宝贵的指导、使用心理学技能调整了呼吸节律等。在"值得肯定的积极自我对话"中,我们也鼓励民航服务人员积极肯定自我为应对焦虑所做出的任何努力,比如"只要改变一下策略,我可以办到""我能够想出办法解决这个问题""这些困难即使现在看起来难,但再过几年都是小情况,我可以应对"等。

# 项目6  发展心理资本

⊙ 项目目标

1. 认知积极情绪的内涵及意义。
2. 通过培育乐观、希望、幸福等心理资本，发展心理韧性。
3. 学会觉察困境中自身的情绪与需求，应用关怀的技能。
4. 从自我与关系维度建立心理韧性支持系统。

## 任务 6.1  培育积极情感

针对乐观、希望、幸福感的心理品质来源于积极心理学的一个重要研究内容——积极情感体验。在民航运输事业蓬勃发展的今日，民航服务工作的情境与工作内容已有了其既定的程序与范式，民航工作人员的压力源也是复杂而动态的，心理韧性作为一个重要的保护性因素，是使民航服务人员能够更好应对压力、突发情境，减少职业倦怠的心理胜任力，其中乐观、希望与幸福感的品质更被证实是实现优质服务质量和个体心理健康的重要指标。

在接下来的课程中，我们将介绍发展心理资本的几种途径，比如追寻乐观、希望、幸福感的意义；学习建立积极关系，为自身的韧性构建人际支持系统，梳理生命的意义等，来深入发展民航服务人员的心理韧性，以使其能够积极适应工作场所的压力源、减轻负性心理与情绪疲劳，提升其在民航服务工作中的投入感、意义感与参与度，增强其对压力情境的应对能力与复原能力。

### 6.1.1  心理知识建构

**1. 民航服务人员的心理资本**

心理资本（psychological capital）这一概念由 Luthans 在 2002 年提出。有趣的是其组成成分英文中的首字母缩写恰好是 HERO（英雄），也就是 Hope（希望）、Efficacy（自我效能感）、Resilience（心理韧性）、Optimism（乐观）。除了以上几种积极的心理状态，个体的主观幸福感、情绪智力等也被认为是心理资本的重要组成。这些积极的心态很大程度上决定了个体如何去应对压力、焦虑以及应对生活中的挫折和失败，心理资本也很大程度上影响民航服务人员的心理健康以及工作绩效。不同于人格气质很难改变，心理资本却是可以培养的。

1）希望

希望既包括认知成分，也包括情绪成分。斯塔茨等人认为，希望是一种情感性认知。从情感的角度说，希望是被个体预想的积极情感与消极情感之间的差异所左右，即预想中的积极情感大于消极情感时，个体产生希望，差异越大，希望越大；预想中的积极情感等于消极情感时，不产生希望；预想中的积极情感小于消极情感时，则产生与希望相反的情感——失望。

从认知的角度来看，希望是个体的预期与预期背后隐藏的愿望之间的联系，是建立在认知基础上的，即个体对预期中的成就与其获得成就的愿望强度之间的关系产生一定的认知，伴随着这种认知产生的一种调节力量就是希望。目标对个体必须是有意义的，才能促使个体产生希望，目标在实现的过程中既要有一定难度，又要有实现的可能性。

乐观与希望虽然只是针对将来的积极体验，但乐观与希望与针对现在和过去的那些积极体验依然有着密切的关系。

2）自我效能感

自我效能感是指个体对自己是否有能力完成某一行为所进行的推测与判断。最早由心理学家班杜拉于1977年提出，班杜拉对自我效能感的定义是指"人们对自身能否利用所拥有的技能去完成某项工作行为的自信程度"。班杜拉认为除了结果期望外，还有一种效能期望。结果期望指的是人对自己某种行为会导致某一结果的推测。如果人预测到某一特定行为将会导致特定的结果，那么这一行为就可能被激活和被选择。即个体对自己实施某种具体行为或产生一定结果所需行为的能力预期，知觉到的效能预期影响着个体的目标选择、努力程度等。在面对充满挑战的工作时，有信心（自我效能）并能付出必要的努力来获得成功的能力。

班杜拉曾言："人必须要有一种自我效能感，才能应对人生中不可避免的阻碍和不公，走向成功。"自我效能越高，也就是个体认为自己做好某方面工作的可能性越大，越会努力积极地做这件事。

3）乐观

乐观是个体对自己的外显行为和周围所存在的客观事物产生的一种积极体验。中国文化中的乐观包括个人对人生积极向上的期望，能够悦纳现实生活的豁达，即使面临困境也能坦然面对。同时，乐观是针对将来的积极情感体验。当一个人把某种社会性的未来或物质性的未来期望视为社会上需要的、对他有利的或能为他带来快乐的，那么与这种期望相关联的心境或态度就是乐观。

乐观解释风格是指将坏事归因于外部的、不稳定的、具体的原因，将好事归因于内部的、稳定的、普遍的原因。与乐观解释风格相对应的是悲观解释风格，是指将好事归因于外部的、不稳定的、具体的原因，将坏事归因于内部的、稳定的、普遍的原因。

4）幸福感

主观幸福感主要是指人们对其生活质量所做的情感性和认知性的整体评价。在这种意义上，决定人们是否幸福的并不是实际发生了什么，关键是人们对所发生的事情在情绪上作出何种解释，在认知上进行怎样的加工。个体根据自身内在社会标准对其生活质量的综合性、整体性评价，及所引起的由积极情感主导的复杂心理状态即主观幸福感。

它是一种主观的、整体的概念，同时也是一个相对稳定的值，是评估相当长一段时期的情感反应和生活满意度。

关于幸福的含义，各个学科领域的学者都有自己独到的见解。积极心理学家迪纳认为："主观幸福感专指评价者根据自定的标准对其生活质量的整体性评估。"根据这个定义，主观幸福感应该具有以下特点。

（1）主观性，即评价者评价幸福与否的标准是自定的，而非他人的客观标准。

（2）稳定性，主观幸福感测查的是个体长期的情感反应和生活满意度。

（3）整体性，这一术语综合评价对情感反应的评估和认知判断。

5）感恩

感恩与仁慈、慷慨、礼物、给予和接受之美等有关。感恩是一种感谢的特质或状态；收到对方善心的一种温暖的感觉，并愿意做一些回报。由这些定义可知，感恩是一种美德，是促使社会更加美好的元素之一，而且发生在特殊情境之下，涵盖情绪、行为倾向两个层面，也是培育心理韧性的良好途径之一。

在学会分析与深度挖掘类似的正性体验之后，我们要积极强化（有意识地重复去做）或与他人分享这种积极、美好的感受，对自己所拥有的一切心怀感恩，并善于发现日复一日的工作中细小、闪光的部分。经过长期的"资源取向"的练习，我们的"美好能量池"也会越积蓄越富足，心理韧性在此期间会不断得到提升，看待事物的目光也会变得越来越积极，注意资源的分配会使得我们主动去关注类似的好事，慢慢地从"寻找美好"到"创造美好"。当我们在内心贮备了足够多的积极美好体验在工作与生活中，也就更有能力去创造积极美好的体验。当我们聚焦积极面的时候，就更接近幸福与希望。

**2. 提升主观幸福感的策略**

主观幸福感是了解个人生活满意度的重要依据，也是调节个体心理韧性的一个重要手段。在诸多影响主观幸福感的因素中，内因是最为重要也是起根本作用的因素。

此外，家庭、亲友对个体的影响是持续的，一个具有良好的社会支持系统的人能够从容面对生活中的困难，敢于以积极的方式应对挑战。民航服务人员要学会处理生活中同他人的关系，学会建立起自己的社会支持系统。同时，丰富多彩的生活、长期而有规律的体育锻炼以及适度的休息和娱乐，不仅可以给民航服务人员提供更多的锻炼机会，同时可以让他们在活动中深化感受，增加幸福体验。表 6-1 是积极心理学家所总结的一系列可以提高主观幸福感的策略。

表 6-1　个体提升主观幸福感的策略

| | |
|---|---|
| 人际关系 | • 与和自己相似的，能够友好、清晰沟通的，相互宽容谅解的人结婚<br>• 与大家庭保持来往<br>• 和少数人保持亲密的友谊<br>• 与熟人合作 |
| 环境 | • 人身安全、经济有保障、让自己和家人生活舒适<br>• 定期享受宜人的气候<br>• 住在风景优美的地方<br>• 住在有悦人的音乐和艺术的地方 |

续表

| 身体状况 | •维持良好的健康<br>•定期参加体育锻炼 |
| --- | --- |
| 生产力 | •在富有挑战性的任务中运用本身有内在乐趣的技能<br>•在有趣和有挑战性的工作中获得成功和证明<br>•为内在一致的系列目标努力工作 |
| 休闲 | •适度饮食、营养充足<br>•休息、放松、适度休假<br>•与一群朋友参加合作性的休闲活动，如音乐、舞蹈、身体锻炼 |
| 习惯化 | 对于想通过追逐物质满足而额外增进幸福的愿望，要承认对以前能够带来幸福的物质商品及状态的习惯化是不可避免的 |
| 积极处理痛苦情绪 | •面对抑郁，可以适当回避痛苦的情境。把注意力集中到这个情境中不痛苦的方面。质疑那些悲观主义和完美主义的想法。让自己活跃起来，寻求支持<br>•面对焦虑，可以质疑那些源于恐惧的想法，通过进入威胁性的情境来锻炼自己的勇气，用积极应对的方式来减少焦虑 |

在主观幸福感的维系上，累积幸福素养也是非常重要的一环。幸福素养是指有意用于维持或改善自身或他人幸福感的词汇、知识和语言能力。幸福素养涉及人们在日常生活中使用语言的方式及原因，以及如何利用语言为自己或他人创造幸福感体验。幸福素养包括幸福知识、幸福感知、幸福表达、语境融入、幸福意向五个核心要素，幸福素养是个体产生幸福感体验的中介或调解者，即幸福素养越高，个体就有越多的选择将内部外部环境中的幸福机遇"转化"为显著的幸福感体验。

### 6.1.2　心与心的交流

每个人在现实生活中，对自己的生活质量都有满意与否或满意程度高低的不同评价，这些不同的评价与个人对自己生活质量的期望值有关，因此，它是由需要包括动机、欲望、兴趣、认知、情感等心理因素与外部诱因交互作用而形成的一种复杂的、多层次的心理状态。

请根据表6-2积极心理学家迪纳所编制的生活满意度问卷，测试自身的生活满意度，并作出交流。

表 6-2　生活满意度问卷

指导语：

你可以对下列5个论述做出同意或不同意的反应，用7点量表示你同意或不同意的程度，请在你最适合的情况上打一个圈。请一定要做出真实的回答。

| 非常不同意 | 不同意 | 有点不同意 | 既不同意也同意 | 有点同意 | 同意 | 非常同意 |
| --- | --- | --- | --- | --- | --- | --- |
| 1 | 2 | 3 | 4 | 5 | 6 | 7 |

续表

| 题号 | 题　　目 | 选　　项 |
|------|---------|---------|
| 1 | 我生活的大多数方面比较接近我的理想 | 1 2 3 4 5 6 7 |
| 2 | 我的生活条件是优良的 | 1 2 3 4 5 6 7 |
| 3 | 我对我的生活是满意的 | 1 2 3 4 5 6 7 |
| 4 | 迄今为止，我在生活中已经得到了我想要的重要东西 | 1 2 3 4 5 6 7 |
| 5 | 假如生活可以重新再过一次，我还是不想改变任何东西 | 1 2 3 4 5 6 7 |

注：计分方法为选1就是1分、选2就是2分，依此类推，把每一项得分加起来就是总分。从过去测试的情况来看，大部分人的得分在21～25分。

### 6.1.3　心理技能实践——实践生命中的"感恩"

除了利用 ABC 模型疏导自身面对不利事件所带来的负面情绪外，我们也可以在认知调整中为自己增加对于"幸福与意义感"的积极体验。"三个感恩时刻"是认知疗法中非常有效的练习，我们可以在工作之余或者平凡的一天结束前，花点时间思考这一天有哪些好事的发生让自己感受到了幸福与意义感，并梳理出其中哪些事情是值得我们感恩的。这个练习我们可以经常在睡前进行，练习将注意资源保持在生活中积极、温暖的幸福时刻上，发展"资源取向"的视角，从而找到维持心理韧性的支援系统。接下来，请填写表 6-3，梳理生命中的感恩时刻。

表 6-3　三个感恩时刻

| 日期 | 感恩时刻 | 感恩的缘由 |
|------|---------|-----------|
| ＿＿＿年 ＿＿＿月 ＿＿＿日 | 1. 这件好事为什么会发生<br>2. 你最想感谢的是<br>3. 如何让这样的好事在未来更多地发生 | |
| | 感恩时刻一： | |
| | 感恩时刻二： | |
| | 感恩时刻三： | |

记录三件有意义的事情，比如，今天读了一本好书很有收获。

有意义的事：

_____

_____

_____

_____

记录三件值得开心的事情，比如，今天喝到了好喝的抹茶拿铁。

值得开心的事：

_____

_____

_____

_____

记录三件值得感恩的事情，比如，今天看到的晚霞格外美。

值得感恩的事：

_____

_____

_____

_____

　　这些事情可以很小，但是可以帮助你有意识地从积极的角度发现生活中的美好。你也可以养成习惯，用发现美好的眼睛去观察生活、体验人生，改善情绪。

**小贴士**

　　积极心理学的研究中发现，培养感恩的习惯可以大大提高人的幸福感和愉悦感。写感恩日记是正念的一种形式。它可以鼓励你活在当下并充分意识到生活中的美好事物。除此之外，感恩可以降低压力，让我们感到平静，吸引更多积极的事情到生活中。并且感恩还可以帮助我们关注已经拥有的东西而不是关注在所缺乏的东西上。当感恩日记变成一种生活的习惯，会增加我们生活中的成就感、满足感和幸福感。

当我们学会不断地将自己的积极体验与带来这种体验的环境关联起来，并且能够解释环境、事件或互动和我们感受到的正性结果之间的因果关系的时候，才能最大限度地增强幸福感并提升感恩的经验，有效寻找到能够支撑心理韧性发展的优质"土壤"。

任务 6.2　整合抗逆资源

心理韧性是帮助个体积极应对心理困扰、心理危机的重要心理品质，是帮助个体尽快从挫折、困难和挑战中恢复并进行积极调整的能力。在民航服务人员积极调整自身状态的同时，我们应了解心理韧性的保护因素除了自身的努力外，还有家庭、学校、单位、组织、社区和同伴支持，这些"关系资源"都是个体心理韧性在系统中的保护因素。民航服务人员应有效建立积极关系的网络，在困境中积极寻求同伴的理解、接纳、支持与帮助，增强人际间的互动与联结，以更坚韧的关系去塑造更坚韧的心理支援系统。

### 6.2.1　心理知识建构

**1. 家庭复原力**

家庭复原力是指家庭应对危机的能力以及家庭解决问题、动员资源的潜能。作为家庭成员，我们要有意识地构建及维护家庭保护因素，如增强情绪理解的知识技能、采取有效的沟通交流方式，包容家庭成员之间的人格差异，增加温暖愉快的亲子互动等方式，通过开发家庭凝聚与家庭作为坚强后盾的力量，从而更好地提升家庭系统纾解压力、舒缓不良情绪、积极应对困难与挑战的家庭抗逆力。

**2. 依恋视角下的复原力**

科学研究发现，童年经历，特别是与幼年时期的主要养育者互动相处的经历，会影响我们一生中与他人交往时的反应与感受，特别是会影响当我们应对压力和从压力中恢复的过程。我们在第一单元已经初步了解了依恋理论，现在，让我们透过依恋类型来分析不同的情感交流模式和关系策略，这些从婴幼儿时期开始逐渐塑造的"编码"，隐藏在我们大脑的程序记忆中。我们是怎样学习耐受压力的呢？一开始，当我们的主要照料者能够在压力情境中调节自身，并且有能力应对与调整其照料对象的生理与心理状态时——这也意味着，调控能力良好的父母能够有效调整婴儿的应激唤醒水平，他们能够在应激唤醒水平过高时，使其平静下来；或者在应激唤醒水平过低时，让其获得刺激。在这个过程中，婴儿学会了如何调整自己的压力耐受，这也是人类在关系中塑造心理韧性的原型，我们可以通过表 6-4 来详细了解不同的依恋类型与其特有的压力应对模式。

表 6-4　依恋类型与压力应对模式

| 依恋类型 | 早期互动模式 | 习惯的压力应对模式 | 面对压力的关系模式 |
|---|---|---|---|
| 安全型依恋 | "足够好"的父母能够在消极与积极的情绪之间进行平稳地过渡，进行情感调谐的回应 | 能够较有效地调节应激唤醒、身体感觉、情绪与冲动，能够忍受自己与他人的高度应激状态 | ① 积极参与社会互动。<br>② 有效调节自身迷走神经制动。<br>③ 能够从应激反应中完全恢复并保持灵活性与韧性 |
| 回避型依恋 | 缺乏生理及情感回应的"冰箱父母"，无法满足被依恋的需求 | 表面较易采用"抑制激活策略"，内心却处于应激的高度唤醒状态 | ① 倾向于强迫性的自我依赖"我可以照顾好自己"。<br>② 退缩、疏远、僵硬。<br>③ 放弃或低估人际关系作为支持性资源的价值 |
| 焦虑－矛盾型依恋 | "无法预期"的父母，仅响应其自身需求，在自身应激时通过压力传染过度唤醒婴儿；抑或是在自身沮丧时无法有效互动 | 易采用"过度激活策略"交感神经系统可能处于长期的应激唤醒状态，同时难以实现腹侧副交感神经系统的恢复。习惯性地应激 | ① 矛盾、焦虑、敏感、易怒或无法被安慰。<br>② 当感知到事件无法预知或无法控制时，倾向于夸大威胁。<br>③ 忽视自己真正的生理和情感需求。<br>④ 紧张而复杂的人际关系。<br>⑤ 有较多"战或逃"反应 |
| 混乱型依恋 | 疏忽、抑郁、虐待或照料者自身受过严重创伤而无法照料，极少会有互动式修复 | 由于接近和远离都不安全，行为很可能自相矛盾，易产生他人完全无法帮其协调的应激水平与需求 | ① 可能寻求亲近，但很快退缩或僵硬。<br>② 迷走神经制动，免疫系统和压力激素系统失调。<br>③ 在感知与调整自身内在状态方面是最无能的 |

**3. 支持性的人际关系**

正念觉察、自我关怀、健康规律的饮食、充足的睡眠、适当的体育锻炼都可以帮助我们增强心理韧性，减少非稳态负荷，当我们能够做到以上这些，在自我调控的维度已经建立起强大的心理复原系统。现在，让我们将目光投向人际关系的视角，来看看积极的、支持性的人际关系将为我们提供怎样的内在与外在资源，可以让我们灵活地应对压力并在之后得到恢复。

对于个人韧性的提升，建立高度信任的支持性关系同样是不可或缺的一部分。换言之，只有在关系中持续强化信任联结，才可能积累更多的积极体验。当不利事件发生时，这样的信任关系和能够信任的对象才能带给你持续的支持，共度危机。这样的情感联结，可以是亲情、友情和爱情，也可以是工作中的同事、合作伙伴、上下级或者师徒关系。

1）"利他"对复原力的助益

心理学家阿德勒指出，人类最伟大的共同点是，人们对价值的评判最终建立在相互帮助和相互合作的基础上。人们需要通过与他人的合作、关爱他人、为超越自我所存在的更大的社会群体解决问题，才能得以实现和增长自身的价值。最新的研究也同样表明，试图让别人快乐比试图让自己快乐更能让我们快乐。这是因为帮助别人的过程强化了我们与他人之间的连接需求，从而增强自身的幸福感，即使我们帮助的是陌生人，这样的效应同样存在。

2）社会复原力

在进化史上，人类的胜出离不开集体的能力，也就是社会的能力。人类在个体的身体条件上有很大的劣势，但是优势在于"推理、计划与合作能力，人类的生存取决于集体能力，即与其他人一起追求某一个目标的能力，而不是依赖于个人的力量"。在漫长的进化过程中，人类不可避免地遭受着各种各样不幸的打击，群体层面的凝聚力和韧性对于人类的生存具有重要作用。社会复原力将不同的个体连接在一起，让宏大的群体目标超越了一个个孤立的个人，使整个群体团结起来共同面对各种生存挑战。

3）组织复原力

积极的人际关系能够提升整个团队的幸福感与表现。研究发现，具有乐观文化的团队在表现不佳的境况下复原力更强，这说明当组织提倡乐观文化时，其团队更具韧性。在组织复原力的建设上，第一个是组织内每个个体拥有复原的能力和技巧，这些能力可以帮助个人和组织适应环境变化；第二个是个体在组织内拥有积极的体验，包括人岗匹配、战略同频、个人目标与组织目标的相对协同、和组织一起成长、可预见的发展空间和前景等；第三个是个体在组织内拥有相互信任、相互支持的人际关系。

4. 付出与接受关怀

关怀按照强度一共分为五种体验形式，分别是被接纳、被看见、被欣赏、被喜欢、被爱。其中每一种体验形式都是一次可以让我们感受到关怀的机会。随着时间的推移、重复及内化，这些体验可以帮助我们逐步建立起安全的依恋关系。

在民航服务的过程中，我们有许多机会去付出与接受关怀。我们也都喜欢和某个有趣、友善、懂得感恩、富有同情心、有礼貌、充满爱的人相处。当一次积极的体验连接着另一次积极的体验，一个温暖的笑容被另一个温暖的笑容所回应，一个可以感觉到价值感、被喜欢和被爱的核心就会在你心理内部形成，为真正自信的自我打下坚实的基础。我们将在下一学习模块系统学习如何在民航服务工作中应用心理学技能付出关怀与表达爱。

### 6.2.2　心与心的交流

民航服务人员工作任务繁重，情绪起伏较大，加上频繁的情绪劳动，比较容易受到焦虑、抑郁等情绪困扰。自我关怀是近年来积极心理学的热点，指在痛苦或困难时刻以友善、理解和关怀对待自己，由善待自我、共通人性、正念三个维度构成。研究显示，个体自我关怀水平与其抑郁情绪水平呈负相关关系，自我关怀干预训练可以提高个体的自我关怀水平。

接下来我们将以"自我关怀"为技能练习主题，通过训练民航服务人员对自我的关照，感受自我关怀的力量，树立自我关怀的意识，分享与交流自我关怀的多种方式，从而挖掘自身内在的抗逆资源，增强成长所需的心理韧性，更好地应对工作中的压力。

**1. 自我关怀实践的第一步：共通人性**

当我们遭遇困境或者挫折的时候，往往会把"我"放得过大，即执着于自身的不良经历与负性感受中。自我关怀的第一步，就是意识到"每个人都有困境"，在不同的生命阶段、不同的工作岗位、不同的成长道路上，都可能会遇到困境、挫折与磨难。当我们正因此而感到困惑、沮丧或受挫时，不妨用"内心引导者"的自我对话观照自己、安慰自己——"这是每个人都可能遇到的，我会有途径、有能力去成长，我可以做到"。

**2. 自我关怀实践的第二步：善待自己**

现在让我们来回想一下，是否有哪些时刻，当我们感到疲劳、困顿、痛苦时，我们做了那么一件事，又重新感受到了活力、希望与联结？这件"最重要的小事"也许是喝一杯热咖啡、洗一个热水澡、安静地听听音乐、关掉手机好好睡一个整觉、和友爱的朋友聚会谈心……是的，我们是最了解自己、最能够感受自身状态的人，当面临挫折与困境时，试着先不要对抗，而是用自我关怀的方式好好善待自己，修复自己，与自己和解。当我们的心理能量再次被充满电量，自会找到解决问题的途径与方法。

接下来，请大家自主设计"自我关怀"小卡片，可以写上"我最喜欢的自我关怀语句"以及"我善待自己的几种方式"，然后尽情图画与实践，如图6-1所示。

图6-1 "自我关怀"小卡片

我们可以用如下语句："姓名："我看到了自己的努力，我一路走来不容易。""我知道我在用自己的方法坚持，这个方法我用了很多年，我是自己最忠实的记录者。""去沐浴阳光／听一场演唱会／户外爬爬山／安静地在这里待一会吧"等。在制作完成后，大家可以把关怀卡片放在随时随地能看到的地方，给自己充电、鼓舞，体会绵绵不断的自我关怀之力。

**3. 自我关怀实践的第三步：正念**

在前序课程中，我们已经系统地学习了正念的技能，在本课程"自我关怀的实践"中，可以继续熟练应用这项技能，使用正念的觉知实践自我关怀的第四步——清晰客观地评价困境与当下的自己。我们可以结合之前的正念练习，练习挫折耐受。

---

挫折耐受练习

☐ 找一个安静的地方，坐下来，进行正念呼吸，可以闭上眼睛配合播放冥想音乐。
☐ 在脑海中不带评判地描绘出那个"正在困境中的自己"，并描述在困境中发生了什么事？
☐ 在描绘的过程中，我们的身体是如何感觉的？哪一部分产生了不舒服的感受？
☐ 我此刻的情绪是怎样的？沮丧？焦虑？悲伤？
　　接下来，我们一起进入自我关怀的核心练习：
☐ 第一步：我承认这个画面就是令我感到挫败、痛苦的时刻，我接纳这份痛苦。
☐ 第二步：试着对自己说："痛苦和挫折是生活的一部分，我不是唯一一感到痛苦的人。"
☐ 第三步：拿出我们的自我关怀卡片，试着对自己说出自我关怀的语句"我真的很不容易，我会永远信任我自己。"
☐ 当我们通过以上方法感受到了力量和希望，就可以慢慢睁开眼睛。
☐ 记住当下的感觉，下一次，如果又面临了困境，就重复做一遍这个练习——对困境进行不带评判的描述、对自身的状态进行观察，并给予自己最温暖的关照和鼓励

---

### 6.2.3　心理技能实践——帮助他人恢复心理韧性

在人际互动中，我们可以从学习如何有效帮助他人恢复心理韧性来增加彼此的信任与付出关怀，以整合更多的抗逆资源，接下来让我们来具体实践。

具体情境，安慰因暴雪天气而持续加班应对的地勤人员王某。

**1. 倾听并接纳逆境反应**

根据表 6-5 心理韧性的维度以及反应来对其心理韧性做相应评估。

表 6-5　心理韧性的维度以及反应

| 维度 | 较低的心理韧性反应 | 较高的心理韧性反应 |
|---|---|---|
| 掌控感 | 我对此无能为力。<br>"情况太糟了，我根本无力应对。" | 我肯定能做些什么去应对。<br>"这个情况每年冬天都会有，我有经验和信心应对。" |
| 担当力 | 我不为结果担责。<br>"天气不好总是取消，我有什么办法。" | 我为结果负责任。<br>"在我这儿，旅客可以第一时间得到延误进展，天气总有好转的那一刻。" |
| 影响度 | 做不好，一切就都完了。<br>"今年的春节假期肯定泡汤了，我累到啥事都做不了。" | 情况不好，但不是灾难。<br>"希望不会影响春运，我们需要出台方案把旅客分流，应对大客流的航班延误。" |
| 持续性 | 我永远是一个失败者。<br>"每到冬天我压力就很大，为什么天气永远这么差，候机楼人永远那么多。" | 我会经历困境，失败只是暂时的。<br>"现在我们总结出应对方案尽快落实，情况会好的，到了春暖花开一定有更多好事发生。" |

若我们倾听到不良韧性反应，切记不要一味地指责和批判，这不会让情况变好，试试先接纳这种无力感，谈论真实感受，先增加人际支持才能有人际间的心理复原系统的建立。

我们可以试着这样去沟通："听起来你现在很无力，暴雪的极端天气让你感受到压力。每年这个时候是你们最不容易的时候，也需要花些时间才能不那么忙碌和疲劳。如果你有任何需要帮助的，我在这里，我愿意听你说说，我们一起来讨论还能怎么办。"

**2. 探索应担责任，鼓励对方重试掌控感并行动**

确定了对方有较低心理韧性的反应后，可以帮助其共同梳理"有能力应对"的部分，把注意力聚焦回"可掌控的"维度上，让其意识到担责解决的可行动性，并不是只有回避或放弃这单一选择。

试试应用如下思维整理的方式。

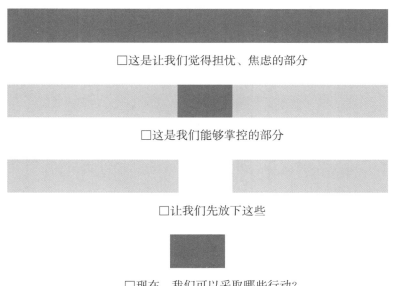

□这是让我们觉得担忧、焦虑的部分

□这是我们能够掌控的部分

□让我们先放下这些

□现在，我们可以采取哪些行动？

**3. 帮助其审视、质疑、摆脱困境中的消极部分**

在这一步中，我们将进一步解决"掌控感、影响度、持续性"的问题。

较低心理韧性的人员，往往会认为"自己无力应对困境"，"困境会带来灾难化的后果"，或者"困境会持续相对长的时间"。类似的消极思维会使其认为"做什么都没用"，而产生焦虑感、无力感或回避行为。在认清了焦虑之后我们仍旧有可以控制的部分时，就可以进一步探讨"事情其实没想象中那么糟""事情仍在掌控中，只需要放手一搏或采取一小步动作"的可能性。

为积极行动做好准备，我们可以思考以下几点。

（1）有什么证据表明事情已经陷入一发不可收拾的困境？

（2）暴雪的天气是每年都会遇到的极端天气，在往年，你有过和同事一起应对把糟糕的局面一点点变好的经历吗？当时你们是怎么做到的？

（3）有什么证据表明一次航班取消一定会影响所有航班甚至春运？

（4）在已经发生过的情况中，我们有过一直下暴雪直到春运的情况吗？如果没有，那么根据我们的经验，我们还能做些什么来有效应对？

**4. 重新采取行动，找回掌控感**

最后，我们将进一步具体讨论怎么采取行动。我们可以通过以下几个问题列出行动清单。

（1）我可以做些什么来获得对形势的一点点掌控感？

（2）我还能做些什么来限制这一逆境的影响范围？

（3）我可以做些什么来减少逆境持续的时间？

（4）我首先应该做什么？什么时候去做？哪怕只是采取第一个行动。

# 模块 4
# 应用非语言进行沟通

在民航服务工作中，民航服务人员与旅客之间的交往除了点对点的口语沟通、利用广播等形式以点到面的通知类沟通，更频繁的是彼此之间无处不在的非语言沟通。无论是整洁美观的民航制服、耐心细致的服务动作还是亲切温柔的专业态度，无一不从无声的角度带给旅客心理上更翔实的服务体验，可以说，民航服务人员的沟通能力是"无声胜有声"的。在本项目中，我们将从心理学的视角来认识"非语言沟通"的魅力，理解不同的肢体动作、空间距离、语音语调、表情眼神等带给个体的独特的心理感受，由表及里地理解他人的意图与心理状态；在实践项目中，我们将以具体的、丰富的心理实践活动来了解与体悟什么是"非语言沟通应用"，如何在民航服务工作中使用专业的身体姿势、情绪传递、行为动作去表达倾听、认同与理解，以促成更好的利他行为，更优质地展现民航服务人员的社会角色，更专业地塑造民航乘务人员的精神面貌与举止形象。

# 项目 7　理解言语之外

🔖 **项目目标**

1. 理解非语言的内涵。
2. 识记不同的面部表情所传递的情绪，应用于表情管理。
3. 根据不同的身体语言与副语言分析不同的心理状态。
4. 在服务过程中有意识地观察和调控自身的各项非语言表达，展现自然亲和的服务仪态。

## 任务 7.1　理解非语言沟通

让我们先回顾一下与旅客接触时的场景，是什么使得我们对彼此产生印象？初次打交道时，人们会利用一切可用的信息来形成对他人的印象，我们在之前的项目中提到，这其实是一个"对他人知觉"的心理过程。比如，人们会通过"社会角色"对民航工作人员的特质作出一定的预测——身为民航服务人员，外在形象应是专业齐整、面部表情柔和亲切，身体姿势则传达出耐心与善意，语音语调沉稳自然、语速适中而清晰。通常，人们会根据他人的外表及行为来推测他人的品质。以上这些维度已经让初次交往的人之间形成了非常具体的印象。无论你是否意识到，实际上大量沟通是通过非语言进行的。心理学教授 Albert Mehrabian 通过一系列研究得出的梅拉比安沟通模型，即人际沟通时信息的全部表达是由 7% 内容 +38% 声音 +55% 肢体语言构成的（可以简单记忆为 73855 原则）。具体来说，在人们进行交流的时候，55% 的信息是通过视觉传达（如手势、表情、外表、妆扮、肢体语言、仪态等），38% 的信息是通过听觉传达（如说话的语调、语气、语速、声音的抑扬顿挫等）。研究发现，在人际交往中，多达 93% 的信息是通过非语言方式传递的。比如，身体呈现何种姿势、脸上呈现何种表情、说话语速是激烈快速还是平和缓慢，站或坐的地方在哪里，甚至家庭成员之间彼此所坐的位置空间其实都传递了其家庭互动中一定的关系亲疏之分，所有这些要素传递的信息，都要比任何口头语言所传递的更有力。与口头语言 7% 的影响力相比，非语言要素相互叠加的分量要大得多。每次声调的变化，都体现出我们对与我们说话的人有什么感觉和想法。身体语言不仅能作为口语的补充，而且通常能主导我们的交流。

**心理现象思索**

在民航服务过程中，我们可能遇到来自世界各地的旅客，中国的民航发展越壮大，我们所要接触的服务群体就越多元化。在全世界如此多的语言中，有哪一种沟通方式是基本通用的呢？让我们想一想，当空中乘务员在客舱内做安全演示时，会如何引导旅客留意飞机上的应急出口所在位置？当地服人员需要为旅客办理行李托运服务，面对无法直接用语言沟通的外籍旅客，如何提示他们何时应将行李放上传输带？在本项目中，我们将目光聚焦在"非语言沟通"上，这是一种具有跨文化情境特质的沟通方式，这种沟通方式在语言还未萌发之前，就已存在于婴儿与其照料者的互动之中，这种沟通方式是最原始的、可信的，但也容易习惯成自然地被忽视。今天，就让我们聚焦在服务交往的不同维度，开启我们的非语言沟通之旅。

## 7.1.1 心理知识建构

### 1. 非语言沟通的内容

非语言沟通就是使用非语言符号（除语言以外）进行信息传递和交流的行为和过程。非语言沟通即字词之外的沟通，在民航服务情境中，由于服务的特殊性和一对多的群体特质，民航服务人员与旅客的客我交往有大部分都是非语言的。所有的行为都有沟通特质，特别是当处于具体的公众服务场合中，我们的一举一动都会被解读、都在传递某种信息，从而使旅客体验到服务的品质差异，是民航服务人员印象管理的重要途径，也反映和塑造了我们想为旅客提供怎样的服务——是亲和的还是冷漠的。

### 2. 民航服务中的非语言表现

非语言沟通既可能是无声的，如我们所熟知的姿势、动作、面部表情、体貌、目光接触、身体距离等，也可能是有声的，如字词之外的语速、音调、音量等。在此将民航服务人员非语言表现的具体内容通过表7-1举例如下，该表可供民航服务人员进行服务上岗前的自查。

表7-1　民航服务人员的非语言表现（自查表）

| 非语言的维度 | 具体内容 | 作　　用 |
| --- | --- | --- |
| 无声的非语言沟通 | 服饰与外形 | 专业整齐的民航制服与精致的发型妆容既能在人群中凸显服务人员表示其身份，也体现了经受过专业素养的训练 |
| | 身体姿势 | 符合民航服务工作的站姿、走姿、坐姿、引导手势等，体现庄重与规范 |
| | 面部表情 | 适当的面部表情管理，体现民航服务人员亲和、友好的精神风貌，在特殊情境下体现专业素养 |

| 非语言的维度 | 具体内容 | 作　用 |
|---|---|---|
| 无声的非语言沟通 | 目光接触 | 与旅客一对一沟通或进行群体沟通时大方、柔和、平等的目光接触，经过训练的视线投出与视线接受体现专业的心理素养 |
| | 身体距离 | 有礼有节的身体距离，在服务的专业情境下即体现社交规范，也能够展现亲善友好的专业形象 |
| 有声的非语言沟通 | 机场、客舱服务广播中的语音语调 | 训练有素、专业亲和的语音语调，从旅客的听觉认知进行优秀服务品质的形象塑造（反例为急躁、敷衍的语调） |
| | 与旅客近距离沟通时的语速、音量 | 体现不同的服务情境，如嘘寒问暖或通知应答，调整不同的语速音量往往给人如沐春风的温暖或不同心理距离的感受 |
| | 特殊情况下的语音语调和声音情绪传递 | 在一些较为特殊的服务情境中，如有旅客突发急症或应对冲突等，平静克制的语音语调体现了民航服务人员专业冷静的心理素养 |

**3. 民航服务中的专业技术姿势**

由少数专业人员做出的技术姿势是由少数专业人员制定并严格地在他们的特殊活动范围内使用的。由于使用的范围十分有限，它们在任何文化中都不能算作主要视觉交流领域的部分，属于专业领域范畴。民航从业人员往往需要掌握大量的具有特殊意义的专业技术姿势，如机场导航员、机务维修人员、飞行技术人员等互相交流时的技术姿势。当客舱乘务员透过舱门上的观察窗看到门外廊桥已靠好，地服人员给出大拇指朝上、其余四指握拳的姿势时，其含义为"外部情况已准备妥当"，而不是社交场合中的赞扬。客舱乘务员与安全保卫人员还需要学习专业的求生信号，用于飞机迫降至大海、沙漠、荒原等地时向来往的船只或搜救人员发出求救信号。

**4. 非语言的关键作用**

非语言行为在沟通中所表现出的真实性和可靠性要比语言强，特别是情感表达、态度显示等方面，非语言行为更能显示出它所独有的特性和作用。在大多数情况下，非语言符号所包含的信息都远超语言所能提供的信息。非语言通常具有如下功能。

1）辅助

当我们向旅客引导方向或指路的时候，除了语言上的"您往这边走"，通常还会辅以手势引导——五指并拢掌心朝上指向引导的具体方位。这是非语言的一个重要功能，世界各地的人们都善于使用手势或身体姿势来辅助自己讲话时的情感、重复表达相同的意思，这是人类与生俱来的辅助沟通方式。

2）补充

非语言信息会将此时此地的信息沟通补充完整，比如，让我们试着满带笑容地说一声"谢谢"，然后再试着面无表情地说一声"谢谢"。前一句的内容是否传达了更多的友善与感恩？这是由于我们使用了人类最擅长控制的肌肉组织——面部表情去补充自己话语的含义。即使我们内心充满感谢之情，倘若不通过非语言的补充说明，恐怕很难有人顺利接受面无表情说出的感谢。

3）替代

很多时候，特别是在社交场合中，我们会控制自己的语言，以符合人际交往情境，这个时候非语言通常会替代那些未曾说出口的话。比如，我们会用耸肩代替"我也不知道""我没办法"；用一声叹息代替"无奈""遗憾"的心情；用"怒目而视"表达"我很愤怒"等。非语言的替代作用是如此强烈，即使我们未曾说出口，沟通已经在发生了。

4）强调

非语言还有一个功能是强调，比如演讲时的辅助手势，强调说话者的预期与决心。在民航服务工作中，我们可以使用非语言来进行适当的规则管理和说明，但是在使用时要考虑到旅客的感受，比如"禁止"或"安静"等手势，只有在应急情况下才被允许使用，在日常服务交往中应考虑尽量使用使他人舒适和放松的非语言，以避免产生不必要的心理防御。

**5. 非语言的特征**

1）非语言具有持续性

我们总在不停地交流。无论我们采取什么身体姿势、面部表情如何、是否穿着制服，都在传递一些讯息。哪怕仅仅传递出回避或者沉默的讯息，也同样在交流——在这种情况下，我们其实是在传递冷漠。我们需要意识到的一个关键是——知道自己一涉足公众场合，特别是与旅客交流的工作场合，就会需要接受别人的"解读"。也许还未与旅客有真正语言上的交流前，你的行为举止、表情眼神，已经在传递你是否专业、是否热情。

2）理解非语言信息需要结合具体情境

所处背景（社交规则、文化意蕴以及群体预期）对于适用哪种身体语言以及哪些身体语言在特定场合不能使用，都有极大的影响。对于民航服务人员而言，旅客和公众都期待看到更为开放、成熟、优雅、且经受过专业训练的非语言表现，这也是民航服务人员会系统地学习礼仪动作、微笑训练等的原因。

3）不以单一信息解读非语言信息

随着学习的深入，我们将了解各种非语言交流的具体细节。首先要记得，不要根据单个的非语言信号"评判"他人，学习非语言是为了更好地理解他人，与他人交流，传递关怀与同理心，解读非语言信号也需要根据具体的情境。例如，用手捂嘴可能代表说谎或欺骗。初学者也许会说，"瞧，她用手捂嘴——她在说谎"。但是，她也许正在咀嚼食物，用手捂嘴是礼貌的表示。你要肯定地解读出表示同一种想法或情绪的好几个信号，然后才能大胆推断这一信号的"真实性"。

4）留意语言与非语言之间相互矛盾的信息

要想完全"听出"别人的真实信息，就必须对他们传递的语言和非语言信息进行综合比对，一边观察他们的身体语言，一边倾听说话的音调、语速、音色、音量以及节奏。人在真诚可信时，语言与非语言通常是彼此一致的。此时，他们的动作、表情和音调与口语吻合。这些人往往让人觉得值得信任，因为他们散发的所有信息都代表同一种含义。然而，当语言与非语言和语言不匹配时，就会出现矛盾，其信息就会变得"不统一"。不统一是判断非语言最有力的证据，因为它提醒我们注意观察对方的真实意图。

5）微表情的识别

有些体现强烈表情的"微表情"在脸上停留的时间不超过 1/4 秒，几乎是闪现的。我们企图掩盖的小动作或难以觉察的细微动作几乎不可能控制。同样，"微表情"也是真正的交流所在，只不过它们出现得太快，根本无法有意识地记录。表情专家要花好几个小时倒录像带，以便解读片中人物出现"微观表现"的特定时刻，从中推断他们的内心世界。

## 7.1.2  心与心的交流

如果我们想掩饰内心真实的感受，身体的上半部分更易保持静止，而下半部分却会将我们"出卖"。当想要尽快结束交谈时，我们可能微笑着点头，但是，倘若我们双脚的脚尖指向门口，那么身体语言就在说"我等不及要开溜"。我们将这种无意中暴露内心想法和情感的行为称为"泄漏表现"，也就是说，你的情绪和真实感受正在从身上"漏"出来。

语言与非语言的不一致现象——这些迹象最能说明问题，因为它们表示内心冲突、犹豫感等信息，在高语境的交流情境中往往是传递真实意图的重要方式，接下来我们将分组进行交流与演绎，以体验非语言传递信息的方式。

哈佛大学心理学家罗伯特·罗森塔尔按照非语言系统传递内心情感的更多信号列出如下几种非口头迹象。

（1）脸上和身上露出的短暂迹象。

（2）声音——声音比脸更容易暴露隐匿的情感。

（3）身体——倘若你知道自己做什么，身体就比较容易控制。

（4）脸部——最不容易"泄漏"真实情感的地方，因为脸部的肌肉最好控制。

请大家以 4～6 人为一组，在以下几种情境中选择一组情境，小组讨论交流并试用非语言的方式演绎如下情境。

情境一：时间到了。

小王在小陈家做客，时间近 9 点了，小陈感觉有些疲惫，请问如何用非语言的方式表达"时间晚了，我们下次再聊"的信息。

情境二：辅导作业。

陆先生在辅导孩子做作业，并就其中一个错误要求订正了很多遍孩子还是不会做。此时，孩子的心情是害怕又有些委屈的，请试试看演绎父子二人的非语言互动。

## 7.1.3  心理技能实践——服务情境中的眼神管理基础练习

视觉接触在民航服务情境中是服务人员与旅客之间传递友好和问候的重要方面，注视的类型主要有两种——移开目光和投出目光。它的重要应用与内涵主要有以下几个方面。

**1. 致意表示**

当初次与旅客会晤时，眼含笑意的视觉接触和点头致意往往代表着"欢迎""向您问候"的含义，此时视线投出的区域主要在对方眼睛和鼻子之间的三角地带，即双眼和鼻子三点构成的区域。此时的视觉接触往往先于语言问候之前。

**2. 应答——接受讯息**

旅客可能通过声音、手势等唤起民航服务人员的注意，此时及时回复目光接触并配合表示肯定的身体转向与身体姿势往往代表着应答——"我接收到您的讯息了，马上就来。"若是距离稍远的服务回应，视觉接触往往起到更快速的响应速度。

**3. 面向群体的扫视**

在空中乘务员面向整个客舱的巡视或者贵宾室等候机楼区域的服务人员进行服务区域巡视的服务过程中，面向群体的扫视往往需要根据服务所处的特定环境来达成，此时的目光接触信息语言为——"我在寻找确认是否有需要我提供服务帮助的情况"，此时投出目光与收回目光的时间相较于个别视觉接触会相对短暂，服务人员需留意配合温和的面部表情与优雅的服务仪态。

**4. 注重平视的视线投出角度**

在民航服务过程中，建议服务人员多采用平视的视线投出角度与旅客进行沟通。平视能给人以平等、尊重的心理感受，能够更好地展开与旅客的互动交流。若旅客是坐在座位上，而服务人员采取的是站立的状态，此时应注意避免使用俯视的视线投出开展服务工作，这样容易给人造成傲慢、压迫之感。若交流时的位置高度不一致，往往需要服务人员采取适当俯身或半蹲的身体姿势以方便投出平视的视线。在后续的特殊旅客沟通实训中，建议服务儿童旅客时应采取蹲下沟通的方式，也有投出平视视线的考虑。

**5. 专注倾听的视觉接触**

当民航服务人员与旅客进行一对一的个别沟通时，专注友好的视觉接触也是十分重要的，它表达了"我很认真在倾听您的话语"的内涵讯息。此时需要考虑的是，认真说话时，我们并不会始终保持视觉接触，研究发现有 70% 的时间会建立视觉联结，其余时间可能会向下俯视，整理思绪，然后向上看并拿定主意。视觉接触过程中若有中断，也可能是在告诉对方"请您继续说话，我在聆听"。在一般的交谈中，两人目光的短暂接触点是发生在这种听、讲角色的交换之际，这时两人注意力的变化情况会显露出来。民航服务人员应避免与旅客在一对一沟通时，长时间缺乏有效的视觉接触，这会引发退缩、冷漠的心理感受。

现在，请目视前方，眼神选定若干个聚焦点，逐一用目光追视。初始练习时可以先用食指在眼睛前方，目光聚焦于食指，缓慢移动食指进行追视。然后逐渐将目光移向更远的距离进行聚焦与移动，练习熟练后可以试着"眼含笑意"——微微眯着眼睛，伴随温和的笑容，练习温柔的视觉接触。练习时，留意下巴保持相对正的位置。不要翘下巴，这样会导致眼神显得傲慢。也不要低头，低头时目光容易低垂。眼神练习时应配合微笑。

### 🌿❀ 思考判断——视觉接触的小案例 ❀🌿

某次长途飞行之前，小明坐在拥挤的飞机上，但不想和人说话。突然，坐在旁边的女士很友好地问小明几点了。这时，小明的表现通常是以下几种情况。

（1）闭上眼睛，对她说不知道现在几点。

（2）看看表，再笑着看这位女士，告诉她现在几点；然后，当她打开话匣子时，仍与她保持视觉接触——不想给人留下无礼的印象。

（3）低头看表，告诉她时间。此时，小明与她眼神对视一下并快速收回目光，并且很快笑一笑。

## 任务 7.2　观察面部表情

人类学家埃克曼，以多个国家的研究为样本，经过对七种情绪（惊讶、恐惧、愤怒、悲伤、厌恶、喜悦、轻蔑）的面部表情加以判断，发现无论文化背景如何，这些表情体现的外在方式都是一致的。研究证实了与七种常见情绪（惊讶、恐惧、愤怒、悲伤、厌恶、喜悦和轻蔑）对应的脸部表现方式如同人类非语言数据库的公认程序：每次与人交往时，它们都能被镜射神经系统不费力地辨别出来。

接下来，我们将逐一呈现这些面部表情。看到每幅图片时，可以尽量模仿图片中的表情，看看你身上是否能体验到相应情绪。

### 7.2.1　心理知识建构

**1.“喜悦”**

喜悦可以从最受人类欢迎的表情——真诚微笑中看到，图7-1向我们展示了“喜悦”的面部表情。在由衷的喜悦情绪中，嘴角向两边上扬，嘴唇张开，牙龈会暴露得更多，眼睛变成半月形，鱼尾纹也会露出。鼻子两边会拉出一道清晰的折痕，从鼻子外沿一直延伸到嘴角。若在民航服务工作中呈现这种状态，会表达更多的接纳和友好——只是在专业情境中，笑容的程度会有所调整，嘴唇弧度更柔和，牙龈露出更少，只呈现部分上排牙齿。在这个表情管理中，我们应该注意眼部的调整，在真正的笑容中，眼部往往呈现更多的皱纹和变化。愉悦情绪所引发的笑容，会造成眼睑褶皱与嘴角上扬两个同步等幅的动作。若嘴唇是微笑的但眼部神情不一致，会出现“假笑”的面具表情状态。

注：以下表情均由上海民航职业技术学院毕业生孙嘉敏绘制。

图 7-1　“喜悦”的面部表情

以下是表示喜悦的一些面部信号：前额放松；眉毛外边稍向下拉；眼睛眯起；露出鱼尾纹；脸颊肌肉鼓出；下巴扬起；鼻子两边形成痕迹；嘴角向上扬起；双唇更加分离——上排牙齿露出。

2."愤怒"

愤怒是最原始的面部表情之一，愤怒的本质，常与进攻和取胜的欲望相连接，其动机主要为通过攻击来消除危险。人在发怒时眉毛会向下低垂，紧紧绞在一起，这使得眉心会形成一个"V"形或"川"字纹路。眼要么圆睁并一眨不眨地瞪着，要么变得非常窄，眯起来，下眼皮非常紧张，图7-2向我们展示了"愤怒"的面部表情。这是民航服务人员最应该意识到的面部表情之一，因为它通常意味着"挑衅""不配合"或"攻击"。在服务工作中，当我们发现自己的眉心呈现出紧张状态时，应及时意识到自身的愤怒情绪并及时作出心态调整。

图7-2　"愤怒"
的面部表情

以下是人在愤怒时最显著的脸部信号：双眉下压；眉心紧缩出现纹路；上下眼睑紧绷；视线强关注；鼻孔张开；嘴巴张开上唇提升或嘴部张开、咬紧牙关。

3."悲伤"

悲伤通常来自损失，悲伤的刺激源是"无力挽回的损失"。在典型的悲伤情绪中，人的面部呈现如下特征：下巴向下，眼皮低垂，面部整体向下——嘴角下沉，轻轻抖动。同时，眼轮匝肌和皱眉肌共同收缩，造成双眉下压，眉头间出现纵向皱纹，整个眉形趋平，在内侧1/3处，会呈现扭曲向上抬的眉形，图7-3向我们展示了"悲伤"的面部表情。当民航服务人员看到旅客呈现悲伤的面部表情，若情况允许，应主动提供问询和关切。

以下是悲伤表情最常见的一些标志：双眉下压，眉毛内侧1/3处至眉心向上；眼皮低垂；两边嘴角向下，有时口型近似梯形。

4."恐惧"

人在恐惧时眉毛会拉到一起，提升而扭曲的眉形，以及警觉的眼睛，是害怕的典型特征。上下眼皮变得非常紧张，瞳孔放大，眼球向外膨出，在虹膜上面和下面往往可看到眼白，图7-4向我们展示了"恐惧"的面部表情。与悲伤表情相似的地方在于，恐惧

图7-3　"悲伤"的
面部表情

图7-4　"恐惧"的
面部表情

时的眉头也会上扬，整体在内侧 1/3 处会扭曲向上。恐惧的微表情其实融合了惊讶与悲伤——通常是一开始，突然出现的刺激源让人产生惊讶的表情，在评估了刺激对象的威胁超过了自己的应对能力，无法通过愤怒的战斗来消除威胁时，恐惧便产生了。我们可以通过具体情境去判别，坏的结果发生了，会产生悲伤；没有发生之前，便是恐惧。恐惧会伴有战栗、皮肤紧缩等身体反应。

在意外发生时经常会看到恐惧的表情，作为专业的民航服务人员，应在紧急情况时调整自身的表情管理，若呈现出恐惧表情将会影响紧急情况处置的效率。比如飞机在空中意外发生释压，客舱氧气面罩脱落，此时客舱乘务员应尽快安抚客舱情绪，调整自身表情和语调，以更沉着冷静的姿态作出及时的专业指导。

以下是恐惧表情最常见的一些标志：双眉向中间皱紧；上睑提肌收缩，眼睑出现褶皱；下眼皮紧张；上唇提升，露出牙齿。

5. "惊讶"

刺激惊讶情绪的通常是个体所关心的意外变化，图 7-5 向我们展示了"惊讶"的面部表情。嘴轻微张开，之后眉毛上扬，双眼圆睁，很可能会呈现虹膜上缘和底部的眼白。嘴巴不自觉地张开会配合一次快速换气，所有这些动作都会出现得很快。倘若这是一次惊喜，我们的脸可能会变成笑脸，比如客舱乘务员在旅客的乘机信息中看到当天是旅客生日的信息，于是额外准备了蛋糕为其庆生；而如果是一次惊吓，那么接下来的表情就可能是恐惧。请注意，惊讶是最快速的面部表情之一，惊讶的表情是转瞬即逝的。如果个体有意识地持续呈现自己的惊讶给外界，通常是作为一种符合当时情境的反馈方式——告诉外界，我很惊讶。

惊讶时展示出的一些脸部信号：眉毛弯曲并扬起；眼球上部（有时在虹膜下）可见到眼白；上眼皮抬起；下眼皮基本不动；前额出现皱纹；嘴巴张开——嘴唇张开的宽度取决于惊奇程度。

6. "厌恶"

人在厌恶时的典型表情是面中部会皱起来，特别是鼻子中上部会往上往中间紧缩，就像刚刚闻到特殊的臭味一样。上唇往回收，嘴巴的外缘向下折，图 7-6 向我们展示了"厌恶"的面部表情，这种表达方式对镜射神经系统有重要影响。研究显示，无论觉得厌恶还是看到别人的厌恶表情，大脑的相应脑区会被激活。这是作为民航服务人员，最

图 7-5　"惊讶"的
面部表情

图 7-6　"厌恶"的
面部表情

应该避免的表情之一，即皱鼻子的面部表情，该面部表情容易引发交往中断与矛盾，也容易引发他人的误解。

以下是厌恶表情一些最鲜明的信号：前额一般处于放松状态；眉毛低垂；鼻子中上部会起皱；下唇绷紧；嘴唇向上翻后抬起，嘴巴微张。

**7."蔑视"**

蔑视与厌恶相似，但似乎不像厌恶那样体现出生理上的嫌恶，而是当人们觉得高人一等或者不认可别人的行为和做法时才能看到。蔑视可以与发怒、厌恶或开心混在一起，构成几种不同表情。保罗·埃克曼认为，蔑视是一种世界"通用"的面部表情，如图7-7所示。然而民航服务人员在工作中应避免出现类似表情，可以观察自己在日常生活中是否有无意识扬起下巴、视线向下、噘嘴或习惯抬起上唇的微表情，这将极大地影响服务质量，给人以不良感受。

图7-7 "蔑视"的
面部表情

表示蔑视的面部信号：鼻子中部向上皱起；上唇通常抬起以示讥讽；有时两片嘴唇向前使劲；嘴巴紧张、嘴角稍抬起。

---

**提　示**

在所有的人际交往情境中，几乎不会一次只看到一种面部表情，而多半会看到一组表情，即这些面部表情中的一种或两种与音调、手势等其他身体语言信号结合。除了上述提示的面部表情，还有一些诸如皱眉、翘下巴、翻出眼白、噘嘴等表情，在服务场合也应有意识地尽量避免。皱眉、噘嘴等表情易引发不认同的心理机制，翘下巴的动作显得傲慢无礼，缩下巴时，又容易显得渺小、柔弱，是对怜悯的无声请求。我们要谨记使下巴始终与地板平行，同时目光柔和，尽量直视前方。

---

民航服务人员需要有意识于自身的面部表情所呈现的心理状态，并适时根据服务情境作出调整。同时，积极的面部表情会赋予个体积极的心理暗示，同理，消极的面部表情也会对个体作出消极的心理暗示，甚至引起情绪反刍。为更好地应对工作与生活，我们可以经常作出轻松友好的面部表情以提示自身更具信心与胜任力。

### 7.2.2　心与心的交流

在民航服务过程中，民航服务人员需对自身的服务表情有一定的意识与管理，现在请根据以下训练步骤，练习基础的面部肌肉放松与控制，并进行同组交流与互相调整。

**1.基础肌肉放松训练**

按摩额部肌肉群，使之舒展。用四指按在眉毛上方，轻轻螺旋上升按揉直至发际线的位置，重复20次。

放松眼轮匝肌，微微用力用食指轮刮眼眶、上下眼眶各10次。

锻炼眼皮，按住额头不要让额肌发力，睁眼向上看两秒，闭眼两秒，重复10次。

**2.微笑瑜伽**

试着用上排牙齿咬住下唇，然后上唇发力，嘴角努力向两边上扬。这个动作会使你感到面部笑肌肉和上唇细微肌肉的颤动，请尽量睁大双眼，保持两分钟左右的时间。练习完这个较为夸张的表情后，自然微笑时会更放松，视觉接触时也会更有神。此外，也可将一支笔（前后一样粗细）咬在后槽牙，上下摆动头部。这个动作可以放松我们的颈阔肌，改善嘴角下垂。或将笔咬于前排门牙，将嘴角尽量向上提，记得让一同练习的组员和一起确认嘴角是否对称。最后，拿掉笔，练习自然放松的微笑。

### 7.2.3 心理技能实践——将表情管理与目视接触应用于服务情境

请结合温柔亲切的眼神与微笑，将之前练习的表情管理与视觉接触应用于民航服务具体场景。

场景一：头等舱旅客登机时的致意表现

冬日的某一天，头等舱旅客上机后，空中乘务员小 A 第一时间上前迎接并运用目光和微笑表示欢迎，结合引导手势将其引领至机上指定座位。

场景二：A320 机型普通舱内的客舱巡视

A320 机型为单通道窄体客机，试着运用面向群体的扫视来模拟练习客舱巡视，注意：左边和右边的每一排客舱座位上都有三位旅客。向每一排座位的旅客投出视线时，追视时间应相对平均，每一次视觉聚焦不可过快，以 2 ～ 3 秒一个座位为宜。

场景三：聆听旅客说话时，与其进行视觉接触

假设将与一位旅客进行一对一的沟通，这位旅客正向你表达内心的某种情绪，你可以找组内的一位对象进行该练习，试试怎样的目光接触可以使对方的回应也更加积极和肯定。

## 任务 7.3  观察身体姿势

从民航服务礼仪的视角来看，优雅端庄的身体姿势是民航服务人员进行致意、问候、服务交往的关键要素，我们也许已经学习过诸多属于民航服务领域的身体姿势。接下来，我们将更多地讨论身体姿势所表达的心理意义。

姿势就是向旁观者发出视觉信号的动作。一个动作要成为一种姿势，必须被其他人看到，必须传送了某种信息。做姿势最重要的并不是我们本意要传递何种信号，而是别人接收到的是怎样的信号。看到我们动作的旅客其实并不会在原发姿势和服务姿势之间作出严格区分，但他们能感受到这位服务人员是否训练有素、是否优雅得体、是否彬彬有礼。整体的身体姿势可能会提供给其他人某些有价值的线索，值得注意的是，每个人对自己身体姿态的端正程度、萎靡程度或者紧张程度未必能充分意识到。

我们将通过演绎、讨论并感受不同的身体姿势所蕴含的意义——当我们看到这样的身体姿势时，是否有效接受了做出该身体姿势的对象所发出的情绪信息？

### 7.3.1 心理知识建构

1. 理解身体的趋向——正面趋向与背面趋向

通常情况下，面朝他人意味着开放、欢迎的身体姿势；背朝他人则意味着回避、漠然、暂时不愿交流的意愿。在民航服务情境中，应注意尽量用身体的正面面向旅客，在

较窄的过道间两两交汇时，也应注意用身体正面朝向，并微微侧身让出过道，而不是立即背朝旅客并移开目光。

当我们能从心理的角度去分析一些基础的服务礼仪动作，那么，也可以将这种思维方式应用于观察他人的心理状态。比如，当我们看到一位父亲在同自己的孩子说话，这个孩子也许并没有用言语去表达任何内容来回应。但我们可以观察到这个孩子的身体越缩越小、慢慢地从正面朝向父亲，不自觉地朝另一个相反的方向转向，最后几乎都要将整个肩膀和脊背都转向了对方。如果再结合微微噘着嘴唇、眉心上扬等苦楚的表情，大致就可以判断——也许父亲是在斥责孩子，孩子的心情是委屈、难过的。如果这位父亲也能从解读身体语言的角度去理解孩子的情绪状态，那么他此时最应该做的，其实是立即停止训斥，看向孩子的眼睛并重新建立情感链接。

**2. 理解身体姿势的舒展与紧绷**

若我们需要发放服务满意度调查问卷，对象有两个：A 身体姿势放松、舒适，主动与你进行视觉接触并微笑的旅客；B 正采取双手抱臂姿势，双眉紧锁看着前方笔记本电脑的旅客。你会选择哪一位呢？通常情况下，我们会选择前者——舒展的身体姿势往往传递了一种开放、适应性高，且相对愉悦的心理状态；而紧绷、防御的身体姿势往往预示着，采取这种姿势的个体正沉浸在某个想法或念头中，也许正专心致志地思考，抑或是烦恼，此时，他多数并不愿意被打扰。这是身体姿势告诉我们的信息。

若把身体姿势的舒展与紧绷放到更广义的范畴来观察，会发现紧绷的身体姿势通常是与压力、愤怒等负面情绪有关的，比如当动物们预感到了危险正在临近或正准备发动攻击时。一只猫正弓着身子、露出牙齿，全身的毛都竖立着，这是典型的愤怒情绪表达。同样，一只小狗正俯仰躺在阳光中，全身放松而且露出了柔软的肚子，那么此时，它多数是在信任的人身边，这是愉悦欢快的情绪表达。

**3. 理解身体姿势的空间关系距离**

作为民航服务人员，既可以通过不同的空间距离来理解旅客与旅客之间的互动与他们相互之间的关系，也可以使用有效的空间距离来调整服务的品质，体现尊重、亲和的服务态度。

1）公共距离：4～8 米

公共距离是人们在公共场合所保持的物理距离，也体现了事务性、公共场合陌生人的心理距离。在民航工作环境中，这个距离并不常见于服务情景，通常只是民航服务人员与旅客的远距离目视觉知，如一组仪表整齐的机组人员拖着飞行箱走过候机楼，旅客通过其具有特征的制服来判断所属的航空公司。

2）远社交距离：2～3.6 米

通常情况下，人们初次的社交互动会从这个距离开始，民航服务人员与旅客的目视致意、初次问候、来往迎送往往都在这个距离进行并逐渐拉近。在这个物理距离中，人们的心理感受是已经进入彼此认识的关系，具备了服务交往的基础，已经进入可以彼此沟通交流的阶段。

3）近社交距离：1.2～2 米

在这个社交距离中，人与人之间的关系更靠近了，民航服务人员可以在这个社交距离中向旅客作出引导、示意、讲解、回答问询等服务交往活动，一旦进入这个空间，我们的注意会被交往对象深深吸引。在此交往距离中，民航服务人员应注意调整自己的面部细微表情、声音的语音语调，展现自然亲和的服务仪态。

4）个人距离：0.5～1.2米

在这个物理距离中，我们感受到的心理距离开始具备亲近感和熟悉感，这个距离与我们进行互动的也多是熟悉的人或友人。民航服务人员由于不同的服务空间所局限，如由于客舱环境狭小，在民航客机内的空中乘务人员与旅客之间的交往距离往往都是在此个人距离内的。在此距离进行民航服务，服务人员应意识到已涉及人际交往的个人心理距离，若在这个距离内有良好互动，会使旅客更容易形成亲近熟悉的印象与好感。若在这个距离展现了冷漠和消极，则会使旅客更多地产生不良印象，因为这个距离很容易引起旅客的有意注意。

5）密切距离：15～50厘米

人们会预留这个心理空间给情感上非常亲近的人，比如自己的亲人、孩子、伴侣、密友等。在交往的初始阶段，人们通常会对这个距离有所戒备，只有经过了一定时间的相处并发展了亲密关系的情况下，人们才会较为舒适自然地进入这个密切距离中。在交往的初始阶段，若突然涉入这个距离，往往会造成他人的抗拒和防卫。民航服务人员应留意这个心理现象，即使想快速建立连接，展现自身的亲切，也应避免过早进入该区域，以免引发旅客的不良感受。

**4. 理解身体姿势的关系符号含义**

表示人与人之间个人关系的信号关系符号即表明两人之间存在着个人关系的动作。如果两个人手挽着手走在街上，他们的挽手动作在旁人眼里就是一种符号，表示他们之间有某种个人"关系"。像这样的关系符号还有许多。

关系符号即显露两人关系的动作，包括相互亲近、做出相同的表情和姿势、语言交流、身体接触。

**5. 理解开放或封闭的脚部信息**

之前提到人体面部有许多肌肉配合我们做出各种各样的表情，的确人的面部表情也最具备掩饰性，便于快速调控。与表情相对的是脚部动作，脚步往往是更为"诚实"的，也便于我们从空间上判断不同的心理。如果有一群人站在一起进行互动时，可以借助他们的脚部姿势判断此刻是否为接近这个群体的最佳时机，或者判断此刻延迟与之接触是不是一个更好的主意。对方脚部的姿势能够提供线索，显示哪个群体愿意接纳新成员，哪个群体不情愿或者不愿意接纳。当一群人围成一个半圆，他们的脚部指向半圆的开口一侧时，表明他们愿意接纳新成员。如果一群人围成一个封闭的圈子，则表明他们不愿意接纳新成员参与他们的聚会。

如果你看到三个人彼此相向，脚部指向内侧，构成一个封闭的圆圈时，他们是在以非语言方式表达自己不愿意接纳新成员，谈话内容属于个人隐私，此时不应该打扰。与此相反，如果当三个人彼此相向，呈现一个较大的圆圈和开放空间时，他们释放的信号则是愿意让别人加入。

**试一试**：以小组为单位，模拟"开放环"与"封闭环"，也可以配合身体的趋向，如面朝和背朝等身体姿势来感受身体语言的奥秘。

### 7.3.2 心与心的交流

分组进行讨论与分享。

（1）上述的空间距离分类与你的经验符合吗？刚才的距离感知活动让你有什么具体的感受？

（2）从自己的经验中想想成长过程中有什么"空间会说话"的例子？试着与你的同伴分享这个真实的故事。

（3）如果有人"突然靠太近"，你会有什么感觉？会做出什么行为？迁移到服务情境中，来谈一谈如何在展示友好的同时，把握与旅客的适宜空间距离？

（4）请大家以小组为单位继续展开讨论——你是否观察过身边人们不同的身体姿势，这些身体姿势传达了何种讯息？当你接收到这样的身体讯息时，你通常会采取什么样的行为应对？

### 心理 Tips

当我们讨论不同的身体姿势时，可以配合使用"身体雕塑"的心理技能，尽可能一致地模仿那些身体姿势并保持固定一段时间，在此期间静心感受处于同种身体姿势时的心理状态。

### 7.3.3 心理技能实践——用身体活动理解空间关系距离

对不同的身体距离有更深的理解，最好的方法就是身体力行。请在一块相对开阔的场地进行如下练习，进行空间距离带给人心理感受的体验。

活动一：走走停停

请进行体验的人员在空地上自由走动，一分钟后组织者喊"停"。大家在听到停止口令后停下脚步，然后找到一个目标对象，观察自身与这个对象的物理距离。接下来组织者可以示意大家继续，但有一个条件是，接下来的自由走动，我们都要和这个选定的对象保持与第一次停止时相同的身体距离。我们可以由这个活动来感知移动中的身体距离。

活动二：身体距离感知

第二次停顿，可以请大家说说自己与选定对象的空间距离带给自己的心理感受，对照先前学到的知识，体验不同的空间距离是否与书上所说的那样带给人不同的心理感受。同时，我们可以邀请大家感受"一臂"（两人相对伸出一个手臂的长度）的身体距离，这是最接近亲密距离的身体距离，我们可以用身体感知，然后谨记这个空间距离。

活动三：放风筝

这是身体空间距离的感知升级训练。我们邀请大家分两排面对面站好，距离初始以2～3米为宜。接下来，我们会指定一组为"放风筝的人"，对面的另一组则为"风筝"。放风筝的小组可以做出往外释放风筝线让风筝飞远的手部动作，或者往内卷动收紧风筝线的手部动作。化身"风筝"的小组成员则应仔细观察自己对面的对象，配合做出距离拉远和距离拉近的身体动作。在模拟风筝飞行时，可以适当展开双臂，更形象地模拟风筝在空中的摇动。

以上活动将更好地培养我们对身体距离的感知和控制。

# 项目 8　使用非语言传情达意

**项目目标**

1. 学会从外部观察自己的非语言表现，进行印象管理。
2. 应用非语言技能传递关注与友善。
3. 控制调整自己的副语言，掌握"柔和地说"的方法。

## 任务 8.1　表达专注与友善

在民航服务的各个阶段，尽管有时我们并未与旅客进行语言交流，但我们的各种非语言信息都在传达着情绪、意图、服务状态等讯息。管理民航服务时的第一印象，需要我们具备一定的自我监控能力，也就是面对不同的服务情境时，我们应该调整自己的行为。自我监控能力高的人，能够进行灵活的印象管理，能够根据非语言信息传递的不同纬度，自觉地调整形象。

我们都想在民航服务过程中向他人传达专注与友善，在讲授和体验如何顺利传达之前，我们先来看看事情的反面——怎样的行为会激发人的不安和负面情绪？

人的意识大脑或许会专心解读谈话中的口语信息，实际上，潜意识大脑才是沟通交流时真正的"功臣"，它负责"解读"身体的许多非口语线索，以便我们了解对方的真实意图。心理学、人类学、语言学和社会学等学科证明，非语言信号是最可信、最可靠的交流来源。人脑中有一类特殊的脑细胞，称为"镜射神经"。在口语还未萌发的前语言期，婴儿与外界互动的主要方式就是非语言的，可以说非语言是我们出生之后掌握的第一个交际系统，对非语言的理解也以隐性记忆的方式镌刻在我们与他人交往的一静一动中。

这里有一些经过实证研究的方法，可以帮助民航服务人员更好地通过非语言行为传递温暖与关怀。

**心理现象思索**

小 A 是一位刚开始在某航空公司担任客舱乘务员，这天，是她第一次上飞机跟着带飞师傅体验客舱服务的种种细节。虽然之前在地面培训的时候，她已经对大致的服务程序——飞行四阶段有了一定的学习和实践，但当她真正面对航班运行，客舱内快节奏的忙碌仍让她感到有些应接不暇。在旅客登机前，客舱乘务员需要完成检查机上应急和服务的设施设备、摆放服务用具、清点并核对餐食等一系列工作。当她好不容易按照服务标准做好了一系列程序后，客舱经理广播通知："旅客马上就要登机了，请客舱乘务员做好迎客的准备工作。"小 A 急急忙忙地走到迎客的站位，准备进入下一环节的服务程序。就在这时，带飞师傅微笑着向其走来，和声细语地在小 A 耳畔说道："不着急的，先整理一下仪容仪表，一会是我们和旅客第一次接触，也是我们给旅客留下第一印象的关键时刻。和旅客的初次见面，也许短暂一瞥便塑造了我们客舱乘务员是否专业的印象。"小 A 在经验丰富的带飞师傅提醒下，这才意识到自己的发型有些凌乱，面部表情也有些着急僵硬。也许旅客刚上飞机并不知道她之前都在忙忙碌碌做着准备工作，而只是看到了一位毛毛躁躁的乘务员……于是她调整了呼吸，重新整理了头发和制服，调整了心态和微笑，再一次以端庄优雅的形象重新出现在客舱内……

## 8.1.1　心理知识建构

**1. 民航服务人员整体形象的管理**

外在的整体形象是旅客对民航服务人员的初步知觉，由于首因效应，也往往鲜明而牢固地决定了其对服务人员之后的认知及判断。民航服务人员可通过以下几方面的调整来加强整体形象的管理。

1）整体外在形象的管理

制服是否整洁、熨烫得体，是否合身，能较好地体现航空公司的企业文化特质。大部分的女性制服配备了丝巾、丝袜等配饰，按照一定的规范进行妥善修饰体现了服务人员外在的专业素养。男性制服则配备有皮带、皮鞋等配饰，着装应符合礼仪，如衬衫下部不可外露，西装系扣应符合规范等。民航服务人员还应注意姓名牌的佩戴，不可歪斜，应佩戴于旅客目视所及的位置。

2）面部的非语言信息管理

与旅客接触的第一瞬间，大多数人会观察头面部的表情、目光。女性服务人员应注意呈现美观的面部修饰和盘发等发型修饰，男性服务人员应注意发型、胡须、眼角的面部整洁打理。除此之外，便是我们本项目学习的重点内容——表情和目光接触的调整。在民航服务过程中，特别是初次见面时，服务人员的面部表情应是谦和、温柔而舒展的，这样可以更好地拉近与旅客的心理距离。目光应有神，有适当聚焦，与旅客的目光接触显示了注意资源的合理分配并传达出重要讯息——我已经准备好为您服务，欢迎。

3）身体姿势的非语言信息管理

在先前的学习中，已经了解到身体姿势传达了大量的讯息，身体面向服务对象，腰背部是挺直的，动作舒展而自信，一举一动即符合礼仪，也显得精气神十足，这是我们在民航服务交往中的重要身体语言。同时，也需要提醒民航服务人员，在产生工作倦怠时及时意识到自己的身体姿势所产生的不良印象，如肩膀僵硬身体紧绷、驼背或身体过于松垮无力量感等，此时应尽快调整自身状态，通过积极的身体姿势改善来进行状态调适。

**2. 综合印象的管理**

除了制服管理、表情目光管理、身体姿势的调整等，民航服务人员所使用的香水是浓烈还是幽淡、口气是否清新，腋窝处是否有汗渍等也都是印象管理的重要部分。请注意，非语言信息除了可以通过视觉传递，也会通过嗅觉等感官传递，而这些感知觉的印象形成，虽然没有所说的话语那样被意识到，但是这些都是造成民航服务人员总体印象的重要途径，是决定其心理感受与感觉的关键。

1）微笑

微笑是一种强烈的友好信号。笑脸被判断为更具吸引力、更加讨人喜欢，又不那么张扬。微笑反映了信心、快乐、热情，以及最重要的信号：接收你的信息。微笑可以传递友善，为微笑者平添魅力。单是微笑这个动作，就能使人置身更容易被接受的良好氛围中。微笑可以释放内啡肽，从而赋予我们幸福感。这种回报性的微笑能让你的微笑对象获得良好的自我感觉，而且正如我们将在后续章节中了解到的，如果你能让别人自我感觉良好，他们就会喜欢上你。

2）歪头

向左或向右歪头是一种非威胁性姿态。这是因为从人类远古祖先的认知中，头部倾斜会暴露一侧颈动脉。在遇到不构成威胁的人时，人们才会暴露自己的颈动脉。歪头是一种强烈的友好信号。歪着头与他人互动的人被认为更值得信赖，也更有吸引力。与对话时头部挺直的人相比，歪着头倾听对方讲话的人被认为更友好、更善良、更诚实。

3）眼神接触

在服务过程中有适当的眼神接触，此时的眼神接触应配合微笑和轻微幅度地点头致意。发生眼神接触之后，保持直视一秒钟，然后慢慢转一下头，再继续直视一两秒钟。这个技巧能强化你想展现友好信号的情感内容，也是一种代表积极关注的暗示。比如当空中乘务员在进行餐饮服务时，通常需要在双手递送出餐盒的同时与旅客进行短暂的目光接触，接收到来自旅客的视线反馈后再进行服务语言的输出："这是您的餐食，请慢用。"

4）前倾示好

人们往往会倾身面对他们喜欢的人，对于不喜欢的人则会有转身的身体趋向，或略微向后仰头以增大与对方的距离，这表明关系的建立不会顺利。当人们在互动的过程中撤身远离对方时，表明了同样的意思。人们还会重新调整自己的双脚位置，以远离不速之客。这些微妙的非语言线索可以表达接受和拒绝的不同意思。而前倾则表示愿意建立关系。双方更靠近地交谈表明一种积极关系已经建立。伴随微笑、点头、歪头等其他友好信号的前倾动作表明，交往的双方已经形成了更加友好的关系。

## 8.1.2 心与心的交流

有关"模仿"的心理意义早在我们的婴儿期就应当被重视，当我们的照料者可以如同"镜子"般反馈我们的情绪，甚至只是模仿我们的行为，这都表达了情感的同频共振和对联结的关注。这种非语言行为可以更容易、更有效地促进情感的形成，模仿会在你的目标对象心中形成良好印象。模仿需要大量的练习。练习模仿技巧需要先仔细观察对方的一举一动，再改变自身的动作姿势，久而久之身体的模仿会引发心理的共情，从而使彼此的步调越发一致。

发展心理学家曾做过一个名为"静止的脸"的实验：他邀请母亲和小婴儿一同参与这个实验，一开始，母亲和婴儿良好互动，对婴儿发出的咿呀学语积极回应，也会观察小婴儿手指的方向，视线随着这些非语言信息而到处移动并作出及时回应，此时的婴儿情绪饱满、愉悦，并且展现了人际信任。接着，母亲变了，她按照实验的要求，扮演一个面无表情的人，对婴儿的任何呼唤都不作出回应，只呈现一张静止的脸。一开始，婴儿很快就意识到了这一点，她使出浑身解数希望母亲有所反应，她朝母亲笑，她向远处指，因为她习惯了指到哪儿母亲就看到哪儿。可是母亲按照实验要求仍旧摆出静止的脸并不与其有任何互动。小婴儿开始发出尖叫，试图唤回母亲。短短的两分钟过去了，参与实验的小婴儿，无论肤色还是种族，无论何种气质类型，都开始流露出负面情绪并且感受到了压力，无一例外的，最终都因为不堪重负而情绪崩溃。实验的最后，母亲重新与婴儿建立连接并作出情感互动补救，小婴儿终于回过神来重新与母亲联结。"静脸实验"证实了，即使是人类婴儿亦对来自周围环境的互动、情绪体验非常敏感，这些对非语言信息的捕捉是深深镌刻在人类基因之中的。

请与小组交流讨论你对"静止的脸"的看法与感受，并思考在民航服务过程中，民航服务人员在什么时刻最容易出现"静止的、毫无互动的非语言沟通状态"？如果换位思考旅客的感受，我们又能体会怎样的心理感受？

### 8.1.3　心理技能实践——通过非语言传递专注与友善

下面两两分组，分别体验"照镜子的人"和"镜子"。在以下的体验中，我们将逐步升级，体验"模仿"的心理意义。通过"模仿"对方的语气和肢体语言等与对方建立互信关系，并理解对方如何看待这个世界，从而用对方能够接受的方式来呈现你的想法。

**1. 模仿对方的表情**

在这个互动中，模仿的体验者要做出和被模仿对象一样的表情。我们可以运用之前的技能学习，传递出"喜怒哀乐惧"等基本情绪，也可以做一些夸张的怪相，看看对方是否能够完全照做。此时动作可以尽量生动、有趣。先做到能够唤起对方的注意。

**2. 模仿对方的身体姿势**

在模仿表情的基础上，此时我们可以配合身体动作，请记得，竞相模仿的奥秘在于我们应该考虑对方的感受和身体动作所要传达的心理意义，而且镜子是"镜像"的，担任模仿的一方，要做的是专注地进行这项体验，关注在观察对方的行为、体验对方的感受上。

**3. 交换体验**

两两分组练习后，"照镜子的人"与"镜子"互相交换身份，继续体验。然后彼此分享模拟镜子的感受，与被模拟的感受。

**4. 传递专注与友善的非语言信息**

在掌握了镜像模拟的初步技能后，我们将不再进行夸张的动作展示，而是回到较为柔和、细微的动作调整上，并逐一尝试一方自由表达或者使用语言叙述，比如可以讲述近期生活中的一件趣事，另一方则运用真诚微笑、微微歪头、友善的眼神接触、身体前倾等心理技能向对方传达友善和专注。在进行这一部分的操作体验时，我们可以两两交换分享感受，比如"当你微笑着望向我的时候，我感觉到……""当我说话时，我发现你在关注着我，也观察到你的身体微微前倾在向我表达关注，这让我感到……"

## 任务 8.2　调整柔和的语气

　　语音语调的调整是非语言沟通的一个特殊渠道：它是有声的，社会学家将其命名为副语言（paralanguage），即非语言的、声音的信息。当我们说具体的言语信息时，即使说的是同一句话，字面意思不变，只要转变了说话的语气，相同的字词也可以表达不同的意思——这就是副语言的魅力。民航服务人员在调整自身的非语言状态时，应适时对语音语调有所觉察，作出一定的调控，以音量适中、语气平和、语速稳定、语调温柔的副语言表达服务用语，增进旅客的服务体验与情感互动。

### 8.2.1　心理知识建构

**1. 体会不同语气的含义**

　　交流中的语气是饱含着情绪情感的，言语交流说出的是一句句话，但听者如何去理解却往往与说者的表达语气有很大关系。我们说一件事时，传达的不仅仅是内容信息，也有大量的情绪信息，而情绪信息就是通过副语言来传递的。常见的语气有表示陈述、疑问、肯定、祈求、喜悦、赞扬、憎恨、悲痛、冷漠等几种，在不同的境遇中还有申诉、惊惧、激动、思索、亲切、坚信、疑惑等语气。

**2. 强调重音的使用**

　　在理解副语言所带来的不同情绪内容传递之后，我们可以配合使用强调重音来更好地表达情绪、理解情绪背后的需求。强调重音指的是为了表示某种特殊的感情和强调某种特殊意义而故意说得重一些的音，目的在于引起听者注意自己所要强调的某个部分。让我们根据重音的不同来读一下如下句子：

　　我知道你会这样做的。（别人不知道）

　　我知道你会这样做的。（不要以为我不知道）

　　我知道你会这样做的。（别人不会）

　　我知道你会这样做的。（你怎么说自己不会）

　　我知道你会这样做的。（你不会那样去做，只会照我说的做）

　　我知道你会这样做的。（我知道你会落实到行动，不仅仅是说说而已）

**3. 体会语调的变化**

　　语调是声音高低升降的变化，它也是帮助传情达意的主要手段之一。语调主要可分为以下四种类型。

（1）高升调：说这个句子时，语调通常是前低后高、语气上扬。

若旅客采用高声调说话，往往意味着疑问、寻求确认、无法第一时间认同等，此时民航服务人员应及时予以积极反馈、重新确认等回应。若语调持续高升且有较为张力的冲突情境时，民航服务人员应敏锐地意识到对方情绪可能会有激烈的反应，如愤怒、据理力争、意图说服对方等，此时应注意调控对话氛围，避免冲突进一步加剧。

（2）降抑调：说这个句子时，语调往往逐渐由高降低，末字低而短。

在事务性的传达、内容表述时，语调通常是降抑调的。值得民航人员注意的有以下几种情况：首先，降抑调可能提示了讲述者较为悲伤、难过的情绪，此时应结合具体情境以及观察讲述者的面容是否呈现伤感、抑制的表情变化，身体姿势是否呈现无力、萎靡等消极姿态的变化来综合体会降抑调所要传达的内容，悲伤情绪是需要抚慰、关照和共情的，此时应答的语调也应有类似的改变。此外，在机场或客舱对公众广播时，应注意避免使用逐渐由高降低的降抑调，以免显得精神不够饱满，且语调抑制不够有感染力。降抑调在个别沟通交流时，也容易显示出沟通者的怯懦、回避等心理状态，若平时说话有经常用降抑调的习惯，民航服务人员应尽快调整，以避免降抑调所带来的消极心理暗示。

（3）平直调：说这个句子时语调始终平直舒缓，没有显著的高低变化。

平直调通常表达了说话者较为平静、从容的心理状态。若使用平直调与情绪较为激动的旅客进行沟通，往往能传递一种平和、淡定的状态，也更容易在副语言的维度安抚对方的情绪。平直调建议配合柔和、轻快的语气一起使用。

（4）曲折调：说这个句子时语调由高而低后又高，或由低而高后又低。

曲折调是一个较为特殊的语调，往往体现了说话者高低起伏的情绪变化，或者显示浓度较高的情感成分。曲折调在表达思索、祈求、嘲讽等不同情绪时都会有所运用，民航服务人员应结合具体的情境细心体会曲折调所蕴含的需求和情绪表达。若说话者采用曲折调叙述某件事情，往往意味着投入了大量的情感，此时回应不可冷漠应对，也应根据说话者的情绪给予积极、正面的回应。

**4. 体会不同的语速**

语速是说话者语流的速度，主要有快速、中速和慢速之分。语速的安排与语气有非常密切的关系，不同的语速表达陈述、思索、喜悦、悲愤等不同的语气。

决定语速不同的各种因素如下。

1）不同的场合

当身处事态急剧变化发展的场合时，讲话者的语速通常也是快速的，这意味着心理能量的大量使用。在民航服务过程中，若服务对象有明显的语速加快的现象，我们要能够第一时间察觉对方可能有急切、紧迫的感受，此时的服务回应也应该加快频率，但要适当调整使用温和的副语言，避免情绪卷入。

民航服务人员自身也应注意调整语速，不可使用过于快速的语速进行服务沟通，这样容易急切、慌乱；当民航服务人员意识到自身的语速过快时，可以结合之前学习到的正念呼吸，适当调整情绪，体会急切状态下的需求与心理感受，调整至更优雅从容的状态中去进行服务工作。在相对平静、严肃的场合中，说话者的语速通常是平缓的，更适宜于传达重要讯息或者传递平和的情绪内容。

2）不同的情绪

事态急剧变化的场合中，过快的语速提示了说话者迫切的心情，其实仔细体会快速语速所表达的情绪背后，我们可以发现紧张、焦急、慌乱，或者热烈、欢畅、激动等丰富的情绪情感；在另一方面，较为缓慢的语速，则传达了沉重、悲痛、缅怀、悼念、失望的情绪。不同的语速所带来的情绪体验，需要民航服务人员通过具体的服务情境去细心体会。

3）不同的谈话方式

当需要抨击、斥责、控诉、辩解时，往往会用稍快的语速，因为快速显示出力量感，此时的副语言往往在传达——听我说！看着我！此时的音量也是较大的，因为在那个状态下讲话的一方需要迫使对方接受或者屈服于自己，容易引发交感神经的激活。在类似的谈话方式中，我们可以观察到说话者的面部表情有可能是怒目圆睁、双眉压低，身体语言则显示出权威感，比如一手叉腰、另一手手臂伸直，食指指向对方。但往往在这个状态下与他人沟通，沟通对象会感受到尊严或利益受损从而无法有效达到真正的沟通目的；而在闲谈、絮语、说明、追忆时，往往会采用稍慢的语速，闲谈时的状态往往给人以放松的感受。此外，与年长者或性格沉稳的旅客交谈，我们也会听到较慢的语速。

### 8.2.2 心与心的交流

请试着用不同的语气来朗读如下句子，体会不同语气所表达的不同意思。
（1）试试使用生气的语气来说："这件事换谁都会这么做。"
（2）试试使用坚定的语气来说："这件事换谁都会这么做。"
（3）试试使用不屑的语气来说："这件事换谁都会这么做。"
（4）试试使用急切的语言来说："我倒是想吃，可是我哪里还吃得下呀？"
（5）试试使用嘲讽的语气来说："我倒是想吃，可是我哪里还吃得下呀？"
（6）试试使用遗憾的语气来说："我倒是想吃，可是我哪里还吃得下呀？"

相同的一句话，用不同的语气说出时，我们的心理感受也发生了相应的变化。同样的，使用不同语气时，即使相同的字词，听者往往也会根据语气语调的变化，产生相应的心理感受。请在小组间互相交流不同语气带来的不同感受，并讨论在进行服务工作时使用哪种语气更适宜？

试着回忆一下，在我们还是幼年的时候，怎样的语气语调更能让我们感到安心、放松、愉悦？怎样的语气语调会激发我们的担忧和不安？同时，我们也可以模拟温柔的语气和他人进行沟通，尝试观察对方的反应。以下有几点建议，大家在尝试时可以应用。

（1）适当调整讲话的音量，不宜过大。如果是和听力不佳的老年旅客进行沟通，我们为对方考虑可以适当调整声响，但要注意语速放缓、语调轻柔。

（2）在与旅客一对一沟通的时候，我们说话的速度可以根据旅客的习惯有所调整：说话快的人喜欢更积极地回应自己的谈话对象；说话慢的人也更适应与说话语速慢的人交谈。

（3）从容地传达信息。即使在不同的心理状态或者嘈杂的环境中，耐心和坚持都是表达温柔和友善的基础良方，此时我们可以使用平直调大方地传递内容信息与情绪信息。当你传达了从容，对方也会回应类似的情绪。

（4）表达支持性的沟通。通常持批评态度的人在领悟到他们的抱怨有人认真倾听时，态度就会不那么强硬。不要站在对立面，而是从语气语调的支持性表达出"我是和你有一样感受的，我是站在同你一样的立场"。

（5）柔和的语气传达的不是软弱，而是坚定。试回想我们先前学过的知识和体验到的心理感受，接纳情绪、理解情绪的人往往有着更多维的视角和更强大的内心。攻击时语气是尖锐的，音高会不自觉地更高；逃避时则会表现得冷淡、出现副语言的沉默或意外的停顿，只有接纳、共情的状态下，我们才会使用柔和的理解的语气，聚焦在此时此刻。

### 8.2.3　心理技能实践——调整副语言进行民航广播

在进行机场广播或客舱广播时，进行广播的播音人员应意识到广播不仅会传递文字信息，也会传播情绪信息，应及时调整副语言的方式。如微笑着广播，可以更准确地从副语言信息来传递温和、欢迎的感觉。如果只是含糊地快速读一遍广播词内容，那么旅客即使听到了必要的信息，但他们感受到的却是敷衍、冷淡的感受。

有许多心理学实验证实了副语言传递情绪的影响力，比如将一门演讲经过一定技术处理，使人无法理解演讲的字面含义，但副语言部分却不调整正常传达（大家可以想象在听一门不懂的外语演讲，效果类似）。参与实验的人员聆听没有实质内容的演说，却能够一致判识出演讲者的情绪和力度。

接下来，我们可以尝试用毫无感情的方式朗读如下材料，再转换方式用一种饱满的、深情的方式朗读，来看看聆听的人会有何种不同的感受：

女士们、先生们，今天是中国的传统佳节——中秋。古人云，但愿人长久，千里共婵娟。现在，若您望向窗外，可以看到我们最接近月圆的高度，也是最思念家人的时刻。我们全体机组成员向您送上最诚意的中秋祝福，祝您幸福安康。

心灵岛屿

除了在民航工作的日常沟通中应用语音语调的变化，在与旅客沟通相互之间易引发冲突的内容时，如何调整语音语调也是沟通的重点。因为也许民航服务人员所说的具体言语信息是想要缓和冲突或致歉，但由于语气略显急躁、音量过响再配合愤怒的面部表情和手部动作，原本想传达的意思就扭曲了——人更愿意相信非语言胜于语言本身。此时，我们应该如何去做呢？

　　用副语言进行情绪表达和理解沟通的方式有很多，比如声音的音色、速度、音高、音量、停顿等。小朋友回应大人不同的副语言时，会愿意靠近亲热那些说话声音温柔的人，而对于说话方式不怎么友善的人则会主动避开。这对民航服务工作的提示显而易见，在对年幼儿童进行服务时，我们更应采取轻柔的语音语调以增进好感。若与成人旅客沟通有意见不一致的地方，也应该使用柔和的语气"温柔而坚定地说"，这样不容易激化矛盾，也易于自身的情绪调控。

# 模块 5
# 应用心理学技能服务旅客

📑 模块介绍

　　民航服务人员的倾听与同感共情能力，以及对不同年龄阶段、有着不同需求旅客心理的洞察与理解，是民航服务人员更好地为旅客提供人性化服务的重要能力，也是民航服务人员面向未来工作与生活的重要心理能力之一。本项目将通过调整服务中的倾听态度，更好地倾听旅客的心声，从而更切实际地满足旅客的需求，使旅客感到满意，从而提升民航服务质量。通过同感共情旅客的情绪体验，促进民航服务人员站在对方的立场理解旅客，认识情绪背后的需求，开拓民航服务人员思考问题的广度，增加解决问题情境的灵活性。通过应用具体的服务心理学技能与心理学知识更具调适性地为不同旅客提供温情服务，在航班延误等特殊情境下辨别他人情绪、动机和期望并作出恰当反应，通过协商等积极的方式预防冲突、管理并解决航班延误等特殊情境下的问题，更有效地对旅客进行劝导、抚慰，为提升民航服务工作总体质量提供切实保障。

# 项目9 在民航服务中应用倾听

**项目目标**

1. 理解倾听的心理意义。
2. 结合材料初步分析自身阻碍倾听的原因。
3. 识记在民航服务中应用倾听的步骤。
4. 在服务情境中综合语言与非语言运用反应式倾听。

## 任务9.1 调整倾听的态度

事实上，在反复训练之前，我们的倾听技能都是很薄弱的。我们要用心体会，所有服务或者沟通的开始，恰恰是当我们静下心来、竖起耳朵去倾听他人的时刻。沟通的关键往往是接收者或者倾听者，而非说话者。越是能够提供对方所需求的服务的人，往往就是越善于倾听对方内心需求的人。有效的倾听可以鼓励对方诉说内心，可以得到对方有效的信息，可以增进彼此的关系，最后也会得到对方认可你服务的机会。

**心理现象思索**

情境：A330-200 机型客舱内餐饮服务程序结束后。

小吴是一位新乘务员，今天的航班上有一位坐在 7A 座位的女士，一路上都没有用餐也没有喝饮料，小吴在餐饮服务结束后，来到这位女士身边说道：

"王女士，您的餐食我们都为您保留好了，您需要的话我们可以随时为您提供服务。"

王女士摆摆手说："不用，给我一小瓶热矿泉水就好。"

听罢，小吴立即去服务舱拿了一小瓶矿泉水送去 7A，结果王女士不但不接受，反而再次向乘务长提出了一样的要求并表达了对小吴的不满。

乘务长听到了王女士的要求后第一时间与其沟通。她发现王女士面色苍白，说话也有点有气无力，她仔细倾听王女士的需求后，再次用关切的语气询问道："王女士，您说需要一瓶热的小瓶矿泉水，请问是需要我们帮您做一个小热水袋吗？我看您一路上都没怎么吃东西，是不是身体哪里不舒服呀？"

　　王女士这才回答道，这段时间加班赶项目一直没规律用餐，前面发餐食就感觉胃疼了，凉水更是喝不下，现在只想用热的东西捂一下疼痛的胃部，之前她乘坐飞机有过类似的经历，当时她也胃疼，乘务员用小矿泉水瓶做的温热水瓶让她缓解了许多。

　　澄清了需求，乘务长马上为王女士准备好小瓶的温热水送去，又在烤箱用低温保温了一小份白粥，并告知王女士若胃疼缓解了，需要用热的清淡食物也可以安排上。

　　对比乘务长的服务，新乘小吴没有听清王女士的话，更由于不善倾听误解了旅客的需求。小吴回想起原先培训时，老师所说的"倾听"的重要性，才发现当一位善解人意的乘务员，善于倾听真是重要的第一步。

　　倾听不仅要用耳朵来听说话者的言辞，还需要一个人全身心地去感受对方的谈话过程中表达的语言信息和非语言信息。在"倾听"课程的开始，我们先通过表 9-1 非倾听与应用倾听的语境分析来了解倾听的不同层次，以及由不同的倾听层次所带来的服务品质差异，请大家先作出适当思索。

表 9-1　非倾听与应用倾听的语境分析

| | 对　话 | 语　境　分　析 |
|---|---|---|
| 新乘小吴的服务对话 | "王女士，您的餐食我们都为您保留好了，您需要的话我们可以随时为您提供服务。" | 当旅客没有用餐，客舱服务的程序是为旅客保留餐食，并在合适的时机再次询问是否需要用餐，在这个语境中，小吴只是例行公事地重复了服务程序的用语 |
| | 王女士摆摆手说："不用，给我一小瓶热矿泉水就好。" | 王女士的语言与非语言信息都已经告诉了小吴，仍旧不需要用餐，但在之后的语言信息中，旅客提出了一项新的服务需求 |
| | 小吴立即去服务舱拿了一小瓶矿泉水送去 7A | 小吴没有听清这项新的服务需求，自动忽略了"一小瓶热矿泉水"中的"热"字。只是使用惯常的思维，不用餐代表不需要用餐，要瓶装水代表只需要喝水。所以她的服务响应是——立即去服务舱拿矿泉水送去，并没有"倾听"到旅客的真实需求 |
| | 王女士不但不接受，反而再次向乘务长提出了一样的要求并表达了对小吴的不满 | 王女士的身体状况，导致其本就有不舒适的躯体感觉和心理感受，然而粗心的小吴非但没有关切，反而拿了一瓶凉水想"打发"已处于不适宜状态的旅客，这激发了旅客的不满。<br>注意，在这个语境中，矿泉水对小吴而言意味着"要喝的水"，但是对胃部不适的旅客王女士而言，这是一瓶不需要而且不能喝的"凉水"，这是交流双方视角和感受的差异 |

续表

| 对　话 | | 语　境　分　析 |
|---|---|---|
| 乘<br>务<br>长<br>的<br>服<br>务<br>对<br>话 | 乘务长发现王女士面色苍白，说话也有点有气无力，她仔细倾听王女士的需求 | 第一步：观察语言与非语言信息。<br>乘务长进行服务补救的过程中，她在与旅客接触的第一时间就用目视评估仔细观察了旅客的非语言信息，敏感地捕捉到了旅客身体不适的情况。同时，她用心倾听了旅客的语言信息 |
| | "王女士，您说需要一瓶热的小瓶矿泉水，请问是需要我们帮您做一个小热水袋吗？" | 第二步：使用复述或验证提问确认对方话语的含义或可能混淆的意图。<br>乘务长先是使用了"复述"技能，向旅客再次验证她所说的语言信息内容，同时也表达了——我听懂了您的意思这一层回馈，并且结合王女士的语言与非语言信息，得出她提出"热矿泉水"这一不寻常要求背后肯定是有其本人的迫切需求。结合身体不适的外在表现，于是得出"小瓶热矿泉水"也许是"小热水袋"的意思，只是旅客知道飞机上没有热水袋可以提供，她换了一种方式来表述 |
| | "我看您一路上都没怎么吃东西，是不是身体哪里不舒服呀？" | 第三步：回应倾听到的情感层面，鼓励对方更多地表达。<br>在"倾听"到旅客的真实需求后，乘务长继续询问了其身体状态，同时也传递"我很关注您"的含义，并通过轻柔的语气询问，表达了自己的关切之情。在这一层面上，乘务长不只是在履行服务程序，而是透过现状，了解到旅客需要被关照、被安慰的心理 |
| | 王女士之后的反馈 | 第四步：通过继续倾听和确认对方的非语言回应来保证倾听的效果。<br>在王女士与乘务长的交谈中，我们可以得知王女士是由于之前的服务经历，需求得到及时有效反馈，所以再次提出了同样的需求，这在王女士的视角中，是理所应当的。这也表达了王女士对乘务员服务的期待。小吴由于缺乏服务经验，并且没有"倾听"到位，所以即使做出了服务响应，但方向却错了。而乘务长善于"倾听"，她的体贴和安慰也促使了旅客与其有更多的交流和倾诉 |
| | 乘务长马上为王女士准备好小瓶的温热水送去，又在烤箱用低温保温了一小份白粥，并告知王女士若胃疼缓解了，需要用热的清淡食物也可以安排上 | 第五步：利用现有服务资源回应旅客真正需求。<br>乘务长先是根据旅客的真实需求回应了相应的服务，同时也根据其身体状态，利用客舱内的现有资源做出另外的服务延伸。其实到最后，这份白粥用或不用，都是王女士的选择，但这项服务补救工作已经通过正确"倾听"与理解顺利传达了 |

　　对比新乘小吴与乘务长的语境分析，大家是否对"倾听"有了初步的认识？倾听是人际沟通最重要的开端和进行的保障，也是确保优质服务正确使力方向的重要心理技能，接下来，就让我们走进"倾听"、了解"倾听"、学会"倾听"。

### 9.1.1　心理知识建构

**1. 良好倾听的步骤**

良好倾听的重点在于理解旅客的内在心理过程，而不仅仅是把重点放在服务程序的执行上。在图 9-1 倾听的"四耳"模式中，我们不仅要听到旅客话语的事实层面内容，这通常都是倾听的第一层次；更要去听隐藏在话语背后的情绪信息，并通过语言与非语言结合起来传递的信息去理解旅客的真正诉求。

事实内容：旅客话语的主旨或者字面意思。

旅客的情绪：无助的、不满的、愤怒的。

旅客的诉求：对方想让我做什么？

相互关系：在对方眼中我是关切的、冷漠的还是受尊敬的。

图 9-1　倾听的"四耳模式"

在倾听的初级阶段，我们往往只是摆出了听的姿态，在与对方沟通时，对方说的讯息如浮光掠影般被屏蔽或忽略了；有的时候，我们只是针对字面信息作出不假思索的反馈，更有甚者在对方没有表达完整的意见前便打断了谈话；或者在某些服务情境中，我们只是完成任务一般"机械地听"，然后根据服务程序"机械地说""条件反射般地做"，而旅客在当时所要表达的真正意图却没有得到良好的回应，这些不专业的倾听都有可能降低旅客所感受到的服务品质。

那么，什么是专业而良好的倾听呢？让我们再次梳理之前案例中乘务长所做的示范。

（1）观察旅客的语言与非语言信息，将注意力聚焦在对方。

在这一步中，不仅要听话语中的信息，也要观察和体会旅客说话时的情绪状态，结合所说的内容信息初步领会旅客的意图。着急进行服务响应有时不见得能够真正回应到位。在这一步中最重要的，是把注意力放在旅客身上，而非急着表达自己的态度或意见。在倾听的开始，我们就要告诉自己——清空自身，跟随对方。

（2）使用复述或验证提问确认对方话语的含义或可能混淆的意图。

在聆听了内容信息后，第二步就是去和对方确认"我听得对吗"。

在这一步骤里，我们可以采用复述对方的话语（复述能够帮助我们更好地记忆与回忆），或者使用恰当的语句将旅客刚才说的信息用自己的语言表达出来。

当我们不是很确定旅客意图的时候，可以试着采用验证提问的方法去确认话语的含义。再次澄清也可能会纠正自己理解的偏误，使我们的服务更在旅客的"受力点"上。

这些提问其实也是在给予对方反馈。在倾听他人的感受、需要和请求之后,我们可以主动表达我们的理解。

在对自己的理解没有把握时,我们可以向对方进行确认。即使自己已经明白了,我们可能还会发现别人正期待我们的反馈。特别当旅客在说话时有明显的情绪,一般会期待得到他人的反馈。

(3)试着回应倾听到的情感层面,鼓励对方更多地表达。

在这一步中,我们会发现一开始有些困难,毕竟情绪情感是隐性的、抽象的。我们可以使用本书中情绪理解的一些技能,结合使用上一模块中对面部表情、肢体语言、语音语调等非语言信息所传达的情绪的理解进行初步分析。通常在交流中,非语言信息比具体说出的字词更难调控,所以也是更可靠的情绪指标。

如果我们在倾听其话语时敏锐地捕捉到了具体的情绪词汇,也是非常关键与有效的线索。

接下来,就是试着让自己设身处地去感受,并选择具体的适宜的语句将理解的情感反馈给对方。可以结合具体的服务情境来回应其情感体验,也可以适当描述自己所观察到的非语言信息。在这一步中,我们充当的角色是"镜子",所传递的意思是"我看到了你的感受,我能体会和接纳"。

在被准确地回应了情感之后,旅客通常会更愿意表达内心真实的想法。此时,可以采用开放式的对话、支持性的回应来鼓励对方说更多,从而真正理解对方的意图。

(4)通过继续倾听和确认对方的非语言回应来保证倾听的效果。

如果在前三步做得较好,旅客通常是能够感受到我们的关注和情感跟随的,在这一情境下,旅客的话语信息会更多,非语言信息将有所调整和松动。在这个节点,我们可以通过继续倾听和确认对方的非语言回应来进一步探索其真正的需求。这时候,我们要注意仍旧采用"温柔而坚定地说",调控自身的语言和非语言信息,采用更多语气平和的陈述句来与旅客达成共识。在非语言的调控上,也可以试着与旅客在那一刻所呈现的状态同频以表达认同和支持。在倾听的过程当中,可以使用多种非语言的表达技术,让对方感觉到你确实在专心地听。

(5)利用现有服务资源回应旅客真正需求

在倾听的最后,我们已经可以基本确认旅客的真实需求,也对旅客的情绪表达了支持与理解,这个时候就可以采用现有的服务资源去进行言语之外的反馈了。请记住,当旅客主动发起交流时,他们一定是有一个期待,或者说一个未实现的意图在心里的,只有认真倾听,才可以作出理解性的、情感性的准确回应,这才是真正有温度、有品质的服务。

**2. 倾听 – 反馈的分类**

在服务沟通时的倾听,不仅在于全神贯注地理解与跟随对方的语言和情感表露信息,往往还需要有即时的反馈,这样更有利于服务情境中的交流互通。如果将服务沟通时的用语及语言反馈,也就是"说",作为横坐标,服务沟通中的倾听品质作为纵坐标，可以分出民航服务人员大致的四种沟通类型，图 9-2 是倾听的四种沟通类型。

图 9-2　倾听的四种沟通类型

对应以上四种倾听－反馈的类型，会发现每一种都有其对应的个性特点与行为倾向，处于不同倾听－反馈类型的民航服务人员也有着其特定的心理机制，见表 9-2。

表 9-2　倾听－反馈的心理机制

| 倾听－反馈类型 | 倾听特质 | 服务行为表现 | 心理机制 |
|---|---|---|---|
| 善听会说<br>（既能倾听又能及时作出同理的反馈） | 善解人意 | 主动倾听<br>察言观色<br>灵活机敏<br>反馈及时 | 全神贯注<br>能够同理共情 |
| 楞听不说<br>（能倾听但过于被动不善于反馈） | 被动木讷 | 机械听说<br>不善沟通<br>反应迟钝<br>不善于澄清自己常显优柔寡断 | 缺乏主见<br>钝感<br>存在依赖、羞怯心理 |
| 楞说不听<br>（不善倾听且习惯于将自己的意愿强加于人） | 强加于人 | 一味表现自我<br>不顾及他人感受<br>过于在乎自身感受<br>常显急躁 | 独断专行<br>存在自恋心理 |
| 楞听胡说<br>（不善于倾听反馈的典型，也称为梦游者） | 混乱迷惑 | 倾听时不专心<br>反馈不得要领<br>不在乎服务工作 | 自我沉溺<br>缺乏岗位意识 |

### 3. 倾听的重要性

倾听就是努力了解语言背后所要传达的意思，具备同理心的倾听就像一首诗被仔细阅读与理解。大量的心理研究发现，倾听可以塑造坚韧的自我与牢固的人际关系。在我们年幼的时候，都是通过与他人对话来定义自我、维系自我的。当我们说出的话得到了理解，这份被理解便塑造了自我肯定。被倾听就意味着被理解、被认可，也就是我们的表达在别人身上得到反应，使我们的感觉、行动及用心有了意义。不被倾听时，我们都会感受到无法获得认可，无法开放地面对身边人；在服务情境中，若旅客有感受到不被倾听，这通常意味着同时感受到了服务人员的冷漠、敷衍甚至拒绝，这些都是会引发负面情绪的服务失当。在日常生活中，无人倾听，会让我们觉得受忽视、不被认可、被隔绝、被孤立。在痛苦时没有被倾听，个体甚至会采用消极的办法来回避痛苦。

沟通过程总是互为主体，也就是反映了两个主观现实的动作与互动情况。表达与被认可是双向的、互惠的过程。双向不仅是觉得被理解、有价值，还有一种分享感，感觉和某人站在同一阵线上。倾听塑造了自尊，自我的生命力与接收到的倾听质量是呈正相关的：在成长过程中被认真倾听的小孩更有自信。在我们与旅客的服务交往过程中，说与听是联结并维系双向关系的重要纽带。如果一个人在说话时，没有人听，说话者便无法满足，无法顺利完成传递想法与表达情感的目的，也因此，在说话者的心中产生了一种被拒绝、被忽视的挫败感。倾听有治愈的能力，表达及被认可是自我生命与他人生命互动、互惠的过程，自我的生命在这个过程中得到了完整，人际关系在这个过程中得到了平衡。

#### 4. 阻碍倾听的心理因素

1）被动分心

分心是服务的过程中心不在焉，表面上在听，内心想着自己手头正在做的事，被外在环境所干扰。比如，客舱乘务员正在分发餐食，新乘小吴内心觉得满客的工作量很大，自己要在规定的服务程序中赶紧把餐食都分发完成。此时若有旅客提出其他服务需求，即使听到了旅客的话语，小吴的注意资源仍旧分配在手中的餐食供应流程中，未能很好地响应旅客。

2）过于聚焦自身

若倾听目的限定于一味表达同意或展现认同，只是为了给对方留一个好印象，于是不断地点头表示赞同，但并没有真正去听和理解。又或者在倾听过程中忙于考虑自己接下来要说什么，所以没有真正地听，看起来我们可能很感兴趣但真正听到的很少。在这一倾听障碍中，究其缘由，都是把注意力过多放在了自己身上，而没有聚焦在倾听的对象。这样看似在听，却什么也听不到。

3）先入为主的预设

听者之前的生活经验会干扰用心倾听，当我们无意识地依据先前建立的期待，或者将所有个人经历——包含过去的经验、期待、感受、希望与担忧等投射到目前的对话中，先入为主的预设常使我们以自己的主观认知来揣测说话者的意思，使我们无法真正听进对方所说的话。此时我们在听的，并非对方的诉求，而是自己的内心。民航服务人员需注意自己可能持有的偏见或刻板的应对模式，以预防干扰倾听。

4）不假思索地对答或打断

有时候我们觉得自己知道对方接下来说什么，于是便不由自主地插嘴，不假思索地作出反馈，急于将自己的同样经验告诉对方，甚至兴致高昂地谈论自己的感受、建议或批判，这种无法暂时搁置自我需求的结果破坏了倾听。有时反馈的速度之快往往在于将对方的一句话打断，给旅客以不受尊敬或被冒犯的感受。不假思索地对答容易断章取义或扭曲对方的意思。

5）情绪上的防御

目前的人际关系与早期的人际关系以循环的方式在互动，现实生活的情境维持了内在的期待，而这些期待也是依诠释的结果被选择出来的。情感的过滤器阻止人听到自己不喜欢的内容，仅将注意力放在让自己高兴的事情上，只听自己愿意听的。面对这一部分，我们需要找出那个阻碍我们学会接纳的原因，而非责怪自己的不成熟、自私或无能。并不是因为我们不是好的听众，而是我们潜隐的情绪，使得谅解及关爱受阻了；如果我们可以清除一些自动的情绪反应（如习惯性地挑剔、害怕、受伤），我们就可以感受到同情、好奇及温柔。

倾听最关键又最困难的是：真正的倾听者需要对说话的人本身以及他所说的话感兴趣。要真正地"看到""听到"他人，首先要学会搁置自己的兴趣。倾听不只是主动的过程，它通常需要刻意努力以搁置我们自己的需求及反应。在客体关系理论中是这样去理解倾听的障碍的——从出生开始，我们的生命就在与人的关系中慢慢演变，而这些关系也留下了我们对自己、他人及与他人关系的内在影像（internal images）。长大成人后，我们不只对真实存在的他人作反应，也同时在对我们自己"内在的他人"（an internal other）作反应。不要责怪自己是不好的听众，相反，可以学会分辨及疏解那些干扰我们的部分，这么一来，我们就会让自己成为有效率的倾听者。

## 9.1.2　心与心的交流

为了检验自己倾听的习惯，让我们一起来完成下列问卷。请诚实回答每道问题。由于倾听习惯会因为对象不同而有差异，我们可以先想一个跟自己有关的特定人士，然后回答这些问题。你也许想做两次测验，第一次可以以家中成员为对象，另一次以同事或朋友为对象。

当我们在聆听他人说话时，可以按"从不""有时候""时常""总是如此"表示。

（　　）1. 我有意识让别人觉得我对他们及他们所说的很感兴趣。
（　　）2. 在别人说话时，我会思考自己想说些什么。
（　　）3. 在我提供意见之前，会注意到说话者所说的内容。
（　　）4. 我会在别人还没说完之前就插嘴。
（　　）5. 我会允许别人抱怨而不与之争论。
（　　）6. 我会在被询问之前就提供建议。
（　　）7. 我会专心想了解对方要说的是什么，而不仅仅是响应他们使用的字词。
（　　）8. 我会分享自己类似的经验，而不是请对方说得更详细一点。
（　　）9. 我会邀请别人告诉我更多有关他们的故事。
（　　）10. 在对方还没有说完之前，就假设自己知道对方要说的内容。
（　　）11. 我会重述内容或指令，以确定你的理解是正确的。

（　　）12. 我会判断谁说的话值得听或不听。
（　　）13. 我会努力聚焦在说者，也企图了解他要说的是什么。
（　　）14. 在对方开始无目的地闲聊时就漫不经心，而不会试着投入，让对话更有趣。
（　　）15. 我会接受批判，而没有防卫之心。
（　　）16. 我认为倾听是本能，不是需要努力才能获得的技巧。
（　　）17. 我会主动努力了解对方所说的，了解他们对事情的看法与感受。
（　　）18. 假装在听，事实却不然。
（　　）19. 尊重对方所要说的。
（　　）20. 觉得听别人抱怨很烦。
（　　）21. 运用有效的提问邀请对方说出想法。
（　　）22. 在别人说话时会提出不相关的评论。
（　　）23. 认为别人视你为好的听者。
（　　）24. 我会告诉别人你知道他们的感受。
（　　）25. 在对方对你生气时仍旧可以保持冷静。

积分规则：单号题答"总是如此"为 4 分，"时常"为 3 分，"有时候"为 2 分，"从不"为 1 分；双号题则反向计分，"从不"为 4 分，"有时候"为 3 分，"时常"为 2 分，"总是如此"为 1 分。

得分：85 ～ 96 分优，73 ～ 84 分标准以上，61 ～ 72 分标准，49 ～ 60 分标准以下，25 ～ 48 分劣。

如果你在测验中得到高分，恭喜你！继续学下去为你还没做到的加分，或许你会有继续改进的想法。如果分数不理想，一次挑一个坏习惯，练习让对方可以完整说完话，然后在你说出自己的想法之前，让他们知道你倾听到了什么。只要做到这点，将会对你的服务工作助益无穷。

我们也可以问问自己如下问题，检验自己的倾听能力。

（1）我会选择合适的位置来听清楚对方的话吗？

（2）我除了听内容，还会听潜藏在字词之下的情绪吗？

（3）我会不注意说话人的外表，只在意他说的内容吗？

（4）我除了听对方说什么，还会看着对方吗？

（5）我在评判对方说的话时，会注意到自己的偏见和感觉吗？

（6）我会把注意力一直放在所说的主题上，跟着对方的思路吗？

（7）我会尽量找出所听内容的逻辑与推理吗？

（8）当我听到觉得是错误的内容时，会克制自己不插嘴或不继续听吗？

（9）我在讨论的时候，愿意让别人做最后的决定吗？

（10）我提出意见、回答或反驳时，会先确定自己顾虑到对方的立场了吗？

这些问题会让我们审视自己需要在哪些方面去提高自己的倾听能力。要做到良好的倾听，最简单的办法，也是最基础的办法就是专心，专心在对方的身上，专心在对方的话上。接下来我们会大量练习"专心"倾听的方法。

听，是尊重的表现、理解的表现，是信息收集的渠道，更是关系建立的保障。在接下来的几天里，挑出一些对你来说很重要的关系，试着找出让你的倾听受阻的几件事。一般的干扰包括心里在想别的事，想同时做两件事，对说话的人有负面看法（"她总是抱怨"），对主题不感兴趣，想说些关于自己的事，想急于给建议，想分享类似的经验，或喜欢批判他人。一旦你认出自己的坏习惯，以一周时间练习以减少其中一个坏习惯，在你认为是重要的对话中练习。

### 9.1.3　心理技能实践——调整我们的倾听态度

在接下来的这一周，想想你最在乎的人，选择他们中的一个人进行倾听式的谈话——听听看使用倾听技术是否可以与他们聊更多的内容，让他们展现更多的面向。预测一下，如果你非常用心听这个人说话，会发生什么事？

在一次对话结束之前，花几分钟反省在这些对话中发生了什么。你自己觉得在倾听上的表现是怎样的？对你来说有什么因素造成倾听的困难？你的努力结果如何？可以试着将这些想法记录下来。

有意识地在日常对话中练习不去打断别人，提升搁置自己需求的耐受能力。可以试着邀请对方说完他们想说的话，试着说"嗯嗯"，或是"再多讲一些吧"，或是记录一下哪些句子对促使对方多说一些是很有用的（在下一个学习任务中，将具体讲授开启对话的方法）。你也许会发现这个练习有用，通过练习"不打断"，也可以培养做事的耐心。

### 心理 Tips

倾听最关键又最困难的是：真正的倾听者需要对说话的人本身以及他所说的话保持

专注。服务工作的建立基础就是对人类群体最基本的爱与好奇，试试可以帮助我们调整情绪的正念练习，练习有效倾听。

### 1. 保持专注，用心聆听

将注意力保持在当时当下。人的注意力会不断地变动起伏，非常容易分心。在谈话刚开始时，旅客所表达的感受往往是冰山一角，有许多相关的感受并没有得到表达。倾听将为他们探究和表达内心深处的感受创造条件，如果急于表达自己，会妨碍这个过程。所以在旅客充分表达前，要一直保持专注。

### 2. 暂时搁置自己的需求

要把注意力聚焦在此时此地的对方身上，我们必须先搁置自己的需求。倾听不只是主动的过程，它通常需要刻意努力以搁置我们自己的需求及反应。比如，搁置打断的冲动；搁置担忧、愤懑、不满、疲惫等情绪，这些都有可能干扰与影响我们的倾听品质。

### 3. 调整并保持谦和的态度

保持良好的倾听需要我们具备一个谦和的态度——一个"准备去理解"的态度，"准备去理解"并不表示真正了解某人的想法及感受，而是指愿意开放自己去倾听、去发现，去试着感受对方的感受。倾听不是一种被动的技巧，需要付出积极的努力，"准备好"其实是一种积极的倾听态度。学会先回应对方说过的话，再开始自己的内容，同时也能确认，自己是否真的听懂对方的意思了。

当你试着厘清为什么自己或别人会无法有效倾听时，要记得一件与了解有关的名言："我们想要接受别人，就如同我们接受自己那样。"这也是为什么多数在被尊重的环境下长大的人，会是较好的倾听者。然而我们不必因此而自我局限，如果我们学会尊重别人的感受，我们将在过程中学会如何善待自己的感受。请记得——我们不能容忍他人的地方，就是我们不能容忍自己的地方。

只要我们投射那个错误的想法（我们的部分自我是不够好的，因此不值得被疼爱、尊重及公平对待），就不能够好好地倾听别人说话。对人类尊严的尊重是从我们自己内部发展出来的，对他人的尊重同时也能增进我们的自尊。容忍、欣赏自己及别人的感受，能协助我们倾听及了解那些隐藏在生气和悔恨背后不可避免的伤害。当没有人听见我们的感受时，我们的心灵就被压抑、扭曲了。然而当我们的感受被认真对待和聆听，隐藏在抱怨之后的委屈和愤恨才可能烟消云散。

## 任务 9.2　在服务中应用倾听

在学会了大部分的倾听理论后，就应该在服务中实践应用了。民航服务中的反应式倾听（responsive listening）简单来说就是先邀请对方表达他的感受，然后应用倾听技术明晰旅客心理需求，并通过使用现有服务资源回应旅客的过程。经常实践反应式倾听技术可以有效改进我们在服务中的倾听能力，下面是民航服务中的倾听练习，可根据服务的需求进行有针对性的练习。

民航服务中的倾听练习

☐第一步：观察旅客的语言与非语言信息，将注意力聚焦在对方。
☐第二步：使用复述或验证提问确认对方话语的含义或可能混淆的意图。
☐第三步：试着回应倾听到的情感层面，鼓励对方更多的表达。
☐第四步：通过继续倾听和确认对方的非语言回应来保证倾听的效果。
☐第五步：利用现有服务资源回应旅客真正需求。

## 9.2.1　心理知识建构

**1. 应用倾听中的非语言**

在倾听旅客讲话时，可以观察到对方的面部表情，听到其所说的内容，看到其说话时的身体姿势，通过对这些细节的观察都可以较好地了解其内心活动。除此之外，一个人说话的声音（又称为副语言）也是其内心活动的反应。同样，当我们全神贯注地倾听，而且时不时地应用非语言作出回应时，旅客也能接收到我们的用心。

我们与旅客沟通时，最先看到的是对方的头部，每个人的头部动作和姿势都是非常有特点的。例如，在谈话中，有的人喜欢将头侧向一旁倾听，有的人喜欢将脖子挺直，还有的人喜欢将头低下。这些头部姿势都是由于人们内心不同的活动状态以及性格的特点形成的，所以通过观察人们的头部姿势可以洞察其心理特点和性格特征。

（1）头侧向一旁的旅客。当一个人在倾听对方讲话时将头微微侧向一旁，其所表现出的状态是对讲话者所谈的内容很感兴趣，正在认真地聆听对方的讲话。当我们与这类旅客交谈的时候，我们要表达对他们懂得体谅他人，会换位思考的能力的肯定与赞扬。也可以适当诚恳地透露自己的难处，取得对方的理解。我们也可以使用头偏向一侧的身体姿势，向旅客表示自己正用心地与其交流，这样他们也会更集中注意力，感到心情愉快。此外，在服务情境中，大部分时间旅客是坐在其座位上的，如在候机厅候机或者坐在飞机客舱内部，此时民航服务人员也要注意旅客的头部姿势，更多的会是微微扬起的状态，那也代表了认真倾听的意愿。

（2）脖子挺得笔直的旅客。在与人交谈时将脖子挺得笔直的人表现的态度是比较客观和中立的，但隐藏在内心的情绪可能是焦虑与愤怒，负性情绪往往会导致身体姿势的僵硬。脖子挺得笔直的人比较注重细节，对于细节观察能力也很强。他们为人处世非常有原则，与这类型的旅客沟通，我们要留意事件的细节，并在回应时详细讲述论点论据上的具体内容和客观事实。

（3）垂着头的旅客。在交谈中，垂着头的旅客表现的态度是对谈话者所说的内容不赞同或感兴趣，此外垂着头可能也有悲伤、无助的情绪体验。这种人的性格特点内向含蓄，比较在乎自身的感受。在遇到自己不感兴趣的话题时，会慢慢将头低下，这个动作预示了他们内心的态度可能是否定的，甚至想通过某种途径避开当下的谈话。与该类旅客进行较为深入的交流时，需要一定的耐心和恰当的沟通技巧。

（4）脑袋向前伸的旅客。当有人在交谈中做出这种姿势时，表示他们可能有攻击的意图。与该类型的旅客沟通，我们要理解他们对他人的信任程度比较低，不太会轻易相信他人，可能会给人一种难以接近的感觉。但我们也应该摒除内心的担忧，更多地站在他们的立场去理解，通过积极倾听找到可以沟通的频率。

（5）脑袋向后仰的旅客。当有人做出这种动作时，表示其内心正在进行着激烈的思想斗争或者充满了无奈。当我们在与旅客沟通的过程中，旅客做出了该动作，请不要试图施加压力或贸然开启新的话题，而是应该耐心等待其作出决定或仅仅表达对其无可奈何的心情的体谅与共情。

心理学家和行为学家通过研究发现，人们的头部在做出不同的姿势时，其所表现的情感和心理是不同的，所以要根据具体情况来分析，通过观察来捕捉不同旅客的心理特点。掌握了观察非语言信息的能力，我们在与人谈话的时候，就可以揣摩心理状态，从而更有针对性地倾听与服务。

**2. 应用非语言表达倾听时的专注**

图 9-3 中将非语言沟通的技巧总结为倾听的 SOFEN 技术，可以供民航服务人员应用。

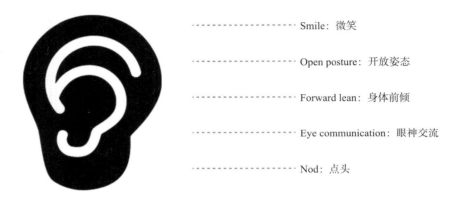

- Smile：微笑
- Open posture：开放姿态
- Forward lean：身体前倾
- Eye communication：眼神交流
- Nod：点头

图 9-3　倾听的 SOFEN 技术

**3. 微笑、开放姿态、身体前倾、点头传递的心理意义**

在与旅客的服务过程中，我们也可以使用微笑、开放姿态、身体前倾、点头等非语言信息向旅客传达"我在认真倾听"的意思，我们已经在前一单元学习到这些发送友好讯息的技能了，在倾听这一模块中应当可以熟练使用。当然，我们在本训练中的一开始就已经提到，倾听的重点在于将注意力调配至倾听对象的身上，而不是将注意力放在自己是否"展现"了友好的自我关注上。对民航服务人员而言，在日常服务工作中，应频繁应用这些非语言技能，使得"点头""微笑""表达专注的身体前倾"等非语言姿势像呼吸一样自然而然，不需耗费大量注意资源便已流露，这即是民航乘务人员的专业素养。

在倾听中，我们也可以尝试在制服口袋中随时携带小笔记本，在倾听旅客的服务需求时提炼重点并作适当记录，也便于在繁忙的工作中提升记忆并准确理解。

**4. 倾听时的眼神交流**

应用我们之前练习过的眼神接触技能，将眼神聚焦于我们所倾听对象的面部与肩部，并时不时地与交流对象有视线均等（尽量不要俯视或仰视，而采取平视的视线投出位置）的对视交流。这样不仅可以向我们的倾听对象表达自身的专注，也能更好地观察其身上非语言（如面部表情、手势、身体趋向）的变化。若我们与旅客交流时眼神游移，或者目光下垂，很容易传递一种心不在焉或者断开连接的负面信息，切记！倾听的第一要务是专心，提醒自己调整可能导致分心的非语言动作。

 心理 Tips

### 回答或开口说话前，试着先停顿一下

除了以上非语言的应用外，为了克制自身不假思索地反馈的冲动，或者为了练习搁置自己表达或先入为主的预设，我们可以试着在回答或开口说话前先停顿一下。这样便于先思考一下自己反馈的目的，即是否有助于开展这场谈话，也有利于感受自身的情绪，在调整了自身的状态后更好地回应。若旅客有其他想表达的观点还没有完整说出，这个停顿的契机也有助于他继续将内心的想法吐露完整。

图 9-4 向我们展示了倾听的 SHUSH 公式（"嘘"的英语词义），这个公式既把几个倾听的要素连接在一起，本身又有克制自己的含义，便于大家记忆。

> Show your care：表现出你的关心
> Have patience：有耐心
> Use open questions：用开放式的问题
> Say it back：复述对方所说的话
> Have courage：有勇气

图 9-4　倾听的 SHUSH 公式

### 9.2.2　心与心的交流

我们在倾听的运用练习中发现了许多不同面向的沟通模式——给建议的权威者、总是批判的挑剔者、应付回答的敷衍者、只关注自身看不见他人的自我中心者以及温暖宽容的共情倾听者，相信在实际体验的过程中这些不同的回应一定激发了你不同的心理感受，勾勒起不少成长经历中的深刻记忆。现在请挑出三位你经常碰面的人或自己生命旅程中最开始的倾诉对象，在表 9-3 中记录下通常你对他们说话时他们习惯的反应，以及你在被这样对待后一般会对此做出的行为。

这位对你来说很重要的沟通对象做了什么让你觉得他们没有真正听到你说话？那些经验又怎么影响你现在对他人的倾听品质的？

请记得，成为一名优秀的倾听者，生活中的积极运用与频繁尝试会有助于倾听技能的掌握，这个能力的发展一定会迁移至我们的工作中，帮助你更好地与他人交流互通。

现在请两两分组，一方先讲出自己近期最想要分享的一件事，另一方可以尝试使用倾听技术来进行倾听。在倾听的过程中，你不需要对对方所说的表示同意，只是专注地倾听整个倾诉内容，想象自己进入他人的经验中，然后试着问："还有吗？"最后将你的了解说出来——不是重述对方所说的，而是将对方试图要表达的情绪、意图、隐藏在

冰山下的期待和渴望讲出来。

表 9-3　我被倾听的品质

| 我与××的沟通 | 他惯常有的倾听反应 | 当我被倾听／不被倾听后的感受与行为 |
|---|---|---|
|  |  |  |
|  |  |  |
|  |  |  |

　　试着这样去做，然后两两交换，分享感受。在练习对话过程中，你可以在对方说完之后做摘要。借由记笔记的方式，觉察你听的能力如何。重要的是不要只是重复对方所说的，而是说出你认为对方所要表达的究竟是什么。

　　如果你真的对对方的事情感兴趣，下面这些问题可供你参考。

　　"你最近在忙什么？"

　　"你这个星期想做什么吗？下个月呢？"

　　"你在担心什么？"

　　"告诉我你家的事。"

　　"这几天让你最开心的事是什么？"

　　"你喜欢做什么？什么是你最擅长的？"

　　"目前你在工作上感到压力最大的是什么？"

　　"到目前为止，你这个星期发生最棒的事是什么？"

　　"哪些人对你影响深远？是怎样的影响？"

"你有哪些梦想或理想？其中有哪些是你已经放弃的吗？"

"告诉我你最近最想要完成的计划吧。"

当你们完成分享后，请对方协助你检视自己的倾听技巧。如果你感到在分享过程中无法准确抓住对方想表达的意思，那么可以试着思考：到底是什么原因阻挡你有效倾听对方？当时自己应该怎么响应？感觉很无聊？想到别的事情？只能听到对方的话，却无法理解其背后隐藏的情绪体验？这些都是你尝试要成为一位好的倾听者必须克服的习惯。

接下来，我们将继续来看以下两位朋友之间表达感受的陈述，试着体验一下，若我们是发起话题的那个朋友，我们希望对方作出怎样的反应。

A："今天航班延误了好久！"

（1）也许你下次可以选择不要在雷雨季节出行了。

（2）跟你说了最近天气差，不要去坐飞机。

（3）嗯，很遗憾。

（4）嗯，很遗憾，最后延误了多久？

（5）我也有过延误。那次还在候机楼发了盒饭。

B："我不知道该穿什么去相亲。"

（1）你穿那件吧，那件显年轻。

（2）你老是这么自卑。

（3）我知道，很难做决定。

（4）什么时候决定去相亲的？你对要去相亲有什么感受？

（5）我上次相亲也不能决定该穿什么。

C："昨晚我终于把累积的工作全做完了。"

（1）也许你该提前准备，不要总赶在最后。

（2）你老是这个样子，前面都在做什么。

（3）真不容易。

（4）真不容易，累坏了吧？

（5）我自己昨天晚上也没睡好，也一直在加班。

D："我做得比别人多，却没有人注意到。"

（1）也许你应该少做一点。

（2）这是你的错，你总是为别人做事。

（3）很不公平。

（4）这样的情形有多久了？

（5）我知道你的意思，我也是第一个上工、最后一个离开的！

在这些案例中，选（1）是给建议；选（2）是批评；选（3）是同理的回答，但是让对话结束；选（4）是同感共情的回答，也可以开启更多的对话；而选（5）是只关注于自身的自言自语。你有没有看到一些自己常常出现的模式？

现在，我们开始练习同理的回答，也可以试着邀请对方叙述得更详细或更深入。我们将在下一个学习项目中具体学习这种技术。

129

### 9.2.3 心理技能实践——在民航服务中应用反应式倾听

现在，我们将结合具体的民航服务情境来逐步应用反应式倾听的步骤。

第一步：观察旅客的语言与非语言信息，将注意力聚焦在对方

针对第一步，我们需要做到的调整是——"让旅客先表达"，然后全神贯注于他所说的，并同时观察其非语言信息。

把自己想说的先搁置在一边，先听旅客说完，也可以让你明白他所想的，让他觉得自己被了解，也会让他更有愿意听你的看法。

检视自己想插话或预设的冲动，专注地倾听对方的话语。

以不防卫或同意的方式，邀请对方表达他的想法、感受与期待。

我们可以使用如下的服务用语"先生/女士您好，我有什么能够帮助您的吗？""刚才发生的情况，您的感受如何？需要我做些什么吗？"来开启对话，并在倾听的全程保持专注和调整自己的非语言姿态。

第二步：使用复述或验证提问确认对方话语的含义或可能混淆的意图

在这一步中，我们可以尝试以自己的话复述对方的立场，来表达你认为他表达的是什么，或者请对方纠正你的印象或更详细描述他的看法。所谓的复述（repeating），是指民航服务人员在倾听旅客说话的过程中，简单重复叙述对方的讲话要点与内容，以确认完全明白对方的思路及意图。

倾听反应中复述的技巧见表9-4。

表9-4 倾听中的复述技巧

| 复述技巧 | 定　义 | 应　用 |
|---|---|---|
| 表强调的复述技巧 | 通过重复、停顿、提问等方式来强化或提炼对方话语要义的技巧 | 强调重复：重要词干、语句、关键词等<br>停顿重复：简单停顿、重点停顿<br>提问重复：开放式提问、封闭式提问<br>总结重复：间隙重复、结尾重复 |
| 表总结的复述技巧 | 阐明或提炼对方话语要义的技巧，可帮助对话双方思考、整理重要脉络 | 开篇总结：交流思想，明确目标<br>阶段总结：不断整理思路，易于抓住重点 |

在倾听的第二步中，以复述旅客的信息，提炼要义，整理思路为准，可以把自己的服务响应保留到稍后的时间。在开口复述前适当停顿一下，可询问对方愿不愿意听听你的意见。

我们可以使用如下的服务用语来复述或确认旅客的意图，试着问一些具体的问题，表现出你理解了对方说话的重点，也鼓励他说得更详细一点，鼓励对方说出自己真正的看法及感受。

"所以，您说的是……是这样子吗？"

"我想我明白您所说的，但是我想确定一下，您认为我们应该……"

"如果我没理解错的话，您认为……"

"您是不是觉得……"

**第三步：试着回应倾听到的情感层面，鼓励对方更多的表达**

这一步骤，民航服务人员可以根据具体的服务情境来进行调整。

如果旅客的需求是以具体的询问应答为主题，那么我们应先回复并及时确认其所需的信息层面内容。例如，在候机楼内询问某个场所的具体方位；询问所需提供的证件资料；询问办理某个流程时的具体节点等。这更多的是事务性回复，民航服务人员此时的倾听重点应放在听清旅客所指向的重点内容，有针对性地进行专业回复。

若旅客在话语中的情感成分已经大于信息交流的层面，如带着抱怨、不满或者对某件事非常不理解、焦急、遗憾、难过等，我们就应该直面这个情绪的部分，去回应倾听到的情绪，向其传达——"我注意到了你的生气，你感到权益受到了损害。"或"这个包裹的遗失一定令您非常急切，里面的物品对您来说都是很重要的吧，您看我们可以……"

在这一阶段，民航服务人员应具备同理心，对他人的感受采取一种开放的态度，认同他人的观点，肯定他的情绪，而不加入自己的批判，并要尝试控制自己情绪化的反应。

要注意多使用开放性陈述（如"再说多一点""还有什么吗？"），而避免使用封闭式陈述（如"我知道了""我们经常碰到相同的情况"）。这样旅客才会愿意吐露更多信息，使我们能够对情绪和体验有更深入了解。

**第四步：通过继续倾听和确认对方的非语言回应来保证倾听的效果**

真正的倾听，需要站在他人的立场努力体会对方的感受。想象一下，如果你是他，你又觉得如何呢？经历了前三个倾听的交互，我们大致已经可以了解事情的轮廓，但请记得，这还不是事情的全貌，也可能还未有真正的诉求，我们已经抱着虚怀若谷的心态去继续了解——"到底发生了什么"？去思索——"我应该怎样回应？"此时继续观察旅客的非语言信息也可以确认自己刚才的倾听是否正确，服务回应是否是旅客所希望的。我们可以使用如下用语来继续弄清冰山下隐藏的部分：

"我很抱歉有这样的误解，我真的很想继续听听你的看法。"

"我想我知道我们理解不同的地方在哪里，但是我不能确定，你的意思是……吗？"

**第五步：利用现有服务资源回应旅客真正需求**

当倾听进行到这一步，我们已经透过专心聆听、细心观察和验证反馈较为准确地理解了旅客的感受、需要和真正诉求。此时我们不仅可以主动表达我们的理解，也应合理利用现有的服务资源（这个资源包括人力资源和物质资源）来进行具体的回应了。

---

**当我真的有爱时（节选）**

维吉尼亚·萨提亚

当我真的有爱时

我会在你说话时凝视着你

我会试图理解你在说什么，而不是准备怎样回答

当我真的有爱时

---

我倾听并选择放下防卫

我听见了你，而且对于对与错不加评判

当我没听懂时，我请你澄清我没有理解的地方

我接纳你的感受，听到你的想法

当我真的有爱时

我允许你深深地触动我，即使我有可能会因此而受伤

我会告诉你我的梦想、我的希望，以及什么能带给我喜悦

我还跟你分享我在哪里失败了，在哪里我觉得做得还不错

当我真的有爱时

我跟你一起放声大笑

我会跟你谈心，而不是对你训话

# 项目 10　在民航服务中应用同感共情

1. 理解同感共情的概念，掌握同感共情的步骤。
2. 在服务中运用同感共情的倾听与同感共情的回应进行沟通。
3. 从同感共情的角度理解旅客的需求、动机、情感。

## 任务 10.1　理解同感共情

同感共情来源于心理咨询技术的核心概念，是人本主义心理学的关键词。同感共情（empathy）的英文原意，指的是一种在理解他人的基础上，对其情感与动机等心理活动的认识与认同。民航服务人员的同感共情能力（empathetic competence），是一种能够从"内部看他人"的心理能力，即能够在自己的心中体会他人的情绪情感，在服务中设身处地共鸣他人感受，理解他人动机及需求的能力。对旅客情感的呼应是提供人性化服务的重要基石，也能够有效促进与旅客良好的沟通交流。发展民航服务人员的同感共情能力，可以帮助其准确体察服务对象的真实感受，学会从旅客的角度去看待服务工作，明确其动机与服务需求；同感共情是一种对他人情感体验温暖而调谐的理解，在被同感共情后旅客会获得更优质的服务体验。

**心理现象思索**

情境 1：机场候机楼旅客小 A 向地服人员抱怨说，自己的行李在托运过程中被摔坏了。

旅客："你看，我的行李摔了那么一下，凹进去了一大块。"

地服人员 A："稍等，你可以联系有关部门帮你解决。"

地服人员 B："我看到了，这么新的行李箱，摔了一下的确很心痛的，我们一起来弄清楚是哪个环节出了问题，好吗？"

情境 2：机场入境检疫区海关人员发现从海外归国的旅客周某在托运行李中携带了一盆植物花卉。

海关人员："女士，您无法携带这盆植物入境。"

> 旅客："它是我这些年在国外时的心理寄托，陪了我很多年，我不会丢弃它的。"
>
> 海关人员 A："根据我国的检疫规定，你必须丢弃它。"
>
> 海关人员 B："哦，你不想丢弃这盆花卉，因为它对你来说有特别重要的意义，你非常不舍。可是根据我国的检疫规定，所有根系的植物是不能携带入境的。"

**想一想**：以上两个情境中，哪一句是同感共情的表述？若你是当时那个情境中的旅客，听到两句不同的回答时，会产生怎样不同的心理体验？

## 📢 10.1.1　心理知识建构

### 1. 同感共情的含义

奥地利著名心理学家阿德勒曾经用这样一句话来形象地比喻同感共情："所谓同感共情，就是试着穿上对方的鞋子（站在他的立场上），来观察与感受对方的体验。"同感共情的经典定义是：感人所感，想人所想。

在对英语 empathy 一词的翻译上有许多不同的版本，有的译者将它译成"共情"，也有心理学者将其译作"移情""替代体验"；较为常见的，是将 empathy 译为"同理心"或"同感共情"，这些翻译都很微妙，体现了不同学者对于情感共鸣的信达雅。在本学习单元，为了更方便阅读与体验，统一采用"同感共情"来讲述这个概念。

> 共情是种很奇妙的体验，就像你正在黑暗的角落里，有一个人提着灯走过来，对你说："我能坐这儿吗？"

罗杰斯将同感共情定义为一种能力——"准确地理解另一个人的内部参考架构，同时还能与组成对方内心世界的情绪和意义沟通。"心理学家 Tichener 提出同感共情是一个客体人性化的过程，与他人接触交往中，走进对方内心世界，置身其中感知和体会对方的情绪、情感、体验。Feshbach 认为产生同理心，有三种必要的成分：①认知成分，区分与辨认他人情感状态的能力；②社会成分，假设对方观点和角色的能力；③情感成分，经验情绪和反应的情感能力。民航服务人员的同感共情，建立于服务过程中能够对旅客的情绪和情感，具有认知性的觉知、把握与理解。主要体现在民航服务人员情绪自控、换位思考、倾听能力以及表达尊重关怀等与情商相关的方面。

在同感共情中，民航服务人员首先应具备倾听与非语言观察的能力。真正的同感共情是感受对方的心理感受与情绪体验，倾听到、观察到对方的情绪体验，而不是解读对方的思维。这种对情绪的共鸣会通过我们大脑的镜像神经元进行传播，因此让我们产生同理心，以此理解他人的心理感受。

同感共情是对心理现实的理解能力，心理现实是人对于心理世界中各种对象及对象之间关系的认识和体验，主要包括自己、他人和背景。比如自己是一个什么样的人，父母是什么样的人，世界是安全的还是危险的，在与他人的互动中自己有何种体验等，这些我们在本教材的第一部分——自我探索中已有过涉猎，也初步了解了如何通过自己的体验和反思，去体察对方的内心世界中的自己、他人和环境及其体验。

同感共情是一种对于自己和他人心理现实的体察和理解的能力。对于自己的理解，也是十分必要的，如果一个人长期处于情绪化或者盲目的状态，他的同理心是不足的。一个人，若能共情他人，都是因先得到了足够多且好的回应。同感共情对于个人心理发展极为重要，因为信任关系来源于同感共情。一个人一旦具备了同理心，就容易获得他人在人格、态度或价值观方面的信任。同理心并不是迎合别人的感情，而是能够理解和尊重别人的感情，在处理问题或做出决定时，充分考虑别人的感情。学者们认为，没有一种完美适用于所有情境的沟通技巧，而有些人之所以是优秀的沟通者，是因为他们会根据所处的情境、所面对的人（彼此的关系）作出恰当的反应。

人类所有的故事，如果仔细审视，特别是能深入听他们讲话，就会发现，我们都活在共同的人性中。要想成为对社会有用的人才，必须首先学会看到自己以外的广阔世界，为更多的人服务。成熟有两种，一种是掌握了现实规则的成熟，另一种是人性的成熟。在人性的成长中，同感共情的体验具有独特地位，是面向未来的重要能力。

**2. 同感共情的层次**

心理学者卡可夫将同感共情划分为两个维度：在第一个维度中，同感共情是初级的（primary empathy）——此时沟通回应的是对方"明确表达"的感觉与想法；在第二个维度中，同感共情是更具洞察力的（advanced empathy）——此时沟通回应的是对方叙述中"隐含未说"的感觉与想法。在此基础上，卡可夫将"同感共情"反应分为以下五个层次，见表10-1。

表 10-1　卡可夫"同感共情"的五个层次

| 层次一 | 没有重视与理解他人的语言与非语言行为 |
| --- | --- |
| 层次二 | 回应时忽略或轻视了值得注意的情感因素 |
| 层次三 | 对表达作出回应，基本上可以进行同感共情 |
| 层次四 | 能够反映对方的想法与感觉，并关注了那些值得重视的信息 |
| 层次五 | 能够反映对方未表达的深层想法与感觉，并能揭示深层含义 |

结合沟通中同感共情的层次，我们将民航服务中的同感共情分为三个层次。

在第一个层次上，服务人员对旅客毫无同感共情的反应：完全忽视旅客的感受和行为，只是程序化地完成服务流程。在这一层级中，民航服务人员是完全不做换位思考的，因为我不是你，不了解你，所以很可能没有相同的感受，就出现对其行为、感受的不理解，甚至是冷漠、敷衍、批判与矛盾。

在第二个层次上，民航服务人员能够有意识作出同感共情反应但反应是片面且不准确的：试图理解旅客的行为但基本忽略其真实感受或投射了自身的情感。在这一层级中，民航服务人员由于工作经验或者心理能力的限制，与旅客的同感共情非常浅，有时也可能把自身的情感投射到旅客身上，假设对方与自己有相同的感受，在这个心理机制中，民航服务人员还是站在自己的视角上，因此也会出现价值观不同、文化背景不同、成长经历不同下的难以理解。

在第三个层级上，民航服务人员会对旅客有较好的同感共情反应：理解旅客的体验、行为及感受，能把握其隐藏于内心的感受和想法。在服务过程中不仅可以温柔地说，也可以耐心地聆听，善解人意地去理解。站在旅客的视角与立场上，感受对方的体验，从旅客的身体姿势、趋向、面部表情、语音语调等多维的非语言中感受情绪，也可以听懂旅客言语之外的诉求与需要。

**3. 同感共情的认知误区**

**1）同感共情不是一味地同意**

同感共情不是同意（empathy is not agreement）。两者的本质区别在于前者是对旅客内心感受的推测、理解与尊重，而非对其想法和理念的照单全收。在民航服务工作中表现同感共情，是为了"感其所感，将心比心"，表达尊重获得信任，以提供理解促进反思。服务工作中我们难免会遇到具备不同理念、不同思维的旅客，在同感共情中，我们不需要去一味地认同所有人的观念，而是更多地将精力放在对持有不同观念所引发的具体感受上，这两者是不同的。

**2）同感共情不是同情**

同感共情不是同情（empathy is not sympathy）。共情与同情具有本质上的区别，前者是站在对方立场的，完全从对方的角度看问题的反应，因而是平等的、共鸣似的反应。而同情则包含了对对方处境的怜悯，是一种居高临下的、恩赐似的反应，这容易引发接受者的反感。民航服务人员在同感共情的实践中要避免出现怜悯的态度。同感共情与同情是有着巨大差异的，请通过表 10-2 来分辨同感共情与同情的区别。

表 10-2　同感共情与同情的区别

| 呈现纬度 | 同感共情 | 同情 |
| --- | --- | --- |
| 心理位置 | 平等、尊重 | 由高向低 |
| 注意聚焦 | 对方 | 自身 |
| 引发的情感 | 共鸣、被理解 | 消极、被怜悯 |

**3）同感共情不是移情**

同感共情不是移情（empathy is not transference）。在精神分析中，移情是指个体把自己在过往生活中对重要人物、事件的情感投射到另一个相关人物、事件的意向，移情在心理学中更多的是一个描述心理防御机制或心理现象的专业词汇。同感共情与移情的本质区别在于：前者是一种平等、中立、公正的情绪反应，而后者则带有个人强烈的偏好或情绪指向。民航服务人员要在同感共情的实践中觉察自己的移情表现，不要将自己的偏好强加在他人身上。

**4）同感共情不是热情**

同感共情不是热情（empathy is not simple kindness）。在基本的论调中，民航服务是需要热情、活力的，但在同感共情的语境中，我们仍旧需要将其与热情做一个必要的区分。两者本质区别在于：同感共情是一种理性、温情的情绪反应，而后者则可能表现出一定的主动与主观。民航服务人员应在实践同感共情时尽量去跟随旅客的感受，有时感受是愉悦欢快的，但也可能会有低谷和消极情绪，情绪是多维度的，这个我们在情绪理解的练习中已经体会过，情绪没有好坏之分，所以同感共情的体验也是多元的，不仅限于积极情绪。

请记得同感共情有一个重要指标是可以温和地走进，也可以从容地走出。一方面，我们会进入到他人的内部世界，以感同身受的方式体验其情绪、想法与观念，然后我们会折返出这个内心框架，将了解与其分享与传递。另一方面，当面对沉重的负面情绪时，我们可以陪伴待在谷底的人一同待在谷底，但也有能力从谷底上来，有效区分自身与他者的情绪。

**4.培养同感共情**

如果说同感共情是我们在与他人的相处中、成长中获得的礼物，那么这份心理营养的馈赠也可以在生命的任何时刻开启继续成长的可能。

1）培养重视他人需求的习惯

美国加州大学洛杉矶分校的临床心理学家朱迪斯·奥尔洛夫认为，同理心强的人心胸开阔，总想帮助别人。我们在前序的课程中已经学习了对他人情绪的感知、理解，对人际间非语言行为的细心观察，也探索了人类基本的心理需求与动机。现在开始，就让我们把注意聚焦于他人的需求上，从最亲近的人开始锻炼这种能力，试试看转换到他/她的视角，会有怎样意外的收获。

2）成为一名出色的倾听者

同理心强的人可以把一件事的来龙去脉都了解清楚而不会妄加评判，我们在前一单元已经练习过多听少说，以理解别人的想法和感受。在继续练习倾听的过程中，还要结合留意对方的非语言提示，了解倾诉者话里话外的情绪，最终形成审慎而全面的判断，这些都是同感共情的基础。

3）发展完整的自我意识

一个拥有完整自我意识的人，知道自己是谁、想要什么、价值和优势是什么，同时也了解自己的劣势和不足，感到安全、自在、宽容、信任，能够也有力量放下自己心中的情绪、价值观和信念，耐心地关注他人，倾听和感受他人，也就有可能试着用对方的视角审视问题，体会其中的情绪、思维、动机和需要。

4）保持对他人的好奇心

好奇心又被称为探究精神，也就是探究事物的更多可能性，它的反面是执着和片面。一个具备完整自我意识的人，通过充满好奇的探究之后，对对方的言语、表情、行为、情绪、动机、思维逻辑有充分的理解，可以达到深层次的同感共情。发展自己的同理心，并不是变得世故和圆滑，而是找回那个最纯真、安全、自信的自己。让别人舒服，也让自己丰盛。

### 10.1.2　心与心的交流

沟通情境：你的好友和你说，他最近工作效率很低，整个人一点干劲也没有，工作和生活都没有活力，感觉什么都不太如意时，请通过表10-3来分析同感共情的回应层次。

表 10-3　同感共情的回应层次示例

| 回应语句 | 语境分析 |
|---|---|
| 回应 1：这很正常啊，你要打起精神来，大家就是这样子的 | 同感共情能力很差，看似鼓励的话语但一点也不温暖 |
| 回应 2：这样啊，你最近的情绪的确不太好的样子 | 能够对情绪表达认同，但同感共情不是很到位，情绪反应也不是非常具体 |
| 回应 3：听起来，你现在的情绪很低落，好像整个世界都是灰蒙蒙的，沉甸甸的，让人很无力 | 能够"试着穿上对方的鞋子"，同感共情到位 |

请两两讨论，并分别讲述最近困扰自己的一件事给对方听，倾听的一方试着结合同感共情的不同层次来进行回应。被回应的一方试着体会被不同层次的回应时的心理感受并与对方交流，相互交换倾听者与回应者的角色。

### 10.1.3　心理技能实践——分析民航服务情境中的同感共情回应层次

沟通情境：一天，在上海至悉尼的远程航班中，在飞行了 3 个多小时后，第一顿餐饮已供应完成，客舱乘务员正在服务舱内做整理收尾工作。头等舱旅客按了一个呼唤铃，表示刚才有一位后舱的旅客"自说自话"走到前舱参观了一会儿，又走了。乘务员试图与其就这件事沟通，请通过表 10-4 来分析民航服务中"同感共情的回应"层次。

表 10-4　民航服务中"同感共情的回应"层次示例

| 同感共情层次 | 同感共情话语 | 同感共情内容分析 |
|---|---|---|
| 层次一 | 不好意思我前面在服务舱没看到 | 没有觉察情绪，在旅客看来只是在推脱责任 |
| 层次二 | 我已经和安全员说过了，不会再发生类似情况了 | 试图安慰但无效，给保证但没有体察对方的情绪 |
| 层次三 | 您的休息被打扰了，后舱旅客未经同意就过来 | 基本上能够站在对方立场同感共情并对想法作出回应 |
| 层次四 | 您感到困扰，希望能有更安静隐私的休息环境 | 能够反映对方的想法与感觉，并关注了那些值得重视的信息 |
| 层次五 | 我们应该优先保障头等舱旅客的利益的，您前面休息得好好的，无奈发生了这样的事，接下来我们将与所有乘务组协调，为您提供更安静的休息环境，您看可以吗？ | 能够从沟通的对象出发，反映对方未用语言明确表达的深层想法与感觉，并能以旅客的感受为重 |

如果你是该航班的客舱乘务员，你将如何对此进行回应，请试着分组讨论并进行演绎，试着先分析不同同感共情层次下的旅客可能有的反应，再做出相应的演绎。

## 任务 10.2　应用同感共情

在本任务中，我们将结合先前学习过的技能，如非语言的调节、情绪认知情绪理解的体验、全神贯注地倾听等，一起来实践同感共情的技术。在应用同感共情的初始，最基础的仍旧是向旅客展现我们的专注，传递"我在这里""我能够看到你的需求"这样的服务体验。同感共情往往说的都是爱的语言，给对方以信任、欣赏、温柔、尊重、爱、接纳、鼓励、感召、价值感、安全感、重要感等积极心理感受的语言，有心理学者形象地称为心理营养。在同感共情的交流互动中，交往的双方是有连接感的，交流双方被彼此看到、被理解、被照拂，所以我们的生命开始流动，情绪开始纾解，矛盾得到缓和，关系得以建立。这就是同感共情的力量。

### 10.2.1　心理知识建构

**1. 同感共情旅客的非语言信息**

我们需要在交流的初始留意并观察旅客的肢体动作、面部表情、语音语调等非语言信息，这些也是同感共情的基础——语言可能在交流的初始有"言不由衷"等社会化掩饰，非语言更能够传递真实情感情绪，让我们通过表 10-5 "旅客的非语言信息与内心活动对应"再次提炼并回顾上一讲的内容，大家应结合具体的服务情境作出有效的推测与同感共情。

表 10-5　旅客的非语言信息与内心活动对应

| 非语言部位 | 表　现 | 传递的情绪 |
|---|---|---|
| 观察眉毛与眼睛 | 眉毛压低、眼皮呈现垂线、眉心聚拢 | 愤怒、专注沉思 |
| | 眉毛上扬，双目圆睁 | 惊奇、惊讶、惊喜 |
| | 眉毛内角先上折、上眼睑内角上折、"愁眉苦脸" | 悲伤、无助、失落 |
| | 提升而扭曲的眉形，虹膜上下呈现眼白 | 恐惧、害怕 |
| 观察面部与嘴部 | 嘴唇紧闭，面部紧绷 | 压力、挫折感 |
| | 张着嘴，微微颤抖 | 可能是恐惧或惊讶，应配合面容上半部一起感受其情绪 |
| | 嘴角向下拉，颤抖、露出下排牙齿 | 悲伤、痛哭之前的预表情 |
| | 嘴唇开启又合上 | 欲言又止，此时应停止自我表达，鼓励对方更多地表露情绪 |
| 观察肩部 | 前倾 | 感兴趣、有意图 |
| | 双手抱肩 | 悲伤、自我保护 |
| | 耸肩 | 不确定、困惑、无所谓 |

| 非语言部位 | 表现 | 传递的情绪 |
|---|---|---|
| 观察肩部 | 慢慢转过肩膀、呈现背部 | 拒绝继续沟通、感到受伤 |
| | 双肩打开、放松 | 内心坦然、轻松 |
| 观察手臂和手部动作 | 不自觉地握紧拳头 | 愤怒 |
| | 手臂姿势僵硬 | 紧张、尴尬 |
| | 放松和舒展活动 | 对话题投入或表强调 |
| | 手心出汗 | 警觉、焦虑 |
| | 双手交叉于胸前 | 自我保护、回避、防御 |
| 观察腿和脚 | 舒展、放松的姿态 | 有意愿进行人际交互 |
| | 不断用脚叩击地面 | 焦虑 |
| | 反复交叉双腿 | 不耐烦、沮丧、焦虑 |
| | 腿部姿势僵硬或者脚尖朝向说话对象的另一侧挪动 | 心情紧张、抗拒交流，试图远离 |

**2. 在同感共情中表达专注**

在民航服务人员应用同感共情回应时，应注意自身的语言与非语言调控，以更真诚专业地传递真情服务与表达专注，表 10-6 梳理了几点在同感共情中表达专注的注意事项。

表 10-6　在同感共情中表达专注

| 要点 | 描述 |
|---|---|
| 身体的正面趋向 | 面向旅客不仅是指以身体正面朝向旅客，更是指以一种参与的、开放的态度面对旅客，向其传递"我正在认真听你讲话""我会尽我所能来为你服务"的意愿 |
| 上身前倾 | 上身前倾是指与旅客沟通的过程中，我们的上身可以略微前倾。前倾的非语言姿势意味着"我对你和你说的话感兴趣""我对你是友好的"。同时我们也要注意呈现开放的姿势，注意双手不要抱住双肩 |
| 目光交流 | 保持稳定、坦诚的目光交流，而不是眼睛盯在别处或四处张望。积极地运用视听觉去搜集旅客的语言及非语言信息。保持目光专注、视线平视 |
| 同频的表情与动作 | 当旅客向我们呈现出他/她的真实情绪时，除了在语言上表达同感共情，我们也可以使用自然而细微的同频同调的表情与动作去表达类似的情感体验 |
| 主动倾听 | 以回应式倾听告知旅客已明确他（她）的意思。主动回应与插话是不同的，两者的区别在于前者是跟着对方的感觉走，澄清与确认对方要表达的内容，而后者则是跟着自己的感觉走，不断讲自己想讲的话语 |
| 观察旅客的身体语言 | 在说话时注意观察旅客的身体语言，如表情、手势、动作等。相较于有声语言，身体语言在传递信息方面有更大的优势，如身体语言可以独立传递信息，将其与语言信息结合，可以更好地理解旅客的心理状态 |

续表

| 要　　点 | 描　　述 |
|---|---|
| 解读话外音 | 在倾听旅客说话时，要解读其话外音，包括旅客的情感、认知、行为的动机。在这当中，民航服务人员除了需要用眼睛观察来访者的身体语言，用耳朵倾听他的话语信息，还要用大脑去迅速判断其话外音，解读表达深层想法与情绪的潜台词 |

### 10.2.2　心与心的交流

在实践同感共情的一开始，我们先来做一下对心理的理解练习——"冰山一角"。有时我们在交流时讲述了一句话，但隐藏在其下的情绪或想法却是非常多的。这句话犹如冰山一角，只显示了一点点，但在冰面之下，有更多的情绪和想法在涌动。现在请大家对下面的每句话作出至少5个推测，这句话的言外之意是什么？冰山下面究竟有什么？在做这个练习时，我们先采用第一人称来进行。

**1. 练习示范1**

> 我不喜欢冲突。
> （1）当人们意见有分歧时，我会感到不舒服。
> （2）我避免针尖对麦芒的时刻。
> （3）我更喜欢与人合作。
> （4）我不希望在我所在群体中有太多的激烈的情绪表露。
> （5）我会努力去解决分歧。

然后我们试着去反映出冰山——将"我"语言转换成"你"语言，记得转换的视角要更温暖和共情，表达欣赏与接纳。

**2. 练习示范2**

> 当他人说：我不喜欢冲突。
> （1）当人们意见有分歧时，我会感到不舒服。——当人们意见有分歧时，你会感到压力。
> （2）我避免针尖对麦芒的时刻，这让我担心。——你有时会试图回避那些冲突的时刻，这让人有些害怕和担忧。
> （3）我更喜欢与人合作。——当你在与人合作时，感觉更良好。
> （4）我不希望在我所在群体中有太多的激烈的情绪表露。——别人吵架让你感到头疼。
> （5）我会努力去解决分歧。——你的责任感很强，也喜欢平衡。

现在，让我们两两分组，根据多重释义练习来实践一下"冰山一角"的同感共情技术。

在完成这些基础的准备工作后，可以进入同感共情的具体交流情境：请将日常交流中经常会使用到的回应他人感受的方式，以不同的内容提炼为以下七种情况——否定对方感受、关注自身、给建议或讲道理、批判、表示同情、体察到情绪并关切、同感共情地回应。请大家4～6人分组，试着交流与体验不同的回应方式带给人的具体感受。

多重释义练习

□记录一句表达内心想法的话：
_____

□先用"我"语言写出冰山下的五个释义：
（1）_____
（2）_____
（3）_____
（4）_____
（5）_____

□再转化用"你"语言说出对温暖共情的理解：
（1）_____
（2）_____
（3）_____
（4）_____
（5）_____

**3.** 同感共情的具体交流实践

（1）交流情境 1

小红上大学了，这是她第一年离开家在学校住宿。最近一阵子她得了流感，浑身乏力请了病假，这天她一直躺在宿舍的床上休息，不巧在喝咳嗽药水时把药水打翻在床上，床边的枕头罩上顿时染上了深色的液体。小红没有清洗这类污渍的经验，试图清洗后发现怎么都洗不干净，这时，她想到给家人打电话询问清洗的办法。结果家人不当回事，和她说，那你就买个新枕套把原先那个换了吧。小红由于这件事有些不开心，并试图和你倾诉。

若你是小红的好友，你会如何回应呢？

否定对方感受：那你就去换了呀，这电话有啥好打的。

如果我是小红，我听到这类回应的感受是：

_____
_____

关注自身：我上次生病也在床上躺了 3 天，落下了好多课。

如果我是小红，我听到这类回应的感受是：

_____
_____

给建议或讲道理：要不你试试用我这个专门洗深色污渍的洗液，上次我也弄被单上了，一洗就洗掉啦。

如果我是小红，我听到这类回应的感受是：

批判：哎呀，你怎么这么不当心，喝咳嗽药水要坐起来喝的呀，里面都是糖浆，肯定洗不干净的。

如果我是小红，我听到这类回应的感受是：

_____

表示同情：你好可怜呀，一个人出门在外，家里人也帮不上忙，什么都只能靠自己。

如果我是小红，我听到这类回应的感受是：

_____

体察到情绪并表示关切：生病很不舒服吧，给妈妈打电话妈妈也没有问你怎么生病了，是有些委屈的。一个人在外求学，也有点孤单呢。

如果我是小红，我听到这类回应的感受是：

_____

同感共情地回应：本来生病就是人最脆弱的时候了，这个时候一定很想家吧；想打电话给妈妈寻求安慰，可惜也没想象中那么亲近了；怎么都没有人关心我呢，好孤单呐。

如果我是小红，我听到这类回应的感受是：

_____

接下来，我们将视角切换到一对父子的亲子沟通上，在这个沟通情境中，我们将沟通中的同感共情层级分为如下五个层次，让我们继续小组分享与交流，如果我们是这个沟通情境中的孩子一方，在不同的层次中"我"会有什么样具体的感受和非语言表达。

（2）交流情境2

孩子从一所公立学校转学到一所课业较多的私立学校，刚转学的孩子每天回家都会花很多时间做作业，有时会做到很晚，辛苦工作了一天的爸爸回到家，总觉得气不打一处来，觉得孩子偷玩手机，又成绩下滑，于是父子间展开了这样一场对话。

层次1：较多攻击性语言。

"你这个孩子怎么那么懒、那么磨蹭！一天天就像在神游一样，不知道心里在想什么！你这样读不进书，以后就不要读了，干脆早点去外面打工，家里也少点开销！你看，作业还有那么多没做，你到底在干什么？"

在这个比较极端的案例对话中，对话的二人进入了一个恶性循环的模式——"我一开口，你就受伤"，让我们试想一下，处于语言暴力下的孩子，会呈现怎样的状态，心里会有怎样的感受？大家可以各抒己见：

_____

_____

层次 2：就事论事。

"每次一回家，你就应该抓紧时间做作业，一鼓作气把作业做完了明天才能学新的内容。玩手机爸爸也不是不让你玩，可是你看你一玩手机，就完全入迷了，根本没有心思好好做作业。进这个私立学校不容易，我们转学的手续就办了半年多，你这样下去可不行啊。"

在这个层次的对话中，爸爸看似苦口婆心地在劝导孩子，但只是就事论事，没有体察孩子的情绪状态，说的话也都是在事实层面的。请大家思考并讨论，此时的孩子会呈现怎样的状态，心里会有怎样的感受？大家可以各抒己见：

_____

_____

层次 3：说观念，讲道理。

"孩子你这样下去可不行啊，你看你在原本那个学校年级排名还挺好的，爸爸是看现在这个学校学习氛围更浓一些，想着你会跟着大家有所进步。一个人总是要靠勤奋努力、下苦功才会有好成绩的，大师都是怎么变成大师的，都是靠百分之一的天赋加上百分之九十九的汗水啊！"

在这个层次的对话中，爸爸转变了较为愤怒的态度，而是采用说教的方式去教导孩子。在这个方法层次上，这位父亲有体察到孩子的情绪吗？他说的话能不能走进孩子内心，转变孩子的学习状态？请大家思考并讨论，大家可以各抒己见：

_____

_____

层次 4：谈感受。

"你刚刚转学，压力应该不小吧，这个学校学习难度高、竞争压力大，要适应起来不容易。爸爸有时候在想，你也够辛苦的，一早上我还没上班，你就出门去上学了，每天都要做不少功课，以前打的跆拳道也没精力继续了，我也挺遗憾的。每次我下班回家，看到你在玩手机，说实话我挺担心的，担心短视频侵占了你的时间，让你上瘾了。我有时也不知道该怎么和你沟通，如果学习压力大，你也可以和我说说……"

在这个层次的对话中，爸爸开始谈论感受——不仅坦然谈论自己的感受，也试图去了解孩子的感受，说的话开始变得有人情味，不再生硬、刻板，大家感受到其中的不同了吗？请大家思考并讨论，并记录下自己的观点：

_____

_____

层次 5：同感共情的回应。

"孩子，我们理解你需要一段时间去适应这个变化，不着急，最近进度一下子加快那么多，都要被压得喘不过气来了吧。我也在反思最近我们的交流，太有张力了，有时我看到你一见我就背过身去，是生爸爸的气了。你想在新学校获得和之前一样的认可，所以每天都做作业到很晚，但即使再晚，功课再多，你都尽你的力去做完了，这很不容易。怎样，在新地方交到新朋友了吗？觉得新学校有什么不一样的地方，来，和我说说……"

在这个层次中，父亲不仅觉察到了孩子的情绪和非语言信息，也体会到了新环境适应困难导致的那种想要使劲儿却使不出的无力感，他换了一种资源取向的方式去交流——尽量说所发现的好的方面，并鼓励孩子向自己倾诉。大家感受到同感共情的不同层次了吗？请大家思考并讨论，并记录下自己的观点：

_____

_____

### 10.2.3　心理技能实践——在民航服务中应用同感共情

现在，我们将综合运用"同感共情的倾听"与"同感共情的表达"两个专业技能至不同的服务情境中，大家可以根据给到的具体案例，结合表 10-7 民航服务中的同感共情，以小组为单位交流探讨，并通过角色演绎等方式，将表 10-7 的内容完整呈现。

表 10-7　民航服务中的同感共情

| 同感共情的步骤 | 具 体 内 容 |
| --- | --- |
| □了解事件的全貌 | 发生了什么事？是何种类型的旅客？ |
| □细心观察非语言 | 旅客的表情、肢体动作、非语言等传递了什么讯息？ |
| □评估情绪与感受 | 结合语言与非语言的倾听，进行情绪状态的体察 |
| □应用开放式提问 | 通过询问旅客开放式的问题，获得具体的反馈 |
| □留意细节，提炼重点 | 留意旅客语言中的内容信息与情感信息，判断此刻重点是回应实际需求还是情感需求 |
| □适当调整自身的语言与非语言 | 表达积极关注、调整同感共频的非语言（上身前倾、目光交流等） |
| □深入了解旅客的内在需求 | 所有的情绪背后都是一个未被满足的需要或诉求，试着用同感共情的方式去向旅客验证并确认 |
| □主动提供相应的服务 | 使用现有资源进行有效的服务回应，建立良好的情感链接，传递温暖与关怀 |

在小组演绎之后，请根据表 10-8 民航服务中的同感共情回应层次分析，来梳理该服务情境中的不同情况并记录相应的服务话语，在练习中我们可以有意识地从第一层次开始——意识到不妥当的行为与能够学会更好的方式，是同样重要的。

表 10-8　民航服务中的同感共情回应层次分析

| 层次 | 内 容 分 析 | 同感共情的服务话语 |
| --- | --- | --- |
| 层次一 | 没有重视与理解他人的语言与非语言行为 | |
| 层次二 | 回应时忽略或轻视了值得注意的情感因素 | |

续表

| 层次 | 内 容 分 析 | 同感共情的服务话语 |
|---|---|---|
| 层次三 | 基本上能够站在旅客立场同感共情并对想法作出回应 | |
| 层次四 | 能够反映旅客的想法与感觉，并关注了那些值得重视的信息 | |
| 层次五 | 能够从沟通的对象出发，反映对方未用语言明确表达的深层想法与感觉，并能以旅客的感受为重 | |

**1. 服务情境 1**

年轻的妈妈独自带着一名 1 岁多的幼儿乘坐飞机，航班刚一起飞，由于座舱压力的变化，幼儿无法抑制地在啼哭，这位年轻的妈妈尽力哄了很久，幼儿仍旧无法停止哭泣，进入平飞状态后，在这位年轻妈妈隔壁座位的旅客要求调换座位。这位妈妈主动说："还是我来换座位吧。"于是抱着孩子坐到了客舱最后一排。若你是当天航班的乘务员，你会如何安慰这位母亲？试试采用已掌握的心理学技术完成表 10-9 民航服务中的同感共情实践。请与小组成员讨论，并在完成表格后进行演绎。

表 10-9　民航服务中的同感共情实践

| 同感共情实践 | 我的同感共情 |
|---|---|
| □了解事件的全貌 | 用自己的话描述发生了什么： |
| □细心观察非语言 | 旅客此时呈现的非语言状态： |
| □评估情绪与感受 | 我同感共情到的情绪： |
| □应用开放式提问 | 我的开放式问题： |
| □留意细节，提炼重点 | 我倾听到的重点信息：<br>□实际需求<br>□情感需求 |
| □适当调整自身的语言与非语言 | 我自身呈现的情绪状态： |
| □深入了解旅客的内在需求 | 旅客此刻的需求： |
| □主动提供相应的服务 | 我在同感共情后能够提供的服务回应：<br>□语言：<br>□非语言：<br>□物质资料： |

**2. 服务情境 2**

航班延误了，刚上完客乘务长就接到机长通知，目的地出现雷暴，航班将推迟起飞。乘务长及时通知乘务员按延误处置程序进行客舱服务，为防意外发生，乘务长要求乘务员分工合作，做好机门监控。3 小时后，飞机开始推出，可是滑行了半小时仍未起飞。此时，机长广播通知天气转坏，飞机还需原地等待。1 小时后，航班取消，可是由于被卡在前后两架飞机中间，飞机无法移动，等待在继续……旅客张先生在此期间多次按响呼唤铃询问延误的具体情况，终于在延误了 3 小时后，张先生表示，这趟航班即使现在起飞，自己也可能已经错过重要的会议了。若你是当天航班的乘务员，在多次回应呼唤铃的过程中，有什么同感共情的回应方式？请进行小组讨论并完成表 10-10 民航服务中的同感共情实践。

表 10-10　民航服务中的同感共情实践

| 同感共情实践 | 我的同感共情 |
|---|---|
| □了解事件的全貌 | 用自己的话描述发生了什么： |
| □细心观察非语言 | 旅客此时呈现的非语言状态： |
| □评估情绪与感受 | 我同感共情到的情绪： |
| □应用开放式提问 | 我的开放式问题： |
| □留意细节，提炼重点 | 我倾听到的重点信息：<br>□实际需求<br>□情感需求 |
| □适当调整自身的语言与非语言 | 我自身呈现的情绪状态： |
| □深入了解旅客的内在需求 | 旅客此刻的需求： |
| □主动提供相应的服务 | 我在同感共情后能够提供的服务回应：<br>□语言：<br>□非语言：<br>□物质资料： |

### 3. 服务情境 3

地服人员小陈陪伴 5 岁半的无成人陪伴儿童小明等候在登机口，交谈中小陈得知这是小明第一次独自坐飞机，而且即将乘坐的航班是一趟 12 小时的远程国际航线，对他来说也是第一次的体验。小陈留意到小明紧紧拽着自己胸前的护照卡套还有随身行李，于是便蹲下身，看着小明的眼睛这样说道……

请通过表 10-11 民航服务中的同感共情实践来记录你的解决方案。

我们将在后续的课程中深入学习与儿童交往的语言，除了具备平等尊重的同感共情，还应有适当趣味性与想象力，这样才能更好地进入儿童奇思妙想的精神世界，现在，让我们先根据已有的经验试试看如何回应吧。

表 10-11 民航服务中的同感共情实践

| 同感共情实践 | 我的同感共情 |
| --- | --- |
| □了解事件的全貌 | 用自己的话描述发生了什么： |
| □细心观察非语言 | 旅客此时呈现的非语言状态： |
| □评估情绪与感受 | 我同感共情到的情绪： |
| □应用开放式提问 | 我的开放式问题： |
| □留意细节，提炼重点 | 我倾听到的重点信息：<br>□实际需求<br>□情感需求 |
| □适当调整自身的语言与非语言 | 我自身呈现的情绪状态： |
| □深入了解旅客的内在需求 | 旅客此刻的需求： |
| □主动提供相应的服务 | 我在同感共情后能够提供的服务回应：<br>□语言：<br>□非语言：<br>□物质资料： |

### 4. 服务情境 4

飞机平飞之后，乘务员开始为旅客提供餐食，坐在 31D 座位的旅客叫住了发餐的乘务员并表示自己是"纯素食"者，但是因为临时改了行程，所以没来得及提前预订餐食。乘务员立即回复："好的，先生您稍等，我去给您想想办法。"回到厨房，乘务员立刻打开当日的机组餐，思考了一会儿，她便从中筛选出一份肉丝大头菜，乘务员好心地将菜中的肉丝一点一点地挑了出来，随后又拿出了一盒热腾腾的米饭，自认为万无一失的情况下，将自制的素食餐送至旅客面前。"先生您好，这是我们为您搭配的一份素食餐，请您慢用。""真的太感谢你了。"这位先生开心地说，并立即拿起餐具吃了起来。可是，吃了一口后，随即脸色一沉放下了餐具，他当即向乘务员表示："菜中有猪油。"原来，纯素食者是不食任何动物油的。看似用心的服务却还是给旅客带来了不佳的乘机体验。如果是你，将会如何进行应对与同感共情呢？我们可以就这个服务案例讨论两种情况，并选择其中的一种进行同感共情的回应，请记录你的处理方式并填写在表10-12民航服务中的同感共情实践中。

　　假如你是这位当事乘务员的同舱位乘务员，你会如何与你的同事同感共情？假如你是这位当事乘务员，会如何同感共情地回应旅客？记得我们先前学过的心理技能（如情绪调整策略、倾听、非语言行为的同频、同感共情等都可以综合应用）。

表 10-12　民航服务中的同感共情实践

| 同感共情实践 | 我的同感共情 |
| --- | --- |
| □了解事件的全貌 | 用自己的话描述发生了什么： |
| □细心观察非语言 | 旅客此时呈现的非语言状态： |
| □评估情绪与感受 | 我同感共情到的情绪： |
| □应用开放式提问 | 我的开放式问题： |
| □留意细节，提炼重点 | 我倾听到的重点信息：<br>□实际需求<br>□情感需求 |
| □适当调整自身的语言与非语言 | 我自身呈现的情绪状态： |
| □深入了解旅客的内在需求 | 旅客此刻的需求： |
| □主动提供相应的服务 | 我在同感共情后能够提供的服务回应：<br>□语言：<br>□非语言：<br>□物质资料： |

**5. 服务情境 5**

航班的迎客阶段，乘务员们正在客舱内热情地迎接着每一位登机的旅客。此时，已经入座的 43 排旅客按响了呼唤铃。乘务员及时前去询问旅客是否需要什么帮助。"你们的服务太差了，行李怎么能乱扔呢。"旅客一边手指着窗外正在野蛮地将旅客行李扔入行李舱的装卸工人，一边气呼呼地向乘务员吼道。乘务员一开始心想，我们还没有开始服务呢，怎么就说我们差了呢，明明就是地面的问题嘛。但转念想到同感共情的服务策略，也推测到了旅客此时的感受与需求，为了在后续服务中能够更好地与其沟通，她调整情绪后这样说道……请将你的策略记录在表 10-13 民航服务中的同感共情实践中。

表 10-13　民航服务中的同感共情实践

| 同感共情实践 | 我的同感共情 |
| --- | --- |
| □了解事件的全貌 | 用自己的话描述发生了什么： |
| □细心观察非语言 | 旅客此时呈现的非语言状态： |
| □评估情绪与感受 | 我同感共情到的情绪： |
| □应用开放式提问 | 我的开放式问题： |
| □留意细节，提炼重点 | 我倾听到的重点信息：<br>□实际需求<br>□情感需求 |
| □适当调整自身的语言与非语言 | 我自身呈现的情绪状态： |
| □深入了解旅客的内在需求 | 旅客此刻的需求： |
| □主动提供相应的服务 | 我在同感共情后能够提供的服务回应：<br>□语言：<br>□非语言：<br>□物质资料： |

6. 服务情境 6

在大风季节，有一班航线是由云南飞往上海，飞机持续地颠簸，有一位带小孩子的老人向客舱乘务员询问："这飞机怎么那么颠簸？"乘务员回答道："先生，现在是云南的大风季节，因为有乱流所以导致了颠簸。"这位老人回答道："我经常坐这条航线的，从来没有遇到过这样严重的颠簸，你看我的孩子都给颠得吐了两回！"此时，若你是当天航班上的乘务员，应该如何回应旅客并提供相应的服务举措？试试从同感共情的角度来探寻旅客真正的需求并填写表10-14民航服务中的同感共情实践。

表 10-14  民航服务中的同感共情实践

| 同感共情实践 | 我的同感共情 |
|---|---|
| □了解事件的全貌 | 用自己的话描述发生了什么： |
| □细心观察非语言 | 旅客此时呈现的非语言状态： |
| □评估情绪与感受 | 我同感共情到的情绪： |
| □应用开放式提问 | 我的开放式问题： |
| □留意细节，提炼重点 | 我倾听到的重点信息：<br>□实际需求<br>□情感需求 |
| □适当调整自身的语言与非语言 | 我自身呈现的情绪状态： |
| □深入了解旅客的内在需求 | 旅客此刻的需求： |
| □主动提供相应的服务 | 我在同感共情后能够提供的服务回应：<br>□语言：<br>□非语言：<br>□物质资料： |

### 社会实践——同理心地图探究

同感共情是想象自己站在对方的立场,借此了解对方的感受与看法,然后思考自己要怎么做。为了给之后的特殊旅客服务打下一定的基础,我们将共同完成本次社会调研作业。大家可以4～6人分成若干个小组,每个小组在任务1中领取一条任务,在任务2中继续根据任务1的选定人物,使用"同理心地图"记录这个人物的所言与所为、所见与所闻,并深入理解这个人物的想法、感受乃至人生经历。

本次的社会实践作业如下。

任务1:调研、采访或者亲身实践模拟以下的社会情境,使用照片、视频、文字等多种方式记录,并提出改善方案。

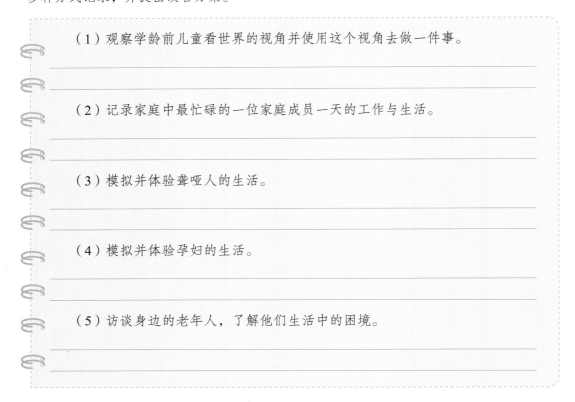

（1）观察学龄前儿童看世界的视角并使用这个视角去做一件事。

（2）记录家庭中最忙碌的一位家庭成员一天的工作与生活。

（3）模拟并体验聋哑人的生活。

（4）模拟并体验孕妇的生活。

（5）访谈身边的老年人,了解他们生活中的困境。

任务2:使用"同理心地图"深入了解任务1中选定的人物。

（1）设定对象

这个深入了解的人物是你在任务1中已进行过初步模拟体验的对象。我们可以记录他的名称、写下简单的描述,也可以在其允许的前提下为其拍摄肖像照或生活照片。

（2）对其进行访谈

可以采用之前练习过的倾听,并记录整理表10-15中列出的内容。

大家可以以小组为单位,将收集到的观察访谈资料,制作成视频短片、海报、PPT等与大家分享同理心调研与体验的成果。

表 10-15 同理心地图

| 同理维度 | 观 察 内 容 |
| --- | --- |
| 所见 | 他 / 她日常生活中经常看见什么风景、场景；会接触什么样的人 |
| | 他 / 她所处的环境对他 / 她有什么影响？ |
| | 通过他 / 她的眼睛，他 / 她看到的世界是怎样的？ |
| 所闻 | 他 / 她经常听到的讯息、声音是怎样的？ |
| | 他 / 她会收听收音机、看电视还是通过手机与外界沟通，获得资讯？ |
| | 他 / 她的家人、朋友和其他有影响力的人经常对他 / 她说什么？这会对他 / 她有什么影响？ |
| 所言、所为 | 他 / 她是怎样与人交流的？经常说的话、习惯的行为举止是什么？ |
| | 他 / 她对人的态度如何？ |
| | 他 / 她在公共场合如何行事？ |
| | 他 / 她的行为会有什么特点？ |
| 想法、感受 | 他 / 她的想法、感受，放在心中无法说出口的话 |
| | 什么对他 / 她是最重要的？ |
| | 他 / 她在思虑什么？ |
| | 他 / 她有什么担忧或抱负？ |
| 痛苦 | 他 / 她面临着怎样的压力、恐惧、挫折或风险？ |
| 收获 | 他 / 她的期盼、需求、行事动机与情感寄托等 |
| | 他 / 她希望什么？ |
| | 他 / 她通常会因为什么而得到情感上的体谅与满足？ |

# 项目 11　应用心理学技能服务特殊旅客

## 项目目标

1. 了解不同类型特殊旅客的心理特征与心理需求。
2. 通过非语言识别特殊旅客的情绪状态。
3. 应用倾听技能服务特殊旅客。
4. 应用同理共情的方式回应特殊旅客。

## 任务 11.1　服务无成人陪伴儿童旅客

　　特殊旅客是指进行航空旅行时，需要特殊照料、协助或一定辅助设备的人员。特殊旅客由于其不同的年龄构成与身体条件，有着不同的心理特质——他们的思维方式、情绪偏好、意志品质及人格特征都有着不同的差异。民航服务人员对于特殊旅客要善于观察、仔细倾听，在服务过程中应用心理学知识与技能更好地理解其不同需求并进行沟通，根据实际心理需求提供更温暖、人性化的民航服务。在本实践任务中，我们将具体对无成人陪伴儿童旅客、孕妇旅客、老年旅客及重要旅客这四类较具代表性的特殊旅客提供切实的心理需求服务指导。

### 心理现象思索

　　这天是乘务长明悦将要执飞上海－伦敦的航线，在从家中出发前登录系统查阅旅客信息时，她发现自己的这趟航程中有一位 5 岁半的无成人陪伴儿童旅客已早早地办理好登机。她预估了一下上海到伦敦的飞行时长，并回想了小旅客在漫长的旅途中的服务需求。接着，她来到书房，翻找出了自己孩子儿时最喜欢翻阅的几本绘本，并在上飞机后再次与航食师傅确认了小旅客的儿童餐，等地服人员牵着小旅客的手登上飞机，乘务长明悦第一时间迎上前去温和地与她打招呼，确认了她的特殊旅客乘机单据并帮助其收纳好身份证件，将其引领至座位。一整个航程，明悦悉心照料着小旅客的饮食休息，总是在巡视客舱时俯下身用亲切的语气询问小旅客，观察着她的情绪变化。供餐结束了，在轮岗休息期间，明悦拿出绘本，与小旅客分享起有趣的画面和温馨的故事，她用开放式的问句引导小旅客说出自己对画面的观察和故事的推理，还有一本非常逗趣的绘本小旅客与她前后分享了三遍都觉得津津有味……明悦用润物细无声的方式陪伴着这位年幼的小旅客，倾听她的需求，回应她的想象，在她揉眼睛打呵欠时，明悦轻轻地关上阅读灯，为小旅客盖上毛毯，在毛毯外系好安全带，小旅客在甜甜的微笑中沉沉睡去……她一定感受到了客舱中的安全与温暖……

### 11.1.1  心理知识建构

**1. 无成人陪伴儿童旅客**

无成人陪伴儿童旅客（unaccompanied minor，UM）是指年满5周岁未满12周岁的儿童无成人陪伴旅行，必须向航空公司申请无成人陪伴服务。这项特殊旅客服务是指符合该年龄段的儿童，在不换机的前提下，或预计不会因气象原因改变航程或跳过目的地的航班上独立旅行。无成人陪伴儿童的座位通常都会提前锁定并确认，并由地面服务人员全程陪同，其在登机时优先于其他旅客，登机后与客舱乘务员交接，在航程结束后优先于其他旅客下机并由专人交送至到达站接机成人手中。儿童在独立旅行的全程都享有特殊旅客的服务照料，在飞行全程不可被安排在应急出口座位。12周岁（含）以上至15周岁（含）以下的旅客按成人票价购票，但也可执行无成人陪伴儿童服务。5～15周岁是个体从儿童到青少年的关键成长期，有其鲜明的心理特征与沟通要点，接下来让我们走进他们的内心世界，学习如何应用心理学知识为其提供服务。

---

**中国东方航空公司的无成人陪伴儿童服务要求**

乘坐东航航班的无成人陪伴儿童，符合国际运输条件的，必须按照成人适用票价购买客票；符合国内运输条件的，按照成人正常票价的50%购买客票。

具体要求：

（1）无成人陪伴儿童必须由其父母或监护人代为办理乘机手续。

（2）无成人陪伴儿童联程（东航承运人）运输必须订妥并确认全程座位。

（3）无成人陪伴儿童到达目的地后，其迎候接机人未按时或耽误接机，由此产生的所有费用由本人承担。

（4）接受运输范围为5周岁（含）至12周岁（含）的儿童。

---

**2. 儿童旅客的心理特征**

认知与发展心理学家皮亚杰，将儿童心理划分为如下若干个阶段。

0～2岁的婴幼儿处于感知运动的阶段，此时的婴幼儿主要依赖于成人提供照料，也是处于语言萌发之前的特殊时期，主要是通过感觉动作图式和外界取得平衡，如常见的口腔含物、四肢爬行、触摸感知等。在此心理阶段的婴幼儿在作为航空旅客时，肯定会有成人对其进行看护与照料，与其进行服务沟通时，首先要征询其主要照料者的意愿与需要。

2～7岁的儿童处于前运算思维阶段，在此阶段的儿童好动爱探索，思维有其表象性、具体形象的特征。此阶段的儿童年龄开始涉及无成人陪伴儿童旅客服务，但由于学龄前的儿童尚处于社会化的初始阶段，在独立乘坐飞机出行的航程中需要所有服务阶段的工作人员都引起重视与悉心地照料。

7～12岁的儿童处于具体运算思维阶段，此阶段的儿童思维开始从具体形象向抽象逻辑发展，也开始逐渐具备在看护下独自乘坐飞机的能力，但其情绪体验起伏较大，独立乘机时常有胆怯、无措、需关注陪伴的心理，也是无成人陪伴儿童旅客服务的重点人群。

12～15岁的儿童已经开始具备抽象逻辑思维能力，经过同化、顺应与平衡进入到形式运算阶段，可以在头脑中将形式和内容分开，离开具体事物而根据假设来进行逻辑推演，对于航空安全等抽象概念也有了一定的认识。

接下来，根据以上分类来详细阐述不同心理阶段的无成人陪伴儿童旅客服务要点。

### 3. 针对儿童心理发展特点进行无成人陪伴儿童服务

1）生理特征

5～7岁的无成人陪伴儿童旅客，有着较为典型的外貌生理特征，此时他们的模样已经逐渐从幼儿开始向儿童发展，四肢增长较躯干生长迅速，生长发育在经历2～5岁的萌发期后渐趋平稳，身高通常在105～125厘米。与在该阶段身高的儿童对话，民航服务人员应尽量采取下蹲、弯腰俯身的方法，以较为平等的目视接触让小旅客感受到安全与温暖。也可以通过该身高的视角切换，来了解其心理感受与认知特点。

该阶段的儿童乳牙已出齐，通常正在换牙阶段。若提供餐饮，需注意软食易消化为主，饮品推荐矿泉水、果汁类健康饮料。此阶段儿童活泼好动，但身高所限无法看清比自己身高更高处的物体，要特别注意防跌落伤与意外烫伤。

2）感知觉特征

5～7岁时的纯音听觉与语音听觉之间的差别程度比成人的差别程度要大，因为语言活动比较复杂，该阶段的儿童尚不具备成熟的语言理解能力，当我们与其沟通时，他们可能只能够注意到语言的声音，却难以理解语言之中所包含的信息意图——这提示我们在与5～7岁的无成人陪伴儿童旅客沟通时，要尽量使用简约、清晰、易懂的表述，配合柔和亲切的语气，不可长篇大论或言辞激烈，儿童对于非语言信息的识别比成人更为敏锐，且更易相信非语言的表达。

5～7岁的儿童初步掌握了左右方位，但要依靠自我为中心才能完成方位知觉的任务，在与该年龄段的小旅客指示方位时，要通过小旅客自身的视角出发并积极进行引领指导。该阶段的小旅客的思维方式也会受其感知觉特征影响，有自我中心的倾向，这是心理发展阶段的必然，而非世俗意义上的自私。

5～7岁的儿童已经初步具备了时间概念，但这些对时间的感知仍要大量依靠具体生活的联系，在与该年龄段的小旅客沟通时，说"天黑了"，比说现在是"19点整"这样的话更容易使其理解"现在是晚上"的概念，时间对他们而言是一些具体的活动或现象（如太阳出来了代表是早上），而非抽象的钟表概念。

3）注意的特征

注意是指心理活动对一定对象的指向和集中，与婴幼儿时期的无意注意占主导相比，该年龄段的儿童虽然已经有了有意注意，但注意的时间不长，稳定性不足，注意的范围小，分配与转移能力较弱，难以同时注意多个对象。若在服务过程中需要引起该年龄段的小旅客注意，可以为其提供具备鲜亮的、对比度明显的色彩的物品，质地柔软造型可爱的物品，或画面简洁有趣、人物造型丰富立体的读物等。

4）思维的特征

该阶段的小旅客思维特征最初是以直观的、行动的方式进行，逐渐以语言发展为助力向具体形象思维发展，随后占据主导地位。在民航服务过程中值得密切关注的是，小旅客的直觉行动思维是离不开其对实际物体的感知和操作的，因而缺乏行动的计划性和对行为结果的预见性。所以我们在与该思维特征的小旅客相处时，应留意他会因好奇等原因擅自行动、触摸、拨弄危险物品的可能，曾经客舱内发生过小旅客跑进客舱内的服务舱想伸手去够热饮壶，结果热饮翻洒导致意外烫伤的事件，也应留意不可将无成人陪伴儿童独自留在靠近飞机舱门、运输车车轮、飞机发动机等附近，以避免意外伤害的发生。

➡ 著名心理学实验——验证儿童"自我中心化"的三山实验 ⬅

　　在儿童的思维中，有一个很重要的现象——自我中心化。如何理解这个概念呢？心理学家皮亚杰曾做过的一个著名的三山实验。实验材料是一个包括三座高低、大小和颜色不同的假山模型，实验首先要求儿童从模型的四个角度观察这三座山，然后要求儿童面对模型而坐，并且放一个玩具娃娃在山的另一边，要求儿童从四张图片中指出哪一张是玩具娃娃看到的"山"，如图11-1所示。结果发现幼童无法完成这个任务。他们只能从自己的角度来描述"三山"的形状，却无法准确描述玩具娃娃视角中的"三山"形状。皮亚杰以此来证明儿童的"自我中心"的特点。

图 11-1 皮亚杰的"三山实验"

5）情绪的特征

该年龄段的小旅客自我情绪体验比婴儿期明显要多，主要由与生理需要相联系的情绪（如愉悦、愤怒）向社会性情绪（委屈、被认同感、羞愧感）等深化与发展，同时又表现出易受暗示性的特点。儿童旅客对过于吵闹的环境、突然之间的惊吓等会有明显的排斥与恐惧反应。特别值得民航服务人员关注的是，该年龄段的儿童，已逐渐学会控制自己的情绪，并且能通过语言、表情、肢体动作来表达情绪。但由于年龄的限制，仍会有情绪失控的情况发生。我们应该为其提供安静、整洁的物理环境，温暖、支持性的情感环境。儿童旅客的情绪易受周围环境感染与影响，故也要注意不要将数位无成人儿童旅客聚集在一起乘机或候机。儿童旅客心理发展的时期，正是引导孩子正确认知情绪、处理情绪、提升乘机体验的好机会。在为儿童旅客提供情感相关的服务时，首先要做的，就是接纳孩子的情绪。在与无成人陪伴儿童相处时，作为民航服务人员应使用同感共情、倾听、赞扬肯定等方式向小旅客表达赞许和认同，从而使其对独立的行程更感安全、放松和体验到更多的积极情绪。

**4. 根据"需要"层次服务儿童旅客**

1）儿童旅客的生理需要

儿童旅客由于年龄较小，尚处于行动导向的思维与生活技能的习得过程中，所以生理需要对儿童旅客而言是非常重要而且有特殊心理发展意义的。我们常常在客舱内遇到这样的儿童旅客，飞机快落地了，儿童旅客急切地跟妈妈说："妈妈，我要上厕所。"此时，这个生理需要对他而言是头等大事，是不能延迟或忍受的。所以有经验的乘务人员通常都会在落地前的安全检查程序进行前，提醒单独乘机的无成人陪伴儿童或带儿童旅行的成人旅客，让其先上洗手间，这就是在满足与重视儿童旅客的生理需要。无成人陪伴儿童的生理需要还包括当他们饥饿、疲倦、寒冷、厌烦或疼痛时，会需要有照料者功能的成人进行及时回应与安抚，在独自候机乘机阶段，所有与其接触的民航服务人员要有意识去承担这个"照料者"的职责，而不单单只是履行服务保障程序。儿童旅客困了就要睡觉，饿了就要吃饭，渴了会要喝水，冷了需要温暖这些根据生理需要导向生活节奏的行为特质应得到民航服务人员的注意与重视，及时地予以满足和确认。

2）儿童旅客的安全与归属——爱的需要

儿童旅客对于安全的需要不仅仅是生理上的，更是情感意义上的。心理学家研究发现，人类一生安全感的建立始于生命早期与重要他人的情感互动。例如，"依恋"理论告诉我们，主要照料者对儿童的回应质量以及儿童与主要照料者情感联结的强度，使得婴儿长成儿童的过程中，逐渐形成了"我是谁，当我发出呼唤与需求，这个世界会给我怎样的应答"这样的内心表征。

（1）安全型依恋儿童旅客的心理需要

当成人的回应是及时且情感调适的，婴儿会感觉到安全与被满足，逐渐发展成"安全型"依恋，安全型依恋的儿童旅客情绪较为稳定、自足，且愉悦情绪较多，且能够较为顺利地与他人进行社会交往，这类儿童旅客在机上的反应往往是平静温顺且积极配合服务的。

（2）回避型依恋儿童旅客的心理需要

当成人的反应冷淡，且较少向婴儿提供情感回应，只是一味地喂饭等仅满足其生理需求，也就是我们常说的"冰箱妈妈"，婴儿可能会根据其情感反应发展成"回避型"依恋，回避型的外在表现为即使妈妈不在，也能探索，且妈妈回来了，婴儿几乎没有感情反应。然而当心理学家对其母亲离开时的生理反应做检测，却发现在母亲离开期间回避型婴儿的皮质醇出现了明显的上升，这说明即使表面冷淡，但回避型依恋的内心却可能承受着极大的压力和痛苦的情绪。所以面对缺乏情感互动的回避型儿童旅客，民航服务人员也应表现出温暖与关注，尽量给予其适当的情感陪伴。

（3）焦虑－矛盾型依恋儿童旅客的心理需要

还有一种较为典型的不安全依恋是焦虑－矛盾型，即当成人的回应是不可预测的时候，婴儿会搞不清为什么妈妈有时在，有时又不在，且情感互动总是在浓烈与疏离中摆荡着，这样的婴儿易发展成"焦虑－矛盾型"，当成人不在时会哭着寻找，然而当成人回来时却以愤怒来回应。这类婴儿长成儿童的过程中会大量使用"过度激活"的人际互动策略——比如使用哭喊、满地打滚、生气且难以安抚等以唤起他人持续的关注。当面对这一类型的儿童旅客，我们需要理解"过度激活"是一种生存保护策略，是为了不中断与他人的情感连接和回应，当面对这类无成人陪伴儿童旅客的哭闹、激烈情感表达、频繁索取时，民航服务人员要以宽厚、温和的方式去接纳他／她的情绪，保持稳定、包容的态度，用语言与非语言积极表达"我在这里，我关注你"，才能更好地为其提供安全需求与归属需求的支援。

3）儿童旅客的尊重需要

儿童旅客同样有自尊的需要，且儿童旅客的自尊调节仍旧处于"他评"向"自评"转化的阶段，即儿童旅客会倾向于依赖外界对自己的评价，而得出"我是怎样的？是受欢迎的？是好的？"类似这样自我评价的结论。所以民航服务人员应重视给予儿童旅客尊重、接纳的态度，满足其尊重需求。要了解他／她自我情绪体验中最值得重视的是自尊，虽然我们面对的小旅客身形是小小的，但其是否被平等、尊重、友好的对待是引发其情绪体验的关键因素之一，自尊受挫容易引发其剧烈负性反应且难以调控。

### 11.1.2　心与心的交流

独自旅行的无成人陪伴儿童旅客对于"安全感"的建立更多来源于其安全需要与爱和归属需要的满足，民航服务人员应及时为其提供温暖柔软的物品、使用柔和亲切的非语言信息来安抚无成人陪伴儿童的紧张情绪。

根据马斯洛的需要层次理论与对儿童旅客心理特质的理解，让我们来分析儿童旅客都有什么样的需要并填写图11-2儿童旅客的"需要"，并讨论哪些需要对儿童旅客而言是重要的？

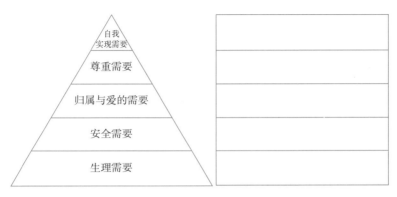

图11-2　分析儿童旅客的"需要"

159

请根据学到的知识技能，交流并分析小旅客心理并自行梳理"典型特征""服务举措"，并填写表11-1"无成人陪伴儿童服务"。

表 11-1　无成人陪伴儿童服务

| 心理维度 | 典 型 特 征 | 服 务 举 措 |
|---|---|---|
| 感知觉 | | |
| 注意 | | |
| 思维 | | |
| 情绪 | | |

儿童语言生动稚嫩，表达了儿童的思维和情感，读来十分有趣，请大家阅读并仿写如下句子，试试从儿童的视角来体会儿童心理的特别之处。

有一次去钟表店，表弟缠着我，要跟我出门。到了钟表店看到那么多形状各异的钟表便脱口而出："哇，是时间超市诶！"

装橘子的袋子破了，橘子洒了一地，小朋友看到说："橘子怎么慌慌张张的。"

秋天落叶掉光了，小女孩说："妈妈，树上的叶子掉完了，我看不到风了。"

有一位小妹妹看到她的小姑姑戴上了牙套，便和她说："姑姑，你的牙齿戴项链可真漂亮！"

我仿写的儿童语言：_____

_____

_____

### ✈ 11.1.3　心理技能实践——运用心理技能服务无成人陪伴儿童旅客

如何与无成人陪伴儿童更好地沟通交流？我们可以试试以下几种方法。

**1. 使用清晰易懂的语言及时回应**

用"好的""嗯，我明白了"等这样简短的话语回应儿童旅客，或者重复一下儿童旅客的话，让他觉得你是理解他的，以此赢得他的信任。如果你需要给他建议，也要先说出理解他的话后，再说出你的建议或想法。在语言的输入上，儿童旅客可能会对语言的文字内容直白地作出理解，但可能无法理解语言之外的信息，所以要少用含有隐喻、象征等抽象概念的语言进行交流，而更多地使用亲切的语调说清晰易懂的话语。

**2. 留意儿童的非语言信息并尝试用非语言沟通**

年龄越小的儿童旅客，对于非语言沟通就越敏锐，相对语言也更能识别非语言的温度和氛围。由于幼儿语言能力发展的不完善，很多时候只能够用哭泣、喊叫、跺脚等方式来表达当下的想法和情绪。民航服务人员要对这些非语言信号具备一定的理解能力，并能够用稳定、温和、接纳的态度去接纳或作出调谐式的反应。民航服务人员也可以用善意微笑、身体前倾、蹲下倾听、柔和悦耳的语音语调等非语言方式去和儿童旅客沟通，这样更能使儿童旅客感受到安全与友善。

**3. 用和孩子相同的感受回应或替他/她说出感受**

当儿童旅客在一个长航线上不声不响也没有什么胃口用餐后，我们要注意到他/她是否有孤单、落寞的表情，若看到了他/她的担忧或有些孤独的时候，我们可以使用这样的语言与其沟通："第一次独自旅行有些孤单吧，我来陪伴你。"而不是说："有我陪伴你，你是不会感觉到孤独的。"要首先能够觉察并接纳儿童旅客的情绪，而不是去否认他的情绪。对于飞行过程中遇到的儿童旅客，航空服务人员要报以更多的耐心和爱心。

**4. 加强关注并用温和的语气进行航空安全引导**

航空服务人员要为儿童旅客安排合适照顾的位置，其原则是方便服务人员关注和照看儿童同时又不影响其他旅客正常的休息和旅行。儿童旅客活泼好动，对很多事情都充满了好奇心，对于好动调皮的儿童旅客，民航服务人员不能用大声喝止等方式进行劝阻，这样易使儿童旅客受到惊吓，引发负性情绪反应。而是应该事先对其进行安抚和航空安全引导教育，将乘坐飞机时的秩序和要求以更加和缓的方式告诉他们，以鼓励的方式使他们能够安静愉快地度过旅程。

请根据自己的服务岗位，结合情境，拟定与成人陪伴儿童的服务互动特别是同感共情的部分，并进行小组讨论与演绎。

这是9岁的小旅客玲玲第一次独自乘坐飞机飞往另一座城市，通过与玲玲的交流乘务员若曦了解到，玲玲是飞往目的地与已经3年未见面的爸爸相见，乘务员若曦在航程中观察到玲玲总是低垂着脑袋，耷拉着嘴角，在座位上搅动着手指。若曦拿出机上为小旅客准备的儿童玩具毛绒小飞机给她，她也只是看了一眼，轻轻地说了一声："谢谢姐姐。"随即又把头低了下去不再作声，玩具也静静躺在小桌板上。这时若曦忙完了手上的工作，走到小旅客身边，俯下身去……

## 任务 11.2　服务孕妇旅客

民航服务人员应在必要时给予孕妇旅客协助，如地面人员为其引导快捷通道，客舱乘务员在孕妇旅客登机后主动向孕妇提供毛毯、枕头等，指导孕妇在起飞、下降时，将它们垫在腹部，协助孕妇将安全带系于大腿根部，并告知解开的方法。客舱乘务员应在孕妇登机后主动了解孕妇的身体情况，登机前需了解孕妇的妊娠期是否符合乘机规定。主动帮助孕妇旅客提拿、安放随身携带物品，引导入座。入座后，客舱乘务员应向其介绍机内服务设备如安全带、呼唤铃、通风孔的使用方法，考虑到孕妇的身体特殊情况，也可根据其意愿将座位调整至靠近洗手间的位置或主动指示洗手间的位置等。提醒其"系好安全带"标志灯亮时，不要离开座位。孕妇可能对飞机上的气味或者颠簸比较敏感，多提供一个清洁袋、一块小毛巾、一杯温开水给旅客，以示乘务人员的关怀。航程中，客舱乘务员应及时了解孕妇的情况并给予适当适时的照顾，尤其是出具医疗证明的孕妇旅客，也应及时关注孕妇旅客的情绪状态，给予心理上的安抚与理解。

## 11.2.1 心理知识建构

### 1. 孕妇旅客

对于乘坐民航客机的孕妇，民航有关部门也有相应的规定。一般说来，32～35 周的孕妇乘机应办理乘机医疗许可，该许可在乘机前 7 天内签发有效。怀孕 35 周以上的孕妇，预产期在 4 周（含）以内的孕妇和产后不足 7 天的产妇，原则上民航系统不予承运。孕妇的座位不应安排在应急出口、通道处。在机上，孕妇应有指定的客舱乘务员负责照料，如遇紧急情况，需指定两名援助者协助孕妇撤离飞机。

### 2. 孕妇旅客的心理特征

女性孕期的全过程为 40 周，共计 280 天左右。妊娠期间孕妇会经历复杂而变化的生理过程，这段时间内，孕妇在心理上也会有所较为剧烈的改变，一般会经历不能耐受期、适应期、过度负荷期三个过程的反应。

1）第一妊娠期

（1）生理变化。妊娠早期，从受孕开始到 12 周末。妊娠停经 6 周左右开始有早孕反应，一般在 12 周后自行消失，这段时间，可能会有乏力、嗜睡、挑食、呕吐、尿频等现象。孕妇旅客在早期不易识别，准妈妈既感觉不到胎动，肚子也没有变大。然而一旦民航服务人员被主动告知旅客怀孕的消息，应立即表达重视、关切的态度，注意观察期生理心理变化，并倾听其具体的服务需要。

（2）心理变化。初为人母的情绪总是复杂的，可能有喜悦或担忧，若是乘坐飞机出行，更易引发担忧、焦虑情绪的出现。怀孕初期给孕妇带来的身体不适，使得有些孕妇心理上还不能适应从为人妻到为人母的角色改变。在这个时期孕妇的情绪常常很不稳定，容易生气，而且依赖性较强。

民航服务人员应注意孕妇在妊娠期的一个典型心理现象——自我重要感。正因为在经历前所未有的生理变化，与之伴随也会产生奇妙的心理变化，孕妇旅客会感觉自己很珍贵、脆弱、不稳定、需要被重视与呵护。情绪要比平日里敏感，会评判他人是否足够爱惜和重视自己。若没有达到预期，则会有愤怒、压抑或是委屈的负性情绪。

2）第二妊娠期（4～8 个月）

（1）生理变化。在此阶段，孕妇旅客开始逐渐显怀，加上开始感觉到胎动，因此准妈妈和宝宝之间的联系会更紧密。准妈妈会开始想象宝宝的模样并将宝宝视为自己生命或身体的一部分，生活重心及话题集中在宝宝身上。一般而言，这时期的准妈妈会容光焕发，表现出母亲的幸福、骄傲与责任感。此时期准妈妈的食欲会较旺盛，但反应能力较差。在民航服务过程中，民航服务人员要及时关注怀孕旅客的饮食需求，客舱内的乘务员要能够优先考虑其生理变化所带来的安全隐患并及时予以指导。

（2）心理变化。孕中期孕妇旅客的心情会比较平静，经历了孕早期自我心理与环境适应的调整，此时的孕妇旅客虽然情绪较为稳定，但由于会不由自主地担心腹中胎儿的生长发育情况，其担忧与恐惧感也可能会因不同情况相对增加。过了早期，孩子已经稳定。这个阶段孕妇会开始控制体重和控糖以防止妊娠期糖尿病和高血压，所以也会对自身健康有担心的情绪。民航服务人员应在识别到孕妇旅客后，主动及时提供帮助和心理支援，理解孕妇旅客可能有的负性情绪，提前为其准备所需物品或清淡饮食，并积极引导、鼓励孕妇旅客在候机乘机时的正性情绪表达。

3）第三妊娠期（9个月后）

此时期是孕妇身体负荷较大的时期，孕妇行动日益不便且面临即将生产的未知，因此准妈妈不论在身体上还是心理上都承受着较大的压力。孕晚期的孕妇动作减少，行动呆板，思维迟钝，记忆力和注意力有所下降。虽然航班运行过程中由于运输条件的限制极少会遇到孕晚期的孕妇旅客，但民航服务人员仍旧有可能在机场的办票柜台、特殊旅客爱心柜台等区域遇到孕晚期旅客，值得注意的是这个时期的孕妇较容易焦虑和激动，也会突然感觉疲乏无力，部分孕妇情绪起伏较大。

### 3. 根据"需要"层次服务孕妇旅客

1）孕妇旅客的生理需要

由于怀孕时身体状态的巨大改变，乘机体验的舒适度对孕妇旅客而言非常重要。孕期的孕妇旅客，其生理正在经历体内激素分泌的改变，会对食物的气味、质地、口味更为敏感。此外，还有环境温度的适宜程度，候机乘机时的行程繁忙程度都会对孕妇旅客的感知觉有不同的影响。民航服务人员要根据其具体的生理需要改变服务供应的内容与品质，并注意调整其需要站立、等候的时间，以提升其出行舒适度。同时，也要考虑孕妇旅客生理的变化所导致的无力与疲乏，在得到允许的情况下主动帮助其提拿物品，主动为其提供柔软的枕头毛毯，或可能需要的呕吐袋等以满足孕妇旅客的基本生理需要。

2）孕妇旅客的安全需要

孕妇旅客通常是成年女性，有一定自我照料与安全判断的思维能力，但限于身体状况的特殊性，在体力、耐力上的安全需要应由民航相关人员提供保障。对于孕妇旅客安全的需要一方面在行动的保障和考虑上，如不将孕妇旅客安排在紧急出口或靠近紧急出口的位置，不为其提供难以消化或易引发呕吐、眩晕的食物饮品，关注航空运输过程中可能会对其造成安全损害的意外事件，在应急情境中安排专人进行保护和撤离外；另一方面也要及时关注孕妇旅客内心秩序感与安全感的获得，向其表达重视、关注，主动协助整理一个安全、舒适的候机乘机环境，也是对其安全需要的一个有力保障。

3）孕妇旅客的归属——爱的需要与尊重需要

孕妇旅客的孕产经历，放在其个体生命周期的无论哪一个时期都显得尤为重要，在这段特殊的时间，孕妇旅客对归属与爱的需要达到了心理需求的峰值，归属与爱的需要也贯穿于整个时期，民航服务应该从孕妇旅客的视角出发，顺应这个需求的达成，而不是将孕妇旅客泛泛当作普通旅客而引发巨大的心理落差。孕妇旅客的尊重需要与归属——爱的需要在这期间有一个可以实现的共同点——满足其需要被重视、被关注的心理。当然，民航服务人员在通过具体的服务内容满足其需要的同时，也要根据旅客的不同类型来做区分。

（1）安全型孕妇旅客的心理需要

安全型依恋的孕妇旅客，对人际关系较为信任、人格特征稳定，即使是在孕期也不太容易产生较大的情绪起伏，针对该类型的孕妇旅客，积极的关注与共情会获得相应的适宜的情感反馈，民航服务人员能够较为容易地满足其归属与爱的需要。

（2）冷漠型孕妇旅客的心理需要

若孕妇旅客存在冷漠型依恋（回避型婴儿长大后会发展成冷漠型成人依恋），该孕妇旅客通常不愿意受到太多的外在关注，比如语言上的招呼与服务过于频繁，但该类型孕妇旅客被尊重及归属感的建立也非常重要，民航服务人员可根据其具体表现，从安静温柔的非语言维度进行心理温度的传递，切不可因为缺乏相应的回应而减少关注。

（3）焦虑型孕妇旅客的心理需要

值得注意的是焦虑型孕妇旅客，若孕妇旅客本身已经是焦虑型的不安全依恋类型，怀孕经历可能会使其放大情绪体验，产生一定的过激反应，如焦虑不安、容易抱怨、敏感或容易从服务交往中感受到不被重视，产生无助、失望的情绪等。民航服务人员应利用自己的心理学知识贮备，合理地理解、共情到"过度激活策略"背后的实际心理需要，不越界、不逃避，而是稳稳地接住可能有的激烈情绪。对该类型的孕妇旅客，民航服务人员可在服务工作内容处理安排妥当的情况下，适时予以更多的陪伴和关注。

### 11.2.2　心与心的交流

根据马斯洛的需要层次理论与对孕妇旅客心理特质的认知，接下来让我们试着分析孕妇旅客都有什么样的需要？有哪些需要对处于生命特殊时期的孕妇旅客而言是最重要的？请将分析讨论的结果填写在图 11-3 中。

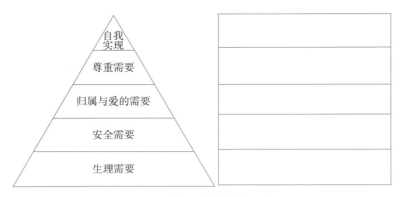

图 11-3　分析孕妇旅客的"需要"

心理 Tips

为什么孕期容易感到不安、烦躁和焦虑呢？

——来自仁济医院妇产科顾卓伟医生的科普

　　怀孕期间伴随着体内激素水平的改变，导致孕妈咪的情绪易受外界环境干扰；怀孕后的外在体形变化和内在生理环境的改变，身体不适感会加重，孕妈咪常会感到烦躁，比较容易生气；此外，孕妈咪在孕期最挂念的就是宫内宝宝的健康和安危，常常会担心胎儿是否发育正常，外界环境是否会影响到宝宝，如果是初次怀孕，对生产的未知更容易引发不安和焦虑情绪。以上各种因素，使得孕妈咪外出旅行，比如乘坐飞机时，加之身体的疲惫感，就容易出现情绪起伏，这个应该被我们理解和共情哦！

### 11.2.3　心理技能实践——倾听孕妇旅客的需求

　　在孕妇旅客服务中应用倾听呈现了我们在学习任务"倾听"中掌握的心理技能，现在，我们将与对于孕妇旅客的心理知识结合起来，试试看如何正确倾听孕妇旅客的需求。

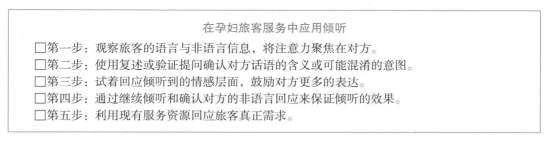

　　服务情境：机场候机楼的特殊旅客爱心服务区域。

　　地服人员小雪今天当班值日，有一位年轻的女士走向柜台用略带埋怨的口吻对她说："我要投诉！"小雪听到这句话，先是细心地观察到这位女士的神情，发现她面容困倦，身材瘦削，脸上呈现了无助、失落的神情，这份委屈感和她所说的话语并不一致。小雪用温和的语气这样回应道："女士您好，我前面交接班时留意到您从外面走进来，刚坐进我们爱心服务区，是发生了什么事呢？"

　　"我的航班一直在延误，也不知道什么时候能登机，我是孕妇快五个月了，在外面的冷板凳上坐得腰酸背痛，想着走走看散散步就走到这儿来了，你说你们航空公司怎么搞的，怎么老是在延误呢。"

　　小雪听闻，马上从柜台后走出来将这位旅客引导至最近的爱心专座上并递上毛毯，她这样回复道："您的要求我明白了，我马上去系统里给您查询您的航班信息，做准妈妈不容易，又遇上延误，路上一定很累吧。"年轻的女士听罢小雪的回复，身体往爱心专座上靠下去，深深叹了一口气。小雪赶紧查阅到上一个航程的起飞时间并告知延误的原因，并用关切的语气询问起旅客："您的神色有些疲惫，是一个人去重庆吗？""是呀，我孕吐反应严重，我老公工作忙就让我一个人先回老家，他也不管我送来机场就走了去上班了，没想到我一个人在机场要等那么久！"

　　小雪仔细倾听旅客的抱怨，听到了在表示要投诉、埋怨延误带来的不便背后，是一个人等候在偌大的机场那种孤单、无助的感受，而怀孕这个特殊情况加重了这个感受的程度，从对方的视角体验到原本应该被珍视的时刻却感觉被忽视了。小雪倾听到了这位年轻准妈妈真正的需求，于是在评估了爱心服务区的总体情况后，走近她身边坐下来，面向这位年轻的妈妈说："前站飞机已经起飞了，我陪您坐坐，也能及时和您说说情况……"

## 任务 11.3 服务老年旅客

民航服务人员应对老年旅客的心理特点有一定的了解，更加全面、客观地理解个体在老年期的身心变化过程，并根据自身服务岗位的功能为每一位在民用航空出行的老者提供更人性化、亲情化的优质服务。如何让"银发族"顺畅出行已成为机场、航空公司旅客服务的重要方面。航空公司在老年旅客购买机票方面并没有年龄限制，民航专家建议，推进民航适老化改造，航空公司也面向老年旅客开发更加人性化的产品，比如有的航空公司已推出"无人陪伴老年旅客"的出行服务、在机场内、客舱内设置专为老年特殊旅客的爱心座椅等，以更加方便老年群体的出行。

### 11.3.1 心理知识建构

**1. 老年旅客的定义**

原则上特殊老年旅客的运输条件与限制是指年龄超过 65 周岁以上，生活不能完全自理，可能携带自备的轮椅、拐杖或手杖，需要一定特殊照顾或服务的旅客。此外，老年旅客常常有精力衰退、记忆力减退、注意力难以集中等心理变化。随着现代社会的发展，老年旅客的出行变得越来越频繁，而社会老龄化的加剧，更应引起我们对老年旅客在民航乘机过程中安全与舒适的重视。

**2. 老年旅客的感知觉变化**

人在日常生活中的一切信息都是通过视、听、嗅、触等感知觉获得的，由于年龄的增长，人的生理机能会出现不同程度的退行性变化，进入老年期后变化最为明显的就是感知觉能力。尤其是视听觉能力逐渐衰退，给老年旅客的民航出行带来了不便的影响，也使老年旅客对自理能力、安全问题等表现出过度担忧，造成较大的心理压力。

1）老年旅客视知觉的变化

首先，老年旅客视力的退行性变化是非常明显的，比如出现了老花眼现象。随着年龄增长，人体通过视觉辨别空间物体的远近、大小与相对位置的能力会逐渐下降，这代表着视觉差错的概率提高。空间辨别能力的降低，偶尔会导致老年旅客动作上的失误。例如，老年旅客想将手中纸杯放到小桌板上，然而由于深度视知觉差错，会误认为未放桌上的纸杯已放妥，以致脱手将杯里饮料打翻。又如，老年旅客上下登机客梯车时，可能因为对楼梯空间位置判断不准而摔倒。这些问题的产生都与老年旅客视觉发生退化相关。

2）老年旅客听觉的变化

老年旅客的听觉器官逐渐老化，通过对我国老年人体检数据的调研后发现，63.6%的老年人有听力减弱现象，听力也相应地表现出衰退现象。听力受阻的老年旅客较易丧失安全感，因为他们在有需要的时候，不能够通过语言轻松、准确地将想法传达给他人，也很难感受到听觉上的安慰和支持。研究表明，老年旅客在噪音环境下的语言理解力随着年龄增高而降低，并且当噪音增强时老年旅客语言理解能力受到的影响更大。考虑到民航客机运行时的噪音，老年旅客更易出现"耳背"和"打岔"等现象。

3）老年旅客味觉的变化

老年旅客对食物的辨别能力发生改变，在味觉上老年旅客要在饭菜中加入更多的盐才能品尝到咸味，还有一些研究也表明，老年旅客的味觉多样性也会随年龄的增长而降低，年轻人可以同时辨别出食物中的多种味道，而老年旅客则只能辨别其中的某几种味道。老年旅客的这些特点与其味觉感受系统的结构变化有关。

4）老年旅客对温度感知的变化

随着年龄的增长，老年旅客对温度的感觉也变得迟钝，高龄的老人不但对体外环境温度的敏感度降低，同时对自己身体温度变化的敏感度也在降低。当体外温度骤然变化的时候，老年旅客也不能迅速地作出反应，因而容易出现意外。

总之，随着年龄的增长，老年旅客的感觉系统退化，身体各项功能也会出现减退的现象，例如，一些老年旅客由于味觉明显减退，口腔内往往有异味的感觉，造成食欲减退，食物的消化、吸收不充分，从而使整个机体功能减退，加速其他感觉系统的老化进程。民航服务人员了解老年旅客认知功能退化的特点，知道如何应对这些变化对维护老年旅客的心理健康与维护民航出行安全与体验均十分重要。

**3. 老年旅客的认知改变**

1）老年旅客反应速度的退化

随着年龄的增长，人们信息搜索和提取的速度降低，建立新旧信息关联的时间延长。老年旅客的反应速度明显低于年轻人，造成这种现象的原因是随着年龄的增长，人体神经元传送信息的速度会逐渐衰退，如大量的神经元联结的衰竭，神经递质效率的降低等。

2）老年旅客记忆力的减弱

记忆是指一个人感知或经历过的事物的印象在脑内的识记、保持及恢复的一种心理过程。老年旅客随年龄的增长而记忆力减退，对于低文化水平的老年旅客，年龄越高，抽象能力和执行功能越差。

3）老年旅客思维的退行变化

我们经常会听到这样一个词叫作"老小孩"，这是由于人们发现老年旅客的许多心理和行为仿佛和孩子一样。"退行"是人格心理学中常用的一个概念，最早在心理动力学领域被提出，是一种使用早期发展阶段的某些行为方式来缓解焦虑的防御机制。心理学家曾经利用测量前运算阶段儿童的实验来研究老年人的思维特点，发现很多老年人也会出现和前运算阶段孩子一样"自我为中心"的特点，不能从他人的观点客观实际地分析问题，处理问题时往往以个人的认知作为标准和参照，这意味着老年旅客的思维在某些程度上也出现了退行变化。

**4. 老年旅客的语言特征**

俗话说："树老根多，人老话多。"老年旅客一旦上了年纪之后，说话就开始重复，而且对自己的想法和观点深信不疑，不屈从于别人的意见。事实上，老年旅客由于生理衰老的原因，开始自觉精力不够，许多事情自己不能直接参与，因此，他们只好通过说话来表达自己内心的想法和情绪，以此取得心理平衡。同时由于自尊心的强烈作用，老年旅客对自己的态度和观点都会进行坚决地维护。

**5. 老年旅客的情绪体验**

概括来说，老年旅客情绪体验的特征主要包括以下几个方面。

1）老年旅客的情绪相对比较温和平静

相对年轻人的喜怒形于色而言，老年旅客通常更加温和平静，这正是老年期情绪体验的一个重要特点，即情绪体验的水平相对较低。进入成人期，个体的生理变化、认知的成熟、社会交往的加深、角色地位的变化引起的情绪、情感体验日益深刻，个体已经形成了比较稳固的价值观和较强的自制力以及较成熟的自我防御机制，因此，他们的情绪情感状态一般较稳定，较少因外界因素的影响而发生起伏波动，无论是心境、激情还是应激都是如此。老年旅客由于生理结构上的衰退，自主神经功能的降低会减少对情绪刺激的生理唤起，因此减少了对事件的反应。

2）老年旅客更倾向于控制自己的情感

研究发现，老年旅客比年轻人更遵循控制自己情感的某些规范。对于愤怒、喜悦、厌恶、害羞、恐惧、焦虑、兴趣、激动和悲伤等不同情绪有更深的体验与更内敛的表达，老年旅客比中年人更愿意控制自己的某些情绪，如兴奋、激动和害羞的情绪活动。但是对于恐惧情绪所持的态度，研究未发现任何年龄差异和性别差异。表达恐惧是一种适应性的表现，能够有效地向他人传达需要帮助和支持的信息，从而使自身能够免于危险，更利于生存。

3）老年旅客情绪体验的持续时间较长

当脑组织老化或伴有某些脑部疾病时，老年旅客往往会失去自我控制，容易勃然大怒，且难以平静下来，其情绪激动程度和所遭遇不顺心的事情之程度并不相对应。老年旅客的情绪情感一旦被激发，需要花费很长的时间才能够恢复平静。无论是热情、激情还是应激都会如此。同时，由于老年旅客形成了比较稳定的价值观以及较强的自我控制能力，他们的情绪情感一般不会轻易因为环境的变化而起伏变化。

4）老年旅客更易产生消极的情绪体验

老年旅客由于各自的人生经历、文化背景、生活环境、个性特征和行为需求存在差异，因此他们所处的情绪状态也会不一样。进入老年期后，随着身体健康水平的下降、社会交往圈子的缩小，老年旅客的情绪可能会体验到空虚感、孤独感、悲伤感、失落感等消极情绪体验，产生自我封闭的行为倾向。

### 11.3.2 心与心的交流

请根据马斯洛的需要层次理论，通过结合日常生活中与老年人打交道的经验与对老年旅客心理的学习，试着分析老年旅客都有什么样的需要，有哪些需要对老年旅客而言是最重要的？请将分析讨论的结果填写在图 11-4 中。

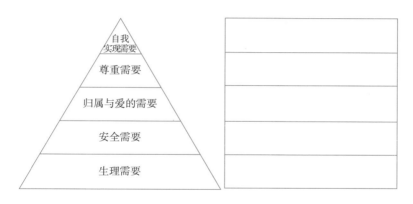

图 11-4　分析老年旅客的"需要"

目前，我国已建立了比较完善的社会养老保障体系，大部分老年旅客在生活中和民航出行中都能够满足穿衣、吃饭、住房等基础层次的要求。依据老年人感知觉的特征，民航服务人员可以从不同角度入手，关心关爱老年旅客的出行安全与需要，比如当负责给老年人供餐饮服务时，多提供易消化有适宜温度的热饮软食；与老年人沟通时用大声清晰柔和的语调，主动上前再次概要复述一些重要讯息，如几点到达，目的地温度，给老年旅客充足的时间进行到达目的地前的准备；在老年旅客读书看报时主动为其按亮阅读灯等服务，以维护老年旅客生理机能的适宜度。

在了解了老年旅客的视知觉退化与身体机能退化等信息后，我们要有意识地在易引发视错觉的区域主动搀扶老年旅客，如上下客梯车、机场台阶等情境，以免因视错觉或是行动障碍而发生意外；将老年旅客引领至特殊绿色通道，为其提供轮椅服务、拐杖服务等助力，也可在征得老年旅客同意后将自己的手臂作为老年旅客的行走助力。此外，也要注意在密闭空间中，老年人的身体适应与心理感受，多关心关注其民航出行的安全问题。

仅仅实现这些并不能使每一位老年旅客都感到服务的温暖，因为老年人也渴望着更高层次的需要得到满足。人际交往中的归属与爱所带来的正性情绪体验与对老年人的关怀备至正是满足老年旅客这些高层次需求的重要途径。服务交往中，有许多航空公司推荐年轻的民航服务人员可以使用亲情服务的方法，将老年旅客当作自己的长辈那样去提供真情服务，使老年旅客可以感受到别人对自己的关怀，满足心理归属与爱的高层次需要，也可以从别人的尊敬和同感共情中体会到自己的价值，从而在旅途中消除老年旅客孤独感。

老年旅客一般都有较强的自尊感，在服务中也希望得到他人的尊重，当自尊感的需要不能得到应有的满足时，老年旅客往往会以愤懑的情绪表现出来，或者走向事物的反面产生自卑感，这些都是我们在民航服务过程中应该避免的现象。

### 11.3.3　心理技能实践——运用同感共情服务老年旅客

这是一班从深圳飞往法兰克福的国际航线，刚飞行了两小时，航班正在供应正餐餐食，有一位老年旅客按响了呼唤铃，并说自己有一点胸闷的感觉，乘务员听闻赶紧为其松开领口并打开通风口，并询问是否有既往史的症状，老年旅客摇摇头说自己身体一直很健康，刚刚一阵过去了，现在已经好多了。乘务员记录了老年旅客的情况并继续供应正餐，这位老年旅客也正常食用了餐食。餐食供应结束后，客舱内的旅客都纷纷拉下遮光板准备休息，这位老人来到后舱东张西望，乘务员询问其身体状况，他说好多了只是坐久了腿有点麻，想起来走动走动，并主动和乘务员说起自己是一个人乘机去德国看望儿子一家，自己的老伴儿走了，儿子也已在德国定居工作，这次去德国就是旅游到处看看，不指望着儿子和外国儿媳能邀请自己也定居在德国……乘务员小吴微笑着认真倾听老人的絮絮而谈，并作出了同感共情的回应，请结合表 11-3 试着说说，乘务员小吴在服务中运用了哪些心理学技能，取得了什么效果？

表 11-3　在老年旅客服务中运用同感共情

| 应用步骤 | 客舱乘务员的同感共情 |
|---|---|
| □了解事件的全貌 | 用自己的话描述发生了什么：<br>长航线旅途是漫长的，老人想与乘务员多聊天，排解孤独的感受 |
| □细心观察非语言 | 旅客此时呈现的非语言状态：<br>老爷爷精神尚可，思维清晰，但话语内容较分散以闲谈为主，观察其表情与身体姿态，总体显示是一位健谈、开朗的老人，之前主诉的"胸闷"并非器质性问题，更多像是需引起乘务员的注意 |
| □评估情绪与感受 | 我同感共情到的情绪：<br>说起"老伴儿走了"，老人明显呈现出十分悲伤、不舍的情绪，表明还未从丧失了伴侣的悲痛中走出来。<br>说起"儿子一直很优秀"时有一股为孩子自豪之感；<br>说起"不指望着儿子和外国儿媳邀请自己定居"里面含有害怕被拒绝的情感回避，也有对语言无法交流的儿媳相处问题的担心 |
| □应用开放式提问 | 我的开放式问题：<br>您现在感觉还好吗？ |
| □留意细节，提炼重点 | 我倾听到的重点信息：<br>□实际需求<br>□情感需求 |
| □适当调整自身的语言与非语言 | 我自身呈现的情绪状态：<br>用非语言表达专注，在听闻有些悲伤的消息时也表露自身感受的难过之情 |
| □深入了解旅客的内在需求 | 旅客此刻的需求：<br>有人陪伴度过漫长的旅途，排解孤独和无聊的感觉 |
| □主动提供相应的服务 | 我在同感共情后能够提供的服务回应：<br>□语言：好的，您和我多说说<br>□非语言：专注、开放、友善、温柔<br>□物质资料：提供毛毯、小枕头，询问意愿后将其调整至较为靠近服务舱的座位，表示可以多照应 |

请大家在本次学到的特殊旅客类型中选择一位，以 3～5 人为单位，分别扮演民航服务人员小 L、民航服务人员小 M、特殊旅客、画外音等，结合各自所在岗位的服务情境与本单元中所学知识，编排、演绎一段服务过程，可应用具体的倾听或同感共情技术，将所学的心理学技能应用于特殊旅客的服务中。

# 项目 12  应对民航服务中的特殊情境

**项目目标**

1. 理解不正常航班下的旅客心理变化。
2. 应用心理学技能调整特殊情境下的压力应对。
3. 掌握服务沟通策略。
4. 有效应用心理学技能解决冲突。

## 任务 12.1  不正常航班下的心理应对

不正常航班是指航路、天气、空中交通管制或飞机机械故障原因造成的不能按照公布的时间正常飞行的航班。它包括航班延误、航班取消、航班合并、航班备降、航班转场、航班改期、航班返航、航班加降等。对于旅客而言，不正常航班会打乱他们的行程计划，给他们带来不便和困扰。

为了减少不正常航班的发生，航空公司需要加强航班计划和调度管理，提高航班准点率。同时，航空公司还需要加强机械维护和检修工作，确保航班能够正常运行。此外，航空公司还需要加强与气象部门、交通管制部门等有关部门的沟通和协作，及时获取相关信息和预警，提前采取措施应对异常情况。民航服务人员应对不正常航班下的旅客心理及其可能导致的特殊现象有所了解，以便采取更适宜的处理方式。同时，也需加强不正常航班下自身的心理应对与压力调控策略。

**心理现象思索**

2023 年 8 月 6 日 17 时，北部湾航空运行中心接到紧急电话，一名旅客需要携带人体器官乘坐 GX8881 航班从南宁前往重庆，申请重点协调及保障。接到电话后，北部湾航空所有工作人员齐心协力立即启动应急救援响应机制。当日 19 时 35 分是 GX8881 航班计划起飞的时间。经积极沟通协调，该航班于 19 时获得相关限制单位豁免，优先保障航班起飞。机组人员到达飞机上后，航班立即组织旅客登机，做好万全准备。随后，又在得知待运输的器官仍在高架上堵车后再次主动申请延迟等待，最终在延迟 40 分钟后起飞。在这场特殊的延误中，民航工作人员及时将信息传递给旅客并安抚旅客情绪，延误的客舱内肃穆、庄严。起飞后机长王鹏向管制申请最大限度的直飞。进入重庆区域后，航班申请优先落地，最终仅用时1小时20分钟落地重庆，给病患争取到宝贵的救治时间。航班落地后，乘务组第一时间引导护送器官的医护人员优先下机，顺利对接地面工作人员，完成此次旅客体捐献器官运输任务。这场为生命接力的每个环节的民航工作人员都顶住了巨大的压力，冷静决策、积极协调，成功将这例人体器官从广西南宁运抵重庆……

## 12.1.1 心理知识建构

**1. 不正常航班下的旅客心理特征**

在航空旅行中，不正常航班常常会引发旅客各种心理反应，这些反应可能因旅客情况、航班延误原因、延误时间长度以及应对机制的差异而有所不同。以下是不正常航班中常见的旅客心理特征。

1）焦虑与不安

航班延误、取消、备降等不正常情况都会给乘客带来焦虑和不安的情绪。乘客可能会担心自己的行程受阻、面临行程变更、住宿问题等，对航班延误的原因、后果及影响感到忧虑，可能担心错过重要事件或面临经济损失。这种忧虑可能转化为紧张和焦虑，影响旅客的决策和应对能力。长期的焦虑还可能导致旅客出现心理疲劳和应对能力下降。这种情绪也可能导致他们情绪激动或坐立难安，迫切希望了解更多关于航班的信息。若这种焦虑与不安的情绪不能得到及时的舒缓，必然会诱发后续行动。

2）怀疑与抵触

不正常航班往往由于各种特殊原因造成，旅客在此特殊情境下通常都希望得到一个较为明确的说法，以打消顾虑或担忧，若此时延误信息发布不透明或有所延迟，又或者旅客感知到航空公司的告知行为是相对随意的，就可能诱发旅客产生抵触和质疑的情绪。恶劣天气情况下大部分旅客是能够相信航空公司的，但若是并非由于肉眼可见的因素导致的航空管制等就会导致个别旅客认为是推托之词，可能会对导致航班不正常的原因产生怀疑心理。

3）愤怒和抱怨

当航班延误时间过长或遭遇不公正待遇时，旅客可能会更容易对服务态度和效率感到不满，从而产生抱怨。愤怒和抱怨是表达不满和寻求解决问题的方式，如果任由这种心理蔓延，必然导致过激行为出现，如产生投诉或抗议行为。这势必会影响正常秩序的维护，如果不能很好地解决这部分旅客的问题，也会影响其他旅客的心情。针对这种情况民航服务人员应主动安抚劝慰旅客，理解旅客的愤怒可能是觉得自身利益受损失等深层情绪。

4）冷静从容

自身心理素质较为完善的旅客会客观看待并及时调整自身情绪，对航班不正常运行可以较为从容平静地接纳、理解。这种心理也是属于成熟旅客普遍的心理，旅客会理性思考出现延误的原因，从多个角度客观判断后果，利用思维规划调整自身计划，尽量减轻不良后果。这种心理最大的优势在于旅客能够主动调整心态，自身涵养良好，不会轻易在公众场合发泄自身情绪，即便如此，民航服务人员也应当主动去关注他们，并及时传达相应的讯息。

5）无助和孤独

在不正常航班的情况下，旅客可能感到无助和孤独。他们可能缺乏相关信息、缺乏帮助或与外界联系不畅。这种无助感可能导致旅客感到孤立无援，缺乏应对延误或混乱的信心。乘客在面对不正常航班时，可能会感到无助和不知所措。特别是在一些紧急情况下，如飞机故障、突发事件等，乘客可能会感到缺乏必要的帮助和支持。

6）挫败和沮丧

在经历多次航班延误、取消或其他不正常情况后，旅客可能感到挫败和沮丧。他们可能会怀疑自己的出行计划、航空公司的可靠性和服务质量。这种挫败感可能导致旅客对航空旅行失去信心，并对未来的行程产生负面影响。乘客对于不正常航班后的行程安排、住宿等不满意时，会产生失望和沮丧的情绪。特别是当乘客面临行程变更后的一系列问题，如改签、退票、行李托运等，会让他们感到十分疲惫和沮丧。

总之，不正常航班会给旅客带来一系列心理反应，包括焦虑、失望、愤怒、急切、无助、忧虑、挫败和沮丧等。为了减轻旅客的心理压力和提高满意度，民航服务人员需要密切关注旅客的需求和情绪，提供及时、准确的信息和必要的帮助，以缓解旅客的不满情绪和解决他们所面临的问题。

**2. 不正常航班的心理应对**

在面对不正常航班时，了解和处理乘客的心理反应是非常重要的。民航服务人员应在既有的服务应对程序之外，对旅客在不正常航班情境下的心理需求进行妥善地应对。

1）理解乘客心理

在航班不正常运行的情况下，乘客可能产生一系列的情绪反应，如焦虑、愤怒、失望和困惑等。理解这些情绪反应是正常的，并认识到它们是由航班的不正常情况引发的。旅客的不良情绪很可能是由于突发情况所导致的心理应激现象，若予以重视并能通过倾听、信息沟通、劝慰等方式安抚，是可以对情绪进行转化的。

2）有效沟通

在处理不正常航班时，与乘客进行有效的沟通是至关重要的。清晰、准确、及时地传递信息可以减少混乱和误解。向乘客提供明确的信息，如航班延误的原因、预计的解决方案和相关的时间表，有助于缓解他们的焦虑和困惑。处理航班延误时，民航服务人员应避免传达虚假信息或夸大其词，同时要关注乘客的需求和情绪，提供必要的帮助和安抚。

3）维护安全和秩序

在不正常航班的情况下，维护安全和秩序是首要任务。确保乘客的人身安全和财产安全，以及维持航班的正常运营秩序。通过明确的指示和合理的调配，提供必要的支援和服务，以满足乘客的基本需求。

4）提供心理支持

在不正常航班的情况下，应及时为旅客提供心理支持。对于那些因为航班延误或取消而感到焦虑、不安或沮丧的乘客，可以通过专业的倾听与同感共情来提供帮助。通过倾听和理解乘客的感受，提供必要的支持和安慰，有助于缓解他们的压力和情绪困扰。

5）协助解决问题

在不正常航班的情况下，协助旅客解决问题也是非常重要的。通过提供必要的协助和资源，帮助旅客解决他们在航班上的问题，如食物、水、住宿和交通等。民航服务人员需要保持冷静、耐心和理性，向旅客提供准确的信息和解决方案。这有助于提高乘客的满意度和信任度，减少不满和投诉。

6）收集反馈必要信息

在处理不正常航班的过程中，收集旅客的反馈也是非常重要的。通过询问旅客的意见和建议，了解他们对航班处理方式的看法和满意度，有助于改进未来的服务质量和应对策略，提高旅客的满意度和忠诚度。作为民航服务人员，也要及时了解航班信息和最新动态，及时采取措施减少不正常航班的发生，提高航班准点率和运营效率。

**3. 其他可能导致心理失衡的特殊情况**

在民航服务中，还可能会遇到以下各种特殊情况，这些情况也需要民航服务人员具备良好的心理素质和应对能力。

1）旅客冲突

旅客冲突也是民航服务中常见的难题之一。民航服务人员需要迅速判断情况，采取适当的措施，避免事态扩大。在处理旅客冲突时，民航服务人员应保持中立和公正，关注双方的意见和需求，同时要采取适当的调解技巧，化解矛盾。

2）恐怖袭击

恐怖袭击是民航服务中最为严峻的挑战之一。民航服务人员需要保持冷静、果断和勇敢，采取必要的措施保护乘客的安全。在处理恐怖袭击时，民航服务人员应保持镇定和秩序，遵循空中防卫预案，为旅客提供必要的心理支持。

3）旅客紧急状况

旅客紧急状况是指旅客在飞行过程中突发疾病或遭遇其他危险的情况。民航服务人员需要具备基本的急救知识和应急处理能力，迅速采取必要的措施。在处理旅客紧急状况时，民航服务人员应保持冷静、果断和敏感，同时要关注周围旅客的需求和情绪。

4）航空应急情境

航空应急情境是指在飞行过程中，由于天气变化、机械故障或其他不可预测的因素，航班可能会面临各种应急情况，如陆地迫降、水上迫降等特殊情境。民航服务人员需要了解基本的航空应急知识，在处理航空应急情境时，民航服务人员应保持冷静、敏感和警觉，遵循安全程序和应急预案，同时要关注乘客的情绪，提供必要的心理援助与安抚。

总之，在民航服务中遇到特殊情况时，民航服务人员需要具备良好的心理素质和应对能力，迅速作出正确的决策并采取必要的措施保障旅客的安全和权益。

### ✈ 12.1.2　心与心的交流

分小组交流并分享，在特殊情境下你有何应对压力的妙方。以下为面对较具压力的情境时保持冷静和理性的几条策略。

**1. 接受专业培训**

民航服务人员需要接受全面的专业培训，包括紧急情况的处理、安全程序和应急预案的掌握等。通过培训，民航服务人员可以了解各种特殊情况的处理方法，并掌握必要的应急处理技能和知识，首先能够保证应急程序的规范操作与执行，对可能发生的意外情境做出预判与模拟演练，做到心中有数也对自身的心理应对提供一定务实的保障。

**2. 保持冷静思维**

在遇到特殊情况时，民航服务人员应保持冷静的思维，不惊慌失措。要理性分析情况，迅速判断形势，并采取必要的措施。将压力视为挑战和成长的机会，并专注于解决问题和实现目标。通过积极思考，可以增强自信和减少压力的影响。

**3. 自我情绪调节**

在处理特殊情况时，民航服务人员应学会自我调节情绪，避免受到紧张气氛的影响。可以通过深呼吸、放松身体、冥想等方式来缓解压力和紧张情绪。接受自己感到压力和不安是一种正常的情绪反应，有利于更好地管理和控制自己的情绪。

**4. 培养心理韧性**

民航服务人员在日常工作与生活中要保持健康的饮食习惯、充足的睡眠和适量的运动，这些都有助于缓解压力和增强应对压力的心理韧性；航空公司可以定期为民航服务人员提供心理辅导服务，帮助他们更好地应对工作压力和特殊情况。

总之，保持冷静和理性是民航服务人员处理特殊情况的关键之一。通过接受专业培训、保持冷静思维、遵循安全程序和应急预案、与机组成员协作、自我情绪调节以及接受心理辅导等方式，民航服务人员可以更好地应对各种特殊情况，保障乘客的安全和权益。

### 12.1.3 心理技能实践——应用心理学技能进行压力应对

下面将向大家介绍一种在压力情境下进行自我情绪安抚的心理技术——蝴蝶拍。"蝴蝶拍"是通过有规律的拍打身体来增加自身安全感与情绪稳定的心理技术。

---

**压力情境下的应对——蝴蝶拍技术**

□想象一个过去经历中给我们带来积极体验的事件，并体会身体的哪个部位感受到了这种积极的体验。

□双臂在胸前交叉，右手在左侧、左手在右侧，轻抱自己对侧的肩膀。

□双手轮流轻拍自己的臂膀，左一下、右一下为一轮。

□速度要慢，轻拍 4 ~ 12 轮为一组。停下来，深吸一口气。

□如果好的感受不断增加，可以继续下一组蝴蝶拍，直到积极的体验更为强烈；如果出现负性的体验，请提醒自己现在只关注积极的体验，负性的体验以后再来处理。

□请把刚才想的积极的事件用一个词来形容。

□想着这个形容词再来做一组蝴蝶拍。

---

**提 示**

在进行蝴蝶拍的时候速度要慢，就好像孩提时期母亲安慰孩子一样，轻而缓慢。通过这个动作，我们可以安慰自己，使心理和躯体恢复并进入一种稳定状态。

面对不正常航班运行时，在尝试蝴蝶拍技术之外，我们也推荐应用构建"安全岛"

技术，来调控自身的负性情绪，以更具韧性的面貌应对工作中的挑战。

---

**压力情境下的应对——构建"安全岛"技术**

☐调整状态：

选择一个让你感到安全舒适的地方和姿势，调整呼吸。

☐评估情绪：

觉察自己此刻的情绪，命名此刻的情绪并给它打分（0～10分）。

☐为你的内心搭建"安全岛"。

• 闭眼放松，走进自己的内心，在你心中想象有一个充满安全和温暖的地方。
• 这个地方或许在草地上，或许是林间小屋里，或许在平静的湖水旁，你把它叫作"安全岛"。
• 如果找不到，就为自己建造一个"安全岛"，它可以是地球上的某个地方，也可以是在一个陌生的星球上，或者任何其他可能的地方。
• "安全岛"只属于你自己，没有你的允许任何人都不可以进去。

☐调动五感，觉察感受：

请看一看你的"安全岛"是什么样子的？（边界、形状、颜色、大小、质地、声音、气味）

在"安全岛"里你可以坐着，也可以躺着，体验温暖和安全的感觉。

☐做一个只有你自己知道的手势，来代表你的"安全岛"，如双手交叉、把手放在胸口。

• 以后每当需要安全和温暖的时候，你就可以做这个手势，立刻回到这个地方，温暖安全的感觉就会立刻回到你的身上。

☐请你带着安全、舒适、温暖的感觉，带着你的手势，睁开眼睛，慢慢地回到现实。

☐回到现实，睁开眼睛，回到现实，再次给那个被你命名的情绪打分（0～10分）。

• 看看你的焦虑、崩溃、无助、心累……是否得到缓解？

---

"安全岛"是一个精神世界中绝对安全的地方，一个使自己感到绝对舒适和惬意的地方。在这里我们可以排除杂念、缓解焦虑、放松身心、安抚自身情绪、增强安全感。

除此之外，大家可以翻阅至前序学习内容项目4的"调适情绪"部分，选择任意已经熟练掌握的心理技术（如5-4-3-2-1情绪着陆技术、TIPP及成对式肌肉放松技术、7-11呼吸法等）进行回顾练习。

## 任务 12.2 不正常航班下的沟通协调

在处理不正常航班时，要与旅客进行及时有效的沟通，明晰信息，倾听需求，及时安抚旅客的情绪。在面对不正常航班的情况下，沟通协调是非常重要的。民航服务人员更应细心观察旅客的非语言行为，根据心理技能的掌握为旅客及时解决问题，提升不正常航班下的旅客满意度。以下是不正常航班下的沟通协调指南，可以帮助民航服务人员有效地进行信息通报、协调安排、解释说明、紧急处理和补救措施。

### 12.2.1 心理知识建构

**1. 不正常航班下的沟通调协策略**

1）沟通前保持对自我状态的觉察

在与旅客沟通之前，首先对自我状态有一定的觉察与觉知。面对旅客的情绪和问题时，不要受到情绪的影响，要尽量客观地分析情况，并采取适当的措施进行处理。保持觉知与冷静有助于建立信任，并确保沟通的顺利进行。民航服务人员可以适当运用正念技术对自身的状态进行觉察，调整好积极的非语言信息，整理好适宜的情绪后再与旅客进行沟通。

2）认真倾听旅客

在沟通过程中，要认真倾听旅客的意见和问题。不要急于发表自己的看法或解决方案，而是尽可能地了解旅客的需求和诉求。倾听旅客可以增加对旅客的理解，有助于采取合适的措施解决问题。在处理不正常航班时，通过倾听与旅客建立信任关系至关重要。在与旅客沟通时，要真诚、耐心和关注他们的需求，以便更好地解决问题，达成沟通的目的。

3）缩短旅客感知等候时间

在航班不正常的情况下，可以采用转移注意力等方式，如在机场服务区放置适用于儿童旅客的玩具，发放报纸、杂志，利用多媒体途径播放时事新闻或轻音乐，帮助旅客连接网络热点等方式，降低旅客对不正常航班的注意，减轻情绪焦虑，尽量减少负面效应并合理舒缓情绪，缩短旅客感知等候的时间。研究发现，情境方面的诸多因素都会对时间感知有影响，民航服务人员可以通过提供娱乐活动、及时的资讯及柔和的色彩、灯光、声音等来帮助旅客调节情绪。

4）耐心解释说明

在航班不正常的情况下，旅客往往会产生不满和疑虑。因此，民航服务人员需要耐心向旅客进行解释说明，以消除他们的疑虑。在解释说明时，要保持耐心、诚恳和专业的态度，尽可能地回答旅客的问题，并提供详细的信息和建议。通过耐心的解释说明，增加旅客的信任度，并缓解他们的不满情绪。

5）施行补救措施

在航班不正常的情况下，需要对旅客进行相应的补救措施，包括提供住宿、餐饮和交通等方面的帮助，以及为有需要的旅客提供特殊照顾。同时，还需要与航空公司内部的其他部门或同事进行协调，以确保旅客得到及时、准确的补救措施。

6）持续改进

最后，要不断总结经验教训，持续改进服务质量和沟通技巧。针对不同的情况和问题，采取不同的沟通策略和措施，以提高解决问题的能力。在与不正常航班的旅客进行沟通时，要保持冷静、倾听旅客、及时通报、表达歉意、提供帮助、保持透明、建立信任和持续改进等方面入手。通过良好的沟通技巧和服务质量提升旅客的满意度和忠诚度。

**2. 旅客个性心理特征与沟通方式**

在民航服务的客我交往中，熟悉不同旅客的个性心理特征对沟通方式有着重要的影响。无论何种情境下的沟通与服务，都要留意与分析不同旅客之间性格类型、情绪状态、认知风格、价值观、沟通风格、沟通需求、文化背景和知识经验等方面的差异，进行有效沟通。

1）性格类型

性格类型是指个体在面对外部环境时所表现出的稳定的行为方式和态度。常见的性格类型包括内向型和外向型。内向型的旅客更喜欢独处，喜欢思考和探索内心世界，而外向型的旅客则更喜欢与旅客交往，喜欢表达自己的想法和感受。在沟通中，内向型的旅客可能更注重细节和情感表达，而外向型的旅客可能更注重传递信息和影响其他旅客。

2）情绪状态

情绪状态是指个体在特定时刻的情绪体验。情绪状态对沟通方式有很大影响。当旅客处于积极情绪状态时，会更开放、自信地表达自己的想法和感受，而当旅客由于航班不正常运行等原因正处于消极情绪状态时，他可能会更封闭、焦虑或易怒。在沟通中，要注意其他旅客的情绪状态，以确定最合适的沟通方式。

3）认知风格

认知风格是指个体在信息处理和问题解决过程中所表现出的偏好和习惯。有些旅客倾向于分析细节，而有些旅客则更注重整体和抽象思考。在沟通中，不同的认知风格也可能会影响旅客对问题的解释和理解。例如，分析型的旅客在面对延误的解释时可能更注重数据和事实，而直觉型的旅客可能更注重经验和直觉。

4）沟通风格

沟通风格是指个体在沟通中所表现出的行为和态度。沟通风格包括口头表达、书面表达、非语言沟通等方式。不同的旅客有不同的沟通偏好和习惯，具体应对可参考表 12-1 不同气质类型旅客的沟通方式。在沟通中，要注意旅客的沟通偏好和习惯，以便更好地传递信息和建立良好的关系。

表 12-1　不同气质类型旅客的沟通方式

| 气质类型 | 沟通风格 | 沟通原则 |
| --- | --- | --- |
| 多血质 | 多血质的旅客充满活力，喜欢人际交往，并很容易适应环境。他们通常表现出热情、自信和善于表达自己的情感 | 在与多血质的旅客沟通时，可以期待他们积极地参与讨论并分享自己的想法。他们可能更倾向于直接表达自己的情感和观点，并且能够快速地回应其他旅客的观点 |
| 胆汁质 | 胆汁质的旅客精力旺盛，具有强大的意志力和自我驱动力。他们往往表现出高度的毅力和决心，并能够在高压环境下保持冷静 | 与胆汁质的旅客沟通时，要注意他们的坚定和果断。他们可能会直接表达自己的观点，并且倾向于坚持自己的立场。他们通常也是具有同情心和善良的旅客，愿意帮助其他旅客并维护团队利益 |
| 黏液质 | 黏液质的旅客沉着冷静，喜欢保持低调。他们通常不会轻易表露自己的情感或意见，但一旦有需要，会坚定地表达自己的立场 | 与黏液质的旅客沟通时，要尊重他们的内向性格和需要独处的习惯。他们可能更倾向于倾听而不是发表意见，并且需要时间来思考和消化信息。与黏液质的旅客建立良好的沟通需要更多的耐心和理解 |
| 抑郁质 | 抑郁质的旅客敏感细腻，善于察觉他人的情感需求。他们通常表现出高水平的同理心和关心他人的态度 | 在与抑郁质的旅客沟通时，可以期待他们深入探讨问题的细节并应关注该旅客的情感状态。他们可能会更倾向于倾听，并且需要时间来处理和消化信息。与抑郁质的旅客建立良好的沟通需要更多的默契并给予支持 |

5）沟通需求

沟通需求是指个体对沟通的期望和需求，不同的旅客有不同的沟通需求和动机。例如，有些旅客可能希望通过沟通获得支持和鼓励，而有些旅客可能希望通过沟通解决问题或达成共识。在沟通中，要了解旅客的沟通需求和动机，以便更好地满足其期望并建立良好的关系。

6）文化背景

文化背景是指个体所属的文化和社会环境。不同文化和社会背景下的价值观、行为方式和沟通习惯可能存在差异。例如，一些文化中的旅客可能更注重礼仪和面子，而在其他文化中的旅客可能更注重直接和坦率。在沟通中，要了解旅客的文化背景和习惯，以便更好地适应其方式和习惯。

7）知识经验

知识经验是指个体所拥有的知识和经验，不同的旅客有不同的知识领域和经验背景。在沟通中，知识经验可能会影响旅客对问题的解释和理解。例如，专业领域的知识和经验可能会使旅客更容易理解和解释特定的问题或情况。在沟通中，要注意旅客的知识经验和背景，以便更好地理解观点和决策。

**3. 有效解决冲突的策略**

有效处理非正常航班下的人际冲突是民航服务工作中面临的一个重要问题。通常，冲突是由于误解、沟通不畅、目标不一致等原因引起的。民航服务心理学作为一门专门研究旅客心理活动和行为的学科，可以提供一些有益的方法，帮助我们更好地应对和解决人际冲突。

1）理性倾听，平和回应

运用心理学技能如倾听、同感共情地回应、调整自身的语言与非语言状态是民航服务人员解决非正常航班下人际冲突的基础。恰当的沟通可以使冲突得到有效的解决，要做到有效沟通，就要学会倾听旅客在非正常航班下想表达的观点和意见，不要急于打断。在冲突情境下，我们需要通过清晰、直接、真诚的沟通来表达自己的观点和感受。同时，我们也需要倾听对方的观点，理解对方的感受。通过建立双向的沟通渠道，我们可以减少误解，增加共识。同时，表达自己的观点时要注意措辞，用平和、理性的语气进行交流，避免过激和攻击性言辞。良好的沟通能够促进双方的理解和共识，有利于解决冲突。

2）明晰需求，协商解决

明晰旅客目前最想解决的需求，理性地分析、协商和解决冲突。若作为冲突的调解方，民航服务人员可以敦促冲突双方共同制定解决问题的目标，明确各自的需求和利益。在冲突解决过程中，建立信任至关重要。信任是建立在诚实、透明和负责任的行为之上的。在许多情况下，冲突的解决需要双方的妥协。通过寻求妥协，我们可以找到一个对双方都相对公平的解决方案。在这个过程中，我们需要学会权衡利弊，放弃一些需求以换取其他更有价值的结果。通过各项服务举措实施解决方案，并及时反馈和调整。通过解决问题的技巧，双方可以公正、公平地解决冲突，达到双赢的效果。

3）自我觉知，情绪管理

当面对冲突时，我们往往受到自己的情绪和情感的影响，难以理性地处理问题。因此，培养自我觉察意识和情绪管理能力非常重要。自我意识可以帮助我们认识到自己当下的情绪状态和需求，从而更好地控制自身的表达和行为。情绪管理能力可以帮助我们正确地处理和释放情绪，避免情绪冲动和冲突的升级。通过培养自我觉知意识和情绪管理能力，民航服务人员可以更好地应对人际冲突。

4）培养内外观察能力

内观察是指对自身心理状态的观察和分析，外观察是指对其他旅客行为和表现的观察和分析。在冲突解决中，通过内外观察可以帮助我们更客观地看待问题，认知到自己在特殊情况下的状态和感受，如自身的语音语调、面部表情，也能帮助我们更理性地找到解决问题的有效方法。外观察使我们能够更好地理解其他旅客的想法和感受，从而加深彼此的理解和尊重。通过培养内外观察能力，可以更全面地理解和解决非正常航班下的人际冲突。在冲突解决后，我们需要思考自己在冲突解决过程中的表现和决策。通过反思自己的行为和决策，可以学习到一些经验教训，从而在未来的冲突解决中表现得更好。同时，我们也需要学习和应用冲突解决技巧，以提高冲突管理能力。

### ✈ 12.2.2 心与心的交流

航班延误包括尚未正式通知延误但已经不能按正常程序时间办理乘机手续或组织旅客登机的，均应通告旅客，不得欺瞒。民航服务人员可采用动态牌、播送、答复问讯等多种形式向旅客公布延误信息，尽量在最短的时间内将最多的信息广泛传播给旅客。在播送时应至少采用中英两种语言进展，遇有特殊情况时，还应用小语种进展播送。

在播送信息的过程中应真诚地向旅客表达歉意。播送时应注意语气、语速，尽量让旅客听到最清晰的信息，感受到最真诚的歉意。在公布信息的过程中，效劳人员应注意信息公布的时限。登机信息不应迟于公布离站时间前5分钟。延迟办理乘机手续的信息不应迟于航班原定开场办理时间前5分钟公布，未决定何时办理乘机手续的航班可公布"请等待通知"。对于已公布延误但尚未确定延误时间或离站时间的航班，原则上应每隔30～40分钟公布一次。

请大家以5～8人的小组为单位，综合已经学过的心理学技能与服务技能，进行"延误下的应对"情景模拟，在小组演练的过程中，请注意非语言维度的调整并根据表12-2进行记录，如配合认真倾听的表情、身体姿势动作、广播时语音语调的调整等。

表 12-2 航班延误下的非语言调整

| 非语言的维度 | 具 体 内 容 | 我们的演绎重点记录 |
| --- | --- | --- |
| 无声的非语言沟通 | □服饰与外形 | |
| | □身体姿势 | |
| | □面部表情 | |
| | □目光接触 | |
| | □身体距离 | |

续表

| 非语言的维度 | 具体内容 | 我们的演绎重点记录 |
| --- | --- | --- |
| 有声的非语言沟通 | ☐机场、客舱服务广播中的语音语调 | |
| | ☐与旅客近距离沟通时的语速、音量 | |
| | ☐特殊情况下的语音语调和声音情绪传递 | |

### 12.2.3　心理技能实践——冲突情境调解

在一次飞行中，一位小孩的不断哭闹引起了前排女乘客的不满和愤怒。随后，孩子的父亲与女乘客之间的争执升级，场面变得紧张起来。然而，及时出现的客舱乘务员以其熟练的劝导技巧，成功地调解了争端，避免了冲突的进一步升级。

事情的起因是一个小孩子的哭闹声让整个机舱陷入了嘈杂和不安。前排的一位女乘客无法忍受这种噪声，向小孩的家长发出了不满的眼神。此时，小孩的爸爸被激怒了，他愤怒地责备女乘客说："你不是一把屎一把尿地拉扯大的？你一出生就这么大吗？"女乘客立刻回敬道："你还有理了！"

根据以上服务中的冲突场景，请以3～5人的小组为单位，模拟演练，并选择一位组员作为该航班上的客舱乘务员进行旅客间冲突的调解，我们可以对旅客进行劝导，以调控现场情绪，并根据同感共情中的技能应用选择其中的重要步骤，针对冲突双方的不同情绪进行共情与安抚。

当旅客发生冲突时，我们应如何"劝导"呢？让我们先来看看劝导的几点要素：劝导是一种技巧，通过语言和逻辑思考来影响他人的观点或行为。以下是一些劝导的技巧。

（1）建立信任。在劝导之前，建立与旅客的信任关系是非常重要的。劝导者自身应具备可靠性、权威性，如当天航班的客舱经理、机场的值班经理等人员出面进行劝导会更有效。若是事件现场的民航服务人员，也可以应用之前与旅客所建立的积极情感或以相似性、熟悉性为主的亲切感建立信任。

（2）倾听。在劝导之前，先倾听冲突双方的观点和想法，倾听不同的立场和疑虑，对事件发生的前因后果做一定的梳理与理解。民航服务人员在劝导时应注意采取中立的态度，对冲突双方既要有理解和共情，也不应偏袒或维护其中任意一方的权益，以避免激起任何一方的心理防御。

（3）判断对话氛围。在劝说之前，先明确劝导的目标，并根据对话的进展判断对话氛围是否安全，如沟通对象的非语言状态是否开放，是否有沉默或暴力状态，民航服务人员应避免自身情感卷入，避免使用任何争吵和攻击性的语言，应使用平和冷静的语调使对话可以顺利进行。

（4）给予合理的理由。在劝导时，给出合理的理由来支持你的观点。这些理由应该是客观的、与论点相关的，并且能够被接受者理解。也应适当准备我们所要劝导的话语，组织清晰的论点，如支持你观点的事例。可适当使用心理调适技能，帮助对方走出沉默或暴力状态。

（5）保持耐心和理解。在劝导时，保持耐心和理解是非常重要的。每个人的观点和接受程度都不同，因此需要时间和耐心来改变他们的想法。在劝导时，要利用同理心设想对方的立场，尊重不同旅客的观点和感受，尊重对方可以建立信任和良好的关系。

综合以上所学，请以小组为单位，根据情境实践民航服务人员在冲突解决中的具体步骤，记录并完成表 12-3 冲突中的劝导，并交流感想。

表 12-3　冲突中的劝导

| 应 用 步 骤 | 民航服务人员的劝导步骤 |
| --- | --- |
| □了解事件的全貌 | |
| □细心观察非语言 | |
| □评估情绪与感受 | |
| □判断对话氛围 | |
| □整理论据，提炼重点 | 我应劝导的重点信息与给予的合适理由： |
| □适当调整自身的语言与非语言 | 我自身呈现的情绪状态： |
| □深入了解旅客的内在需求 | 旅客此刻的需求： |
| □保持耐心和理解 | 我在劝导后能够提供的服务回应：<br>□语言：<br>□非语言：<br>□物质资料： |

[1] 阿里斯特·冯·施利佩，约亨·施魏策.系统治疗与咨询教科书[M].史靖宇，译.北京：商务印书馆，2019.

[2] 亚伯拉罕·马斯洛.动机与人格[M].许金声，等译.3版.北京：中国人民大学出版社，2019.

[3] 白学军，等.发展心理学[M].天津：南开大学出版社，2013.

[4] 维吉尼亚·萨提亚.萨提亚家庭治疗模式[M].聂晶，译.2版.北京：世界图书出版公司，2020.

[5] 安东尼·贝特曼，彼得·福纳吉.人格障碍的心智化治疗[M].邓衍鹤，等译.北京：中国轻工业出版社，2021.

[6] 李崇建，曹敬唯.萨提亚深层沟通力[M].长沙：湖南文艺出版社，2023.

[7] 陈海贤.了不起的我：自我发展的心理学[M].北京：台海出版社，2020.

[8] 傅小兰.情绪心理学[M].上海：华东师范大学出版社，2019.

[9] 朱建军.情绪词典[M].北京：中国人民大学出版社，2023.

[10] 米歇尔·N.希奥塔，詹姆斯·W.卡拉特.情绪心理学[M].周仁来，等译.3版.北京：中国轻工业出版社，2016.

[11] 玛莎·M.莱恩汉.DBT情绪调节手册：讲义与练习单[M].祝卓宏，译.北京：北京联合出版社，2022.

[12] 丛非从.理解愤怒[M].桂林：广西师范大学出版社，2021.

[13] 伊丽莎白·A.斯坦利.心理韧性[M].邱墨楠，译.北京：中信出版集团，2020.

[14] 德斯蒙德·莫里斯.看人：肢体语言导读[M].刘文荣，译.上海：文汇出版社，2008.

[15] 麦克斯·A.埃格特.了不起的身体语言——如何用好非语言技能[M].丁敏，译.北京：人民邮电出版社，2020.

[16] 姜振宇.微表情：如何识别他人脸面真假[M].武汉：长江文艺出版社，2018.

[17] 庞美云.客舱服务心理学[M].北京：人民交通出版社，2016.

[18] 洪沁.民航客舱服务[M].北京：中国民航出版社，2020.

[19] 吉尔·埃伦赖希–梅，等.儿童和青少年情绪障碍跨诊断治疗的统一方案——治疗师指南[M].王建平，等译.北京：轻工业出版社，2022.

[20] 岳晓东.心理咨询基本功技术[M].北京：清华大学出版社，2018.

[21] 于海涛.老年人的心理特点及其心理健康问题研究[M].北京：中国商务出版社，2021.

[22] 张露，赵俐红，李思琴，等.ICU护士心理韧性现状及干预措施的研究进展[J].职业与健康，2023（39）：2568-2572.

[23] 杨敏梨.家校合作模式下大学生心理复原力的培育策略探索[J].大学生心理发展与教育，2023（9）：99-101.

[24] 张琼芳，余彬杨，向海蓉.自我关怀的力量——高中生自我关怀主题心理活动课[J].中小学心理健康教育，2023（31）：46-48.